GISELA MAY

Es wechseln die Zeiten
Erinnerungen

Militzke

Autorin und Verlag danken Ilse Nagelschmidt für die kompetente
Beratung und Mitwirkung.

Die Deutsche Bibliothek - CIP-Einheitsaufnahme

May, Gisela :
Es wechseln die Zeiten : Erinnerungen /
Gisela May. - Leipzig : Militzke, 2002
ISBN 3-86189-269-3

1. Auflage
© Militzke Verlag, Leipzig 2002
Alle Rechte vorbehalten

Lektorat: Christiane Völkel, Diana Ruscher
Satz und Layout: Dietmar Senf
Druck und Bindung: Jütte-Messedruck Leipzig GmbH

Inhaltsverzeichnis

Es gibt nichts Gutes, außer man tut es **7**

Herkunft **11**
 Meine Mutter **11** · Kindheit und Jugend **17** · Schmidt-Sas, mein bewunderter Lehrer **24** · Mein Vater **29**

Der Anfang einer Schauspielkarriere **33**
 Am Beginn: Schlossherrin in Dresden **33** · Der 8. Mai 1945 **42** · Nach dem Krieg **45** · Lucie Höflich **48** · Dolchstoßlegende **52** · Die tragende Rolle **53**

Auf Berliner Bühnen **55**
 Wolfgang Langhoff **55** · Ernst Busch **65** · Ein Glücksfall: Begegnung mit Hanns Eisler **67** · Erster Versuch einer Partnerschaft **72** · Das Berliner Ensemble und ich. Eine lange Beziehung **81** · Helene Weigel **90** · Der Feuerwehrmann **97** · Das Rezept **98** · Marlene Dietrich **99** · Paul Dessau **100** · Zweiter Versuch einer Partnerschaft **107** · »U« oder »E«, das ist hier die Frage **113** · Zwischenfall bei »Dolly« **116** · Altes Hausmittel **118** · Eine Eisenbahnfahrt mit Folgen **119**

Internationale Karriere **128**
 Erste Auslandsgastspiele **128** · Lotte Lenya und die sieben Todsünden **134** · Brecht auf der Piazza **140** · Der Hut **146** · Island-Saga 1976 **148** · Die Holzperlenkette **156** · Olga **157** · Spaziergang **158** · Das Geschenk **159** · Besuch in Leningrad **160** · Im Hotel »Rossija« **161** · Das Titelfoto **162** · Auf zwei Hochzeiten **164** · Amerikanische Impressionen **165** · Rohrbruch in New York **186** · Die Feindin **187** · Stippvisite beim Théâtre des Nations 1972 **189** · Ein neuer Kontinent **200** · Meine Garderoben **228**

Für drei Groschen Anekdotisches **236**
 Peinliche Verkettung **236** · Der Hammer **237** · Kleiner Irrtum **237** · Ins Wasser gefallen **238** · Das graue Tuch **240** · Heute muss sie sterben! **240**

Lehren und Lernen **246**
 Als Gastprofessorin in Weimar **246** · Denn wie man sich bettet, so liegt man **257** · An der Schauspielschule in Brüssel **259** · Theaterarbeit, Film, Fernsehproduktionen – was unterscheidet sie? **260** · Was für eine Idee **264**

Im Gespräch **267**
 Gisela May – Schauspielerin und Diseuse im Gespräch mit Wolfgang Binder **268** · »Zur Person«. Günter Gaus im Gespräch mit Gisela May **277**

Es wechseln die Zeiten **295**

Nachwort **304**

Rollenverzeichnis **305** · Schallplattenverzeichnis **311** · CD-Verzeichnis **314** · Auslandsgastspiele **314** · Teilnahme an Festivals **316** · Lehrtätigkeit **317** · Nationale und internationale Auszeichnungen **318** · Quellenverzeichnis **319** · Literaturverzeichnis **319** · Abbildungsnachweis **320**

Es gibt nichts Gutes, außer man tut es

Dieser Spruch von Erich Kästner, der in fast keinem Poesie- oder Gästealbum fehlt, kam mir heute morgen auf einmal in den Sinn, so, wie einem plötzlich eine Melodie einfällt, die man irgendwann einmal gehört hat, die man nun dauernd vor sich hinsummt. Dieser Spruch ist es, der mich endlich an den Schreibtisch treibt, um ein Versprechen einzulösen, das ich leichtfertigerweise gegeben hatte. – Ob ich allerdings diesem Kästner-Zitat entspreche, maße ich mir nicht an zu entscheiden. – Kommt doch der Leipziger Militzke Verlag auf die Idee, das von mir vor 20 Jahren geschriebene Buch »Mit meinen Augen«, welches der »Wende« durch die »Abwicklungen« des damaligen Verlages zum Opfer gefallen ist, zu überarbeiten, zu erweitern und neu herauszubringen. Ich habe lange gebraucht, mich mit diesem Gedanken anzufreunden. Skeptisch nahm ich mein zerlesenes Buchexemplar zur Hand und beim Wiederlesen der Kapitel war ich überrascht, wie lebendig mir das alles vorkam. Die Beschreibungen von Persönlichkeiten, denen ich das Glück hatte zu begegnen, wurden plötzlich wieder gegenwärtig.

Tourneeberichte von damals unterscheiden sich im Ablauf, in der Hektik und künstlerischen Spannung kaum von heutigen Gastspielen. Das Brecht-Theater allerdings, in der Form, wie ich es erlebt und aufgeschrieben habe, gibt es heute nicht mehr. Heute regiert vor allem die Beliebigkeit im Theater. Eingreifendes Denken ist nicht mehr gefragt. Die Vernunft verabschiedet sich, die Veränderbarkeit der Welt von der Bühne herunter als Chance zu begreifen, ist »out«. Die »so überaus ansteckende Krankheit der Unempfindlichkeit« (Bertolt Brecht) greift um sich und löst keine Erschütterung mehr aus. Die spektakulärsten Exzesse auf der Bühne werden bestenfalls mit der Frage quittiert: »Wo gehen wir jetzt was essen?«

Die Trends, wohin mein Beruf, mein noch immer geliebtes Fundament, das Theater, gekommen ist, sind unübersehbar. Auf diesen Unterschied aufmerksam zu machen, mag vielleicht mit ein Grund sein, alte Geschichten heute noch einmal zu veröffentlichen. Außerdem stelle ich fest, dass ich, was meine privaten Konflikte, was biographische Details anbetrifft, äußerst sparsam gewesen bin. Eine merkwürdige Zurückhaltung hatten wir uns in der DDR auf diesem Gebiet auferlegt, deren Gründe ich mir bis heute nicht erklären kann. Am meisten hat mich überrascht, dass ich meiner Mutter, die mir das Liebste auf der Welt war, nicht ein Kapitel gewidmet hatte, wo doch meinem Vater immerhin eine liebevolle Beschreibung zuteil wurde. So will ich dieses Versäumnis gern nachholen und auch den beiden Lebenspartnern, mit denen ich versucht habe, länger als sieben Jahre zusammenzuleben, etwas mehr als nur Anekdotisches widmen.

Ich bin heute nicht klüger als vor 25 Jahren. Erfahrungen sind hinzugekommen, schmerzliche und beglückende. Erwartungen haben sich erfüllt oder nicht. Voraussagen sind eingetroffen oder mussten korrigiert werden. Eine Weltmacht ist untergegangen, von der ich einmal glaubte, dass sie mehr als ein Drittel der Erde verändern würde. Was ist gegen diese fundamentale Neuordnung in Europa eine einzige persönliche Enttäuschung. Die Reibungen und Beulen, die ich mir immer wieder im Zusammenstoßen mit Widersprüchen in unserer globalen Gesellschaft hole, sind auszuhalten. Aber es ist enttäuschend, zu erleben, wie Bemühungen, demokratischen Spielregeln gerecht zu werden, oft misslingen und die Vorzüge einer Demokratie oft nicht wirklich genutzt werden. Dringende Entscheidungen erfahren auf ihrem langen Weg durch die demokratischen Gremien oft Verzögerungen, die unter Umständen durch den vierjährigen Wahlzirkus mit möglichem Regierungswechsel schon nicht mehr zur Debatte stehen. Die Ziele und Absichten der Parteien im ehrgeizigen Machtkampf unterscheiden sich kaum noch voneinander. Das macht betroffen!

Da bleibt nur eins: sich auf das Maß zu beschränken, das persönliches Engagement zulässt, auf Entwicklungen Einfluss zu nehmen, sei es auch nur im individuellen Bereich, die das Zusammenleben in der Gesellschaft vielleicht ein wenig menschlicher, gerechter machen. Also will ich mich nun nicht weiter mit der ganzen Welt beschäftigen, sondern werde konkret.

Käte May, 1942.

Herkunft

Meine Mutter

Ich wurde geboren in der schönsten Zeit des Jahres, wenn die Pfingstrosen blühen, wenn alles in der Natur sich mit frischem Grün und bunten Farben schmückt, wenn der »Mozart des Kalenders aus seiner Kutsche grüßend« (Erich Kästner) unterwegs ist und der Wechsel der Jahreszeiten zu den »Vergnügungen« des Lebens gehört (Bertolt Brecht).

Meine Mutter war eine bemerkenswerte Frau. Sie war die wichtigste Person in meinem Leben, trotz meiner Ehe, trotz langjähriger Beziehungen ... Dabei hat sie keineswegs dominierend in mein Leben eingegriffen oder mich wie eine Glucke unter ihre Fittiche genommen. Ich bin ja schon mit 17 Jahren von zu Hause ausgeflogen.

Meine Mutter kam aus einem akademischen, gutbürgerlichen Elternhaus. Wohl behütet aufgewachsen, konnte sie verschiedenen musischen Interessen nachgehen. Pianistische Ausbildung, Zeichen- und Malunterricht; aber auch in einer Landwirtschaftsschule erwarb sie praktische Kenntnisse, die ihr später sehr von Nutzen sein sollten. Dass sie aber schon in jungen Jahren ihren eigenen Kopf hatte und ihren Eltern durchaus manche Überraschung bot, zeigt die Geschichte, wie sie meinen Vater kennen lernte. Hier möchte ich gern aus seinem Buch zitieren. Schließlich kann er es am besten beschreiben.

[...] *Als altgedienter Soldat des Ersten Weltkrieges bekam ich Weihnachten 1917/18 Feldpost. Ein Mädel aus dem »Wandervogel« schrieb mir, schickte Schokolade und ein Reclam-Bändchen »Aus dem Leben eines Taugenichts«. Ich dankte ihr wie üblich. Es blieb nicht bei diesem Brief. Immer öfter schrieben wir uns, ich bat um ein Bild von ihr, und ich bekam es auch. Eine gutaussehende junge Frau in einer Art Schwesterntracht. Dies Foto nahm ich mit in mein Quartier, mein »Bett« wurde damit »geschmückt«, und als Gegengabe schickte ich dieser Käte Mettig ein Foto, auf dem unter dreißig Landsern auch mein Kopf zu erkennen war. […]*

[…] Ich hatte bei der Briefschreiberin […] so viel Verständnis, so viel Übereinstimmung mit meinen Ansichten gefunden, daß ich nun die uralte Frage stellte, ob sie meine Frau werden wolle. Wir hatten uns niemals gesehen, kannten uns nur von Bildern, die schwache Eindrücke vermitteln. Und nun, Jubel über Jubel! Sie sagte ja! Keine Bedenken wegen sozialer Herkunft, Beruf, Vermögen. Die briefliche Verlobung fand statt. […] Daß der Vater meiner künftigen Frau in Eisleben Kreisschulinspektor und Dr. phil. war, was kümmerte es uns? Wir waren ohne jedes Vorurteil. Wir liebten uns.

Im Spätsommer 1918 bekam ich einen »dienstlichen Auftrag«. Für das Offizierskasino […] sollte ich eine Bierpumpe aus Frankfurt am Main besorgen. Das war immerhin ein so kriegswichtiger Grund, daß ich eine Woche Heimaturlaub erhielt.

Endlich! Wir konnten uns treffen, Käte und ich! Wir hatten uns in einer Jagdhütte im hinteren Taunus verabredet. […]

[…] Wenn es jemals Liebe auf den ersten Blick gegeben hat, in diesen Taunustagen habe ich sie erlebt. […]

Käte kam aus einer gutbürgerlichen Familie, revoltierte aber gegen die Enge des Elternhauses, gegen die Honoratioren des Städtchens Eisleben […].

Geboren war Käte in Oberhessen, hatte ihre Schulzeit in Marburg verbracht. Sie war künstlerisch begabt, malte und zeichnete mit großem Können. […]

[…] Der Herr Kreisschulrat Mettig […] (hatte) durch ein Zeitungsinserat […] auf die traditionelle elfte Stunde am Ostersonntag eingeladen, zu der (die Verlobung) stattfinden werde. Es wurde ein ausgesprochen bürgerliches Fest.

Aus mir hatte der joviale Herr einen »Leiter des Kreisjugendamtes« gemacht, dabei war ich doch nur Berufsvormund. Ich hatte zwar ein Amt, aber kein sehr ergiebiges. Vielleicht hoffte mein zukünftiger Schwiegervater darauf, daß ich es doch zu was bringen würde, und sei es bei den Sozialdemokraten in der Kommunalpolitik. Meinen Ehrgeiz glaubte er zu kennen. Mein späterer Schwiegervater war ein konservativer, aber doch auch liberaler Herr, es ging viel Ruhe von ihm aus, Pflichterfüllung war ihm so wichtig wie ein Glas Wein, das er spätnachmittags trank, wenn er sich mit Amtskollegen im Ratskeller traf. Die Schwiegermutter dagegen war bigott und stolz bis zur Eitelkeit. Sie war es auch, die ihre Tochter in die Internate brachte, begeistert, wenn sie dort mit Adligen zusammentraf. Und nun dieser Mann mit sozialistischen Ideen [...]. Meine Fragwürdigkeit erwies sich schon bei der Verlobungsfeier.

Ich hatte keinen dunklen Anzug, nur meine Felduniform, die meine gute Mutter braungefärbt und mit Zivilknöpfen besetzt hatte. So stand ich an der Tür zum »Salon«. Die Gratulanten erschienen, angeführt vom Oberbürgermeister, und sie stürzten sich alle auf meinen künftigen Schwager, der in feierlichem Schwarz als der künftige Bräutigam von Kätes Schwester erschienen war, ich selbst muß wie ein besserer Lohndiener gewirkt haben. Alle gratulierten sie ihm, der damals Assessor am Landgericht in Halle war [...]. Mit süßsaurem Lächeln deutete dann die Brautmutter auf mich [...].

»Dort steht der Bräutigam! Denken sie nur, man hat ihm auf der Bahn die Koffer mit seinen Anzügen gestohlen! Zeiten sind das! Zeiten!« log sie. Sie verdrehte die Augen himmelwärts.

[...] Der Termin für die Hochzeitsfeier rückte immer näher. Damit stieg auch die Nervosität im Hause meiner Schwiegereltern. In meiner eigenen Familie blieb man dagegen gelassen. Schäfer-Karl erklärte, daß er für diesen bürgerlichen Klimbim weder Zeit noch Geld opfere, schließlich habe er noch zwei Buben, die auch einmal heiraten würden. Meine liebe Mutter, die in diesem Buch so wenig Platz bekommen hat, in meinem Herzen desto mehr, sie war zuerst mißtrauisch, ja ab-

lehnend, die fürchtete »die feinen Leut«. Erst nach langen Gesprächen mit Käte holte sie seufzend ihr Alpakakleid aus dem hintersten Winkel des Kleiderschranks, probierte es an und bemerkte, daß es noch paßte. [...]

[...] *In einem kleinen hessischen Badeort, wo die Mettigs zur Kur weilten, wurden zwischen Kätes Eltern und uns beiden, Käte und mir, die nötigen Präliminarien besprochen. Zuerst ging es um die kirchliche Trauung.*

»Niemals betreten wir zu diesem Zweck eine Kirche!« sagte Käte energisch. Ihre Mutter bekam einen Weinkrampf und schied für die kommenden Verhandlungen aus. Vater Mettig qualmte seine Zigarre und suchte grübelnd einen Ausweg.

»Der Pfarrer ist mein Freund«, sagte er nachdenklich, »er könnte doch ausnahmsweise ins Haus kommen. Bei bestimmten Leuten macht man so eine Ausnahme. Krankheit, Hinfälligkeit der Eltern.«

Das war die Lösung, war der Kompromiß, den Käte verfluchte, weil sie alle Kompromisse ablehnte, aber die gesellschaftliche Stellung des Vaters [...], *sie wollte ihm nicht weh tun.*

»Also, der Pfarrer kommt ins Haus«, sagte Vater Mettig, »wir machen aus dem Eßzimmerbüfett einen schönen feierlichen Altar, mit Blumen und einem Christuskopf.« [...]

So kam es auch. Der Pfarrer erschien, legte im Flur sein Ornat an, eine Verwandte spielte den Choral: »So nimm denn meine Hände«, meine Mutter saß in der ersten Reihe und weinte etwas. Die Predigt war kurz [...], *kurzum, alles verlief nach Wunsch. Dann kam der Gang zum Standesamt, das im Rathaus untergebracht war.*

Ich hatte inzwischen einen schwarzen Anzug, sogar maßgeschneidert, ich besaß auch einen Zylinder als Kopfbedeckung. [...]

»Wenn du das scheußliche Ding aufsetzt, gehe ich nicht mit dir«, rief Käte empört, »das ist eine Angströhre, damit kannst du eine Vogelscheuche ausstaffieren. Niemals gehe ich so mit dir zum Standesamt!«

»Das Standesamt kommt nicht in die Wohnung«, sagte die Schwiegermutter verzweifelt.

Ferdinand May zu der Zeit, als er Käte kennen lernte.

»Also gehen wir getrennt«, schloß Käte die Unterredung. »Er«, damit war ich gemeint, »geht zusammen mit meinem Vater und den Trauzeugen, ich aber gehe mit Mama und Ferdis Mutter«. Noch einmal wollte Käte nicht mit sich handeln lassen.

Wir trafen uns vor dem Standesamt wieder, Käte mit Blumen, ich mit der »Angströhre«, die aber zusammengeklappt werden konnte. Der Standesbeamte hielt eine salbungsvolle Rede, Schulkinder sangen, dann war auch diese Zeremonie überstanden. […]

[…] Zusammen mit meiner Mutter fuhren wir bereits am Abend (nach Offenbach, d. V.) zurück. […] Die Reise ging diesmal dritter Klasse, auf Holzbänken, und die Nacht wurde uns lang. Im Tunnel bei Fulda öffnete ich das Fenster und warf die unselige Angströhre ins Schienengewirr. Niemals wieder habe ich einen Zylinderhut besessen.

Meine Mutter schlief, sie war ermattet. Leise schniefte sie vor sich hin, wurde erst bei Gelnhausen wach und aß dann mit bestem Appetit Frankfurter Würstchen.

»Die könne in Eisleben koi Worscht mache«, sagte sie kauend, um dann zugleich Käte ob ihres Aussehens zu bewundern. »Bist e' schee Braut gewese, Mädche. Mach mir den Ferdnand glicklich!« Sie schluchzte auf, versicherte, daß sie zweimal am Traualter gestanden habe, etwas von Liebe verstehe. […]

(Aus: »Die guten und die bösen Dinge« von Ferdinand May)

Soweit aus dem Buch meines Vaters, in dem er, als 80-Jähriger, auf sein Leben zurückblickt.

Ich habe mich nie gefragt, warum ich eine so starke Bindung zu meiner Mutter hatte. Es war eben so. Vielleicht, weil wir uns sehr ähnlich waren. Sehr temperamentvoll, gefühlsbetont, aber auch durchaus imstande, nüchtern und praktisch Entscheidungen zu treffen. Zu allererst waren es wohl die künstlerischen Interessen. Auch meine Mutter war leidenschaftlich dem Theater zugetan. Die Toleranz, dieses Talent ausbilden zu lassen, besaßen ihre Eltern allerdings nicht. Erst mein lieber Vater unterstützte diese Neigung und schon bald – nach einem Schauspielunterricht – schloss sich meine Mutter einer Gruppe junger Schauspieler an, die sehr erfolgreich arbeitete. Leider führte die konsequente linke politische Gesinnung dieses Ensembles dazu, dass sie in der Nazi-Zeit aufgelöst wurde.

Ich bin sicher, dass meine Mutter über meine künstlerischen Erfolge besonders glücklich war, weil ihre eigene schauspielerische Karriere endete, ehe sie begonnen hatte. Es verging keine Premiere, wo immer sie stattfand, ob in Dresden, Görlitz, Schwerin oder Berlin, in der sie nicht im Zuschauerraum saß. Meist kam sie schon ein paar Tage vorher und versuchte heimlich an den Proben teilzunehmen. Viele Regisseure dulden keine Zuschauer während dieser Arbeitsphase. So schlich sich meine Mutter in den verdunkelten Zuschauerraum, saß auf der hintersten Reihe im Parkett oder oben auf dem Rang, wo sie nicht gesehen werden konnte. Mit ihrer genauen Beobachtungsgabe sah sie besser als jeder Regisseur meine Schwächen. Sie trug viel zur Abrundung der schauspielerischen Gestaltung bei.

Für ihre eigenen theatralischen Interessen entdeckte sie später eine Möglichkeit, die sie außerordentlich befriedigte. Als Dozentin in der Volkshochschule hatte sie sich zur Aufgabe gemacht, die Hörer mit Theater-Literatur bekannt zu machen. Sie wählte die Stücke aus, bearbeitete sie, um sie als dramatische Lesung wie auf der Bühne zu gestalten. Die Hörer liebten diese Abende sehr. Aber auch an der literarischen Arbeit meines Vaters nahm sie regen Anteil. Als Mitautorin zeichnete sie bei verschiedenen Büchern.

Dass es in der Ehe meiner Eltern sicher einige Stürme gab, habe ich als Tochter nur am Rande erlebt. Meine Mutter war eine äußerst attraktive Frau und auch mein Vater besaß eine starke erotische Ausstrahlung und wurde sehr umschwärmt. Auf jeden Fall kam in ihrer Ehe nie Langeweile auf. In wunderbarem Einvernehmen konnten sie ihr 50-jähriges Ehejubiläum begehen. Ich war dabei! Eine kleine Episode, die mir in dem Zusammenhang einfällt: Einige Tage vor diesem Ereignis erzählte meine Mutter mit dem ihr eigenen Charme: »Stellt euch vor, als ich heute in der Straßenbahn fuhr, saß ein Mann mir gegenüber und flirtete mit mir. Er flirtete mit mir, eindeutig!« Ich hatte das Gefühl, dass ihr das sehr gefallen hatte!

Übrigens habe ich zu meiner Mutter immer Mutti gesagt. Diese Bemerkung nur für diejenigen, die an der seit Jahren laufenden TV-Serie »Adelheid und ihre Mörder« ihren Spaß haben, besonders wegen des Dialogs zwischen Mutter und Tochter, der in keiner Folge fehlen darf: »Sag nicht immer Muddi zu mir!« Adelheid (Evelyn Hamann): »Ist recht, Muddi.«

Kindheit und Jugend

Ich war ein wildes Kind. Erste Anzeichen für körperliche Energien sollen sich bei mir schon sehr früh gezeigt haben. Bereits im Kinderwagen, erzählt man, hätte ich eine erstaunliche Technik entwickelt: warf ich meinen Oberkörper kräftig nach vorn, setzte sich der Wagen in Bewegung und rollte bis in die Mitte des Zimmers. Warf ich mich wieder zurück, rollte das Gefährt zurück. So entstand wohl eine Art Ruderbewegung, die ich jauchzend genoss und mir den Kosenamen »Ruderengelchen« bescherte.

Gelegentliche Wutausbrüche, manchmal sogar nachts im Schlaf, erschreckten meine Eltern und machten sie oft ratlos. Große Anfälle von Zärtlichkeit standen dem gegenüber. Vor allem meiner Mutter galten sie. Ich liebte sie über alles. Mit meinem um einige Jahre älteren Bruder gab es oft eifersüchtige Tragödien. Wir kämpften um ihre Liebe. Wenn sie sich mit mir zurückzog, ein absoluter Höhepunkt für mich, um mir Märchen – die traurigen liebte ich am meisten – vorzulesen oder wenn sie mir, sich auf der Laute begleitend, alte Volkslieder vorsang, trommelte mein Bruder heulend gegen die Tür, hinter der wir uns in eine kleine Kammer zurückgezogen hatten.

Käte May mit ihren beiden Kindern Ulrich und Gisela, 1925.

Die Ferien verbrachten wir Geschwister meist in Wernigerode. Dorthin hatte sich mein Großvater als pensionierter Schulrat zurückgezogen. Wir nannten unsere Großeltern nie Oma und Opa, sondern immer Großmama und Großpapa. In Hessen, woher meine Familie seit Generationen stammt, kannte man es wohl nicht anders oder vielleicht lag es auch daran, dass mein Großvater als geachteter Schulpädagoge, sich intensiv mit der deutschen Sprache beschäftigte und Sprachverkürzungen nicht mochte.

Meine Erinnerungen an die Großeltern gehen noch weiter zurück, in die Zeit, als der Schulrat Dr. Mettig in Eisleben zu den Honoratioren der Stadt gehörte. Ich war damals etwa sieben Jahre alt. Das Arbeitszimmer des Großpapas lag etwas separat von den anderen Wohnräumen. Ich durfte es nie betreten, um meinen Großvater nicht zu stören. Außerdem rauchte er Pfeife, und das wiederum missfiel meiner Großmutter, weil sie meinte, der Rauch sei mir nicht zuträglich. Dr. Robert Mettig war linksliberal. Er hatte eine weithin beachtete Fibel für die Grundschule mit dem Titel »Dem deutschen Kinde« verfasst und setzte sich wie viele seiner damaligen Lehrerkollegen – jedoch erfolglos – für eine Rechtschreibung mit vielen Vereinfachungen und der Kleinschreibung aller Substantive ein.

Auch an eine Limousine erinnere ich mich, die mein Großpapa steuerte. Wenn wir eine Steigung hinauffuhren, lehnte ich mich weit nach vorn, weil ich fürchtete, der altersschwache Wagen könnte, wenn ich mich mit meinem Gewicht anlehnte, den Hügel nicht schaffen. Meine Großmutter liebte ich besonders. Sie kochte wunderbar. Einen so guten Himbeersaft, den sie aus frischen Beeren zubereitete, trank ich nie wieder.

An einem Ferientag ereignete sich etwas Besonderes. Meine Großeltern saßen wie so oft am Radio, um einem politischen Redner zuzuhören. Ich beobachtete viel lieber die Vögel, die sich laut zwitschernd im Vogelkästchen vor dem Fenster um die Körner stritten. Plötzlich bekam mein Großpapa einen Wutanfall und sprang schreiend auf. Großmama weinte. Solche außergewöhnlichen Reaktionen von Erwachsenen hatte ich noch nie erlebt. Sie erschreckten mich tief. Ich konnte mir das nicht erklären. Als meine Eltern uns Kinder Tage später aus den Ferien nach Hause abholten, in einer ebenfalls altersschwachen Limousine, einem »Brennabor«, entzündete sich erneut eine hitzige Debatte zwischen den Erwachsenen. Was war geschehen, ich verstand nichts – Hindenburg hatte Hitler seine Sympathie bekundet und ihn zum Reichskanzler ernannt. Wer war Hitler? Was war so schlimm daran, dass Großmama weinte? Jahre später sollte ich es wissen. Er und seine Generäle hatten halb Europa in Schutt und Asche gelegt und auch meinen Bruder auf dem Gewissen. Ulrich war als Funker ausgebildet worden. Diese Waffengattung hatten meine Eltern für meinen Bruder durchsetzen können, weil sie hofften, durch eine längere Ausbildungszeit würde eine Chance bestehen, dass Ulrich nicht mehr in den Krieg müsse, weil dann das Grauen schon vorbei sei. Aber so war es nicht. 1940 wurde mein Bruder eingezogen, schon 1942 erhielten wir die Vermisstenmeldung. Sein Flugzeug war bei einem Flug, Verwundete aus Afrika auszufliegen, abgeschossen worden. Noch Jahre riss uns diese Vermisstenmeldung zwischen Hoffnung und Verzweiflung hin und her. Die quälenden Nächte, in denen ich meine Mutter weinen hörte, die vielen medizinischen Kuren, bei denen ich sie begleitete, um ihre durch den Schock gelähmten Beine wieder einigermaßen beweglich zu machen, sind schmerzliche Erinnerungen, die ich nie vergessen werde.

Zu der Zeit besuchte ich die Schauspielschule in Leipzig. Die Beschäftigung mit den Geheimnissen des Theaters, der Literatur, halfen mir, den schrecklichen Ereignissen etwas entgegenzusetzen. Vorher hatte ich, immer an der untersten Grenze zum Versetzt-Werden, die verschiedenen Klassen eines Mädchengymnasiums absolviert. Ich saß neben der Klassenersten, von der ich

Ulrich May, 1937.

vorzüglich abschreiben konnte. Wir bewunderten sie und glaubten für sie an eine große Zukunft als Wissenschaftlerin. Sie wurde eine brave Postbeamtin. Meinem Mathematiklehrer kam mein Nichtwissen durchaus gelegen. Es geschah nicht selten, dass er sich, wie unbeabsichtigt über meine Schulter beugte, meine Hand nahm und so manches rechnerische Resultat korrigierte. Seinen nach Zigarre riechenden Atem im Nacken, spürte ich, wie sich sein schwerer Körper an meinen drängte. Meine Klassenkameradinnen nahmen es grinsend zur Kenntnis. Wir gönnten dem ältlichen Mann diese kleinen Freuden und mir verhalfen sie zu besseren Zensuren. Auch die Deutschlehrerin hatte einen Narren an mir gefressen. Meine Gedichtrezitationen betrachtete sie als Höhepunkte ihres Schullebens. Selbst theatralisch angehaucht, leider auch in nationalsozialistischer Weise, umhüllte sie sich, wenn sie sich auf meinen Vortrag konzentrierte mit einer Gardine unseres Klassenzimmerfensters, um mit geschlossenen Augen meine Rezitation zu genießen. Ich musste damals schon recht routiniert gewesen sein, denn einerseits genoss ich die Komik dieser übertriebenen Bewunderung, andererseits gestaltete ich die dramatischen Geschehnisse der Schiller'schen Bürgschaft durchaus mit Bravour. In der Klasse war ich die Nummer eins. Das war auch schon so, als ich noch in der Grundschule die Straßenschlachten gegen die Kinder der Parallelstraße als Anführerin befehligte.

Temperamentsmäßig lagen Welten zwischen meinem Bruder und mir. Er war der typische »Stubenhocker«, bastelte ständig an irgendwelchen erstaunlichen Erfindungen herum. Ein Webstuhl, der raffinierte Stoffmuster zustande brachte, ein Detektorradio oder ein Schneidegerät, mit dem man Schallplatten auf eine durchsichtige Folie überspielen konnte. Wenn ich mich nicht auf der Straße mit anderen Kindern herumtrieb, schaute ich ihm durchaus bewundernd zu, wurde auch gelegentlich gnädig beauftragt, heruntergefallene Schrauben oder Muttern aufzulesen oder den abspulenden Faden beim Schneiden der Schallplattenfolie aufzufangen, ohne dass er riss, ein schwieriges oft dramatisches Unterfangen. Aber auf die Dauer langweilte mich das. Erst als sich bei der Puzzelei Freunde von Ulrich einstellten, erwachte bei mir wirkliches Interesse. Da war ich dann stolz auf meinen Bruder. Ulrichs Freunde wurden schnell auch meine Freunde, zumal sie mich bald mehr umschwärmten als ihn. Bald stand ich wieder im Mittelpunkt. Meine attraktiven Schauspielstudentinnen vervollständigten hochwillkommen unseren Kreis. Viele fröhliche Feiern gab's in meinem Elternhaus.

Um der Nazi-Ideologie zu entkommen, hatte ich in einem Rundfunkchor eine Nische entdeckt, ein Chor, der sich fast ausschließlich der klassischen Musik widmete. Hier kamen junge Menschen zusammen, die musisch, musikalisch und idealistisch eingestellt, sich zu einer verschworenen Gemeinschaft zusammengeschlossen hatten. Jeder Versuch, uns nazistisch zu unterwandern, scheiterte. Über die kommunistischen, höchst gefährlichen Unternehmungen meiner Eltern allerdings konnte ich mit niemandem reden. Aber ich wurde auch nicht in alles eingeweiht. Von vielen ihrer illegalen Aktionen wurde ich bewusst ferngehalten. Wie leicht hätte ich meine Familie und mich durch zu große Vertrauensseligkeit in Gefahr bringen können. Gerade erst hatte ich ein Jahr lang im Haushalt einer Nazi-Familie das so genannte »Pflichtjahr« absolviert – absolute Voraussetzung für jede beruf-

Gisela May als Elfjährige.

liche Ausbildung. Ich besorgte den Haushalt, das zweijährige Kind, den Garten, einen großen Hund und daneben lernte ich Texte fürs Vorsprechen zur Aufnahme in die Schauspielschule. Mein ungeliebtes neues Zuhause war ein winziges Zimmerchen in einer Mansarde der Villa. Ein riesiger dort abgestellter Herd nahm die Hälfte des Raumes ein. Um diesem Monstrum etwas Wohnliches zu verleihen, versuchte ich mit einer Tischdecke, einigen Büchern und Bildern darauf, einen Tisch zu machen. Das gelang mir nur mäßig. Abends durfte ich hin und wieder ausgehen. Gleich hinter der Siedlung, in der ich nun wohnte, begannen die Felder. Dort traf ich mich mit einem Freund, der mich über meine betrüblichen Verhältnisse tröstete. Manchmal konnten wir uns kaum trennen, denn ein bisschen Verliebtheit war schon dabei. Als ich einmal erst gegen zwei Uhr wieder in mein »Gefängnis« zurückkam – meine »Gnädige« musste es erlauscht haben – beschimpfte sie mich am nächsten Morgen als haltlos, sittenlos, man müsse sich meiner schämen. Ich sehe mich noch, den Staubsauger in der Hand, fassungslos schluchzen. Was vermutete sie? Nichts war geschehen. Nichts, gar nichts! Ein bisschen Verliebtheit, ja, ein paar Küsse vielleicht, ja, aber mit fest verschlossenem Mund. Was hatte sie denn vermutet? Das waren Zärtlichkeiten, scheu, verwirrend. Aber was waren das für beglückende Erlebnisse. Wenn wir in der ungeheizten Thomaskirche dicht beieinander saßen, dem Bach'schen Oratorium mit ganzer Seele ausgeliefert und trotz der dicken Wintermänteln meinten, die Wärme des anderen zu spüren. Oder, wenn wir uns das Versprechen gaben beim Abschied, um Punkt Mitternacht ganz fest aneinander zu denken. Das waren tief empfundene, beglückende Gefühle. Von Sexualität war da noch keine Spur. Bis dahin war es noch weit.

Für die Prüfung zur Aufnahme in die Schauspielschule hatte mir die »Herrschaft« ab 15 Uhr frei gegeben. Um 16 Uhr begann die Prozedur. So schnell ich konnte, radelte ich vom Leipziger Stadtrand ins Zentrum. Hochrot und verschwitzt erschien ich vor der Prüfungskommission. Für den »Gretchen-Monolog« aus dem »Faust« warf ich mich auf die Bretter der Probebühne und schrie allen Schmerz aus mir heraus. Man nahm mich auf – aber – nur fürs komische Fach, dabei hatte ich gar nichts Komisches vorgesprochen. Offenbar musste wohl mein äußerer Eindruck, meine Kleidung, eine Art Dirndlkleid, von dem ich glaubte, dass es mir gut stehe, und meine kräftige Statur durch die schwere körperliche Arbeit, diese Einschränkung bei der Aufnahme in die Schule ausgelöst haben. Natürlich war das enttäuschend. Aber mir war's egal, Hauptsache, ich war angenommen! Der anschließende Abend bei den Eltern machte das Glück vollkommen. Sie hatten sich so sehr gewünscht, ich würde Schauspielerin werden. Von Anfang an hatten sie mich darin bestärkt, diesen Weg einzuschlagen.

Schmidt-Sas, mein bewunderter Lehrer[*]

Die künstlerische, literarische Atmosphäre meines Elternhauses war nicht ohne Wirkung geblieben. Ich kannte schon mit zwölf Jahren die Schallplatten mit den Songs aus der »Dreigroschenoper«. Den Mackie-Messer-Song trällerte ich wie einen Schlager.

---

[*] Einzelne Textpassagen aus: Hoffmann, Volker: Der Dienstälteste von Plötzensee.

Schmidt-Sas, mein bewunderter Lehrer, Freund meiner Eltern, gab mir Klavierunterricht. Er förderte meine Neugier auf Literatur, faszinierte mich durch seine Persönlichkeit, durch seine Spontaneität und seine Ernsthaftigkeit, mit denen er auf meine Entwicklung Einfluss nahm.

Heute hängt sein gezeichnetes Porträt in einem schmalen Glasrahmen in meinem Korridor. Daneben sitzt Brecht in seinem Schaukelstuhl – eine gezeichnete Karikatur von Elisabeth Shaw. Und noch ein Bild hängt da, ein Film-Foto, auf dem ich bei einem wagemutigen Ritt auf einem Elefanten in der Rolle einer Zirkusdirektorin, verewigt bin. Wie habe ich damals bei der Filmaufnahme gezittert!

Das Porträt von Sas stammt aus einer Zeit, als er sich in der glücklichsten, produktivsten Phase seines Lebens befand, das war Anfang der 30er Jahre. Niemand – und er selbst am allerwenigsten – hat damals geahnt, welches entsetzliche Ende sein Leben nehmen würde. Umschwärmt von Frauen, anerkannt von Freunden, von politisch Gleichgesinnten, geliebt von jungen Menschen, die seine Schüler waren und durch ihn sich selbst und die Welt entdeckten, genoss Sas das Leben in vollen Zügen. Auch ich war in heftiger Jungmädchenschwärmerei von dieser außergewöhnlichen Persönlichkeit angezogen und ließ mich von seiner unbändigen Lebenslust mitreißen. Damals war ich etwa 14 Jahre alt. Meine Eltern waren mit Sas durch Freundschaft und gemeinsame politische Ziele verbunden. Für mich wurde der Klavierunterricht durch Sas, diesen ungewöhnlichen Pädagogen, zu einem spannenden Erlebnis. Auf ganz unkonventionelle Weise fing er zunächst damit an, mein musikalisches Gehör zu entwickeln, ließ mich aber schon bald durch die Grundbegriffe der Harmonielehre über die ganze Tastatur des Klaviers improvisieren. Ermüdendes Notenstudium blieb mir erspart.

Nach und nach fing ich an, kleine Melodien zu erfinden, machte Texte dazu und genoss zum ersten Mal in meinem Leben dieses wunderbare Gefühl schöpferischen Gestaltens. Manchmal spielten wir vierhändig, was uns große Freude machte. Aber es war nicht nur der Klavierunterricht. Da war wohl noch etwas an mir, was den reifen Mann von fast 40 Jahren anzog. Ganz behutsam griff er in mein junges Leben, in mein Denken ein, erweiterte meinen Horizont, machte mich empfänglich für alles Schöne. Aufgrund einer Faszination, die von ihm ausging und die ich schwer beschreiben kann, fiel es ihm leicht, mich für vieles zu begeistern, was bei einer Heranwachsenden, ich war inzwischen 15 geworden, natürlich tiefe Spuren hinterließ, die zum Teil bis heute reichen. Nur was die Sexualität anbetraf, hatte sie keine Chance in unserer Beziehung. Dazu war wohl der Altersunterschied zwischen uns zu groß und sicher spürte der reife Mann diese unüberbrückbare Schranke.

In jener Zeit, da Sas sich intensiv mit mir beschäftigte, begann auch meine starke Naturverbundenheit. Um die Natur bewusst zu erleben, sie körperlich zu empfinden, zu sehen, zu riechen, meinte Sas, müsse man ganz früh aufstehen. Obwohl ich sonst mit dem Frühaufstehen nicht viel im Sinn hatte – auch heute noch nicht –, protestierte ich nicht, als Sas eines schönen Sommertags vorschlug, schon um 6 Uhr in der Frühe loszugehen. Wir streiften durch das Leipziger Rosental, lauschten den Vögeln und erlebten das Erwachen des Tages.

Von Sas kam auch die Anregung Tagebuch zu führen. Er drängte mich nicht dazu, aber er weckte mein Vergnügen daran, indem er mir ein Büchlein schenkte, in das er in seiner sensiblen, feinen Handschrift einige Zitate hineingeschrieben hatte – von Dichtern, Philosophen, Musikern –, Zitate, die schönen Künste und ganz besonders die Schauspielkunst betreffend. Schon das Büchlein gefiel mir sehr. In leuchtend blaues Leinen gebunden, innen mit feinstem dünnen Papier ausgestattet, von handlichem Format – reizte es mich, Sas' Linie fortzusetzen. Doch bald suchte ich nicht mehr nach Aussprüchen anderer, sondern notierte eigene Empfindungen, Gedanken und Erlebnisse. Auch später behielt ich diese Gewohnheit bei. Tagebücher entstanden so über Jahrzehnte.

Merkwürdigerweise sprach Sas mit mir fast nie über Politik, auch dann nicht, als ich älter geworden, schon fast erwachsen war. Offenbar betrachtete er mein politisch aktives, antinazistisches Elternhaus als Garantie, dass ich den Nazis nicht auf den Leim gehen würde. Von heute aus betrachtet, scheint es mir wahrscheinlicher, dass er politische Themen vermied, um seine illegale Arbeit nicht zu gefährden. Unbedachte Äußerungen eines jungen mitteilsamen Mädchens hätten nicht nur für ihn lebensgefährlich werden können.

Als mein Wunsch, Schauspielerin zu werden, durch die bestandene Aufnahmeprüfung an der Leipziger Schauspielschule eine klare Perspektive bekam, war niemand zufriedener als Sas. Nun richtete sich seine Einflussnahme gezielt in diese Richtung. Obwohl er inzwischen nach Berlin übergesiedelt war, erkundigte er sich regelmäßig nach meinen Fortschritten. Eine Zeit lang, während meines Pflichtjahres, erhielt ich mit jeder Samstagspost einen Band der Theaterstücke von Bernhard Shaw, bis ich schließlich die gesammelten Werke beisammen hatte.

Wenn ich Sas in Berlin besuchte, nahmen wir die Gelegenheit war, gemeinsam ins Theater zu gehen. Die Aufführung von »Kabale und Liebe« mit dem unvergleichlichen Horst Caspar erregte mich so, dass wir in Sas' kleiner Junggesellenwohnung noch die halbe Nacht darüber redeten. Oder wir fuhren mit einem der berühmten Doppelstockbusse durch die Stadt. Im oberen Wagenabteil von der ersten Reihe aus schaute ich staunend und ein wenig verwirrt auf das Treiben des Berliner Verkehrs, auf die vielen Menschen.

Dass später diese Stadt über 50 Jahre mein Zuhause sein würde – damals unvorstellbar! Aber das Vergnügen, wie eine Königin auf der ersten Reihe im Bus durch meine Stadt zu fahren, genieße ich heute noch.

Mein Schauspielschulalltag, der so fröhlich hätte sein können, wurde durch viele schreckliche Einschnitte zerrissen. Die Ungewissheit über das Schicksal meines Bruders, Verhaftungen guter Freunde meiner Eltern, Todesnachrichten über gefallene Kameraden meines Bruders. In das kleine Büchlein, das Sas mir geschenkt hatte, schrieb ich mit 16 Jahren: »Ich bin von Toten umgeben.« Auch Bombennächte hatten wir zu überstehen, Lebensmittelknappheit und noch immer Siegestaumel, Nazi-Begeisterung, Verblendung. Ich suchte Ablenkung im Kino. Träumte mich in die Karriere einer berühmten Filmschauspielerin hinein. Und dann wurde Sas verhaftet. Das Verhängnis nahm seinen Lauf, drängte sich in mein Studium, die Angst um ihn erfasste uns alle. Was konnten wir tun? Einflussreiche Prominente setzten sich für Sas ein, auch meine Eltern; Gnadengesuche ließen uns hoffen.

Sicher hätte sich Sas nichts lieber gewünscht, als mich eines Tages auf der Bühne zu erleben. Dieser Wunsch erfüllte sich nicht. Noch ehe ich die Schauspielschule beendet hatte, brach das Unheil über ihn herein. Die nun folgenden Stationen des Verbrechens, das an Sas begangen wurde, ein Martyrium ohnegleichen, macht meine emotionale Verbundenheit mit dem Schicksal des Freundes dauerhaft bis heute. Viele schmerzliche Einzelheiten aus der Zeit von Sas' Inhaftierung und seiner Hinrichtung waren damals, als sich die Ereignisse überschlugen, noch nicht bekannt. Ich erfuhr sie erst viel später. Oder sie wurden damals bewusst von mir ferngehalten, um mich zu schonen. Ich weiß es nicht. Seine Gedichte, in der Todeszelle geschrieben, vom Gefängnispfarrer hinausgeschmuggelt, lernte ich erst später kennen.

Sas' Porträt auf dem Korridor, aber auch eine Bronzebüste von seinem ausdrucksstarken Kopf, die zunächst in meinem Elternhaus einen Ehrenplatz eingenommen hatte und später als Erbe in meinen Besitz überging, macht mir Sas immer wieder ganz nah, ganz gegenwärtig.

»Er ist nicht umsonst gestorben« – heißt es. Das tröstet nicht, noch macht es die Verbrechen der Nazis ungeschehen. Aber es kann der Ermordung von Sas vielleicht etwas von ihrer schrecklichen Sinnlosigkeit nehmen. Es kann den Belehrbaren, und vielleicht sogar auch manchem Unbelehrbaren helfen, im Heute das Gestern nicht zu vergessen.

Mein Vater

Seine ersten Erzählungen entstanden zu einer Zeit, als er noch nicht daran dachte, auch nur eine Zeile zu veröffentlichen. Sie entstanden auf drängende Fragen einer 12-Jährigen, die mit dem damaligen, die Wahrheit in bestimmter Richtung verfälschenden Geschichtsunterricht, sowohl was seinen Inhalt als auch, was die langweilige Darstellung anbetraf, in keiner Weise einverstanden war. Meist stellte ich meine Fragen beim Abendessen, schon um meinen Vater aus seiner depressiven, von Sorgen verzehrten Stimmung herauszureißen, die er fast täglich von einer ihn geistig nicht ausfüllenden Geschäftstätigkeit mit nach Hause brachte. »Wie war das denn nun mit der Schlacht bei Waterloo? Wie war das mit dem Sieg bei Sedan?«

Ehrlich gesagt, nicht sosehr Wissensdurst ließ mich fragen, sondern vielmehr die Spekulation, ob durch eine Aufheiterung der Stimmung nicht noch ein abendlicher Kinobesuch herauszuholen wäre.

Die Schule hatte es in jahrelanger Datenpaukerei geschafft, mir die Geschichte als das Langweiligste darzustellen, was ich mir denken konnte. Bei meinem Vater war das anders. Bei ihm knüpften sich an die trockenen Jahreszahlen spannende Vorgänge. Siege wurden zu blutigen Kämpfen einzelner Menschen, Heldentaten verloren ihren Glanz und entblößten sich als gerissene, um

Käte und Ferdinand May, Dresden 1942.

materieller Interessen willen begangene Intrigen. Stundenlang konnte ich den abenteuerlichen Schilderungen über große historische Zusammenhänge lauschen. Was ich auch wissen wollte, was ich auch fragte, er wusste es. Erzählend wurde ich belehrt, Geschichten lehrten mich Geschichte.

Und Geschichtenerzählen war die Lieblingsbeschäftigung meines Vaters sein Leben lang. Allerdings konnte er sich ihr erst nach 1945 mit Hingabe widmen, konnte erst dann literarische Versuche veröffentlichen. Für ihn brachte dieses Jahr nicht nur die Befreiung vom Faschismus, sondern auch die Befreiung zu neuer, ihm gemäßer Tätigkeit. An schriftstellerische Arbeit war bis dahin nicht zu denken gewesen. Immer in Gefahr, politisch verfolgt zu werden, musste er seine Familie durch langweilige, wenig einträgliche kaufmännische Manipulationen über Wasser halten. In jahrelangen Bemühungen hatte er es zu einer kleinen Möbelhandlung gebracht. In jener Zeit, in der das »Tausendjährige Reich« seinem Höhepunkt zustrebte, Hunger und Kälte die ständigen Begleiter des täglichen Lebens waren und jede Ware als Tauschobjekt für eine andere galt, wärmte mich ein Schlafzimmerschrank, der sich in einen Pelzmantel aus edlen Kaninchenfellen verwandelt hatte. Eine Sesselgarnitur, umgetauscht in Schweinegepökeltes, ernährte uns mehrere Wochen.

Nach '45 begann Ferdinand May zu schreiben. Seine lang aufgespeicherten literarischen Ambitionen hatte er bis dahin lediglich durch Lektüre und im Sammeln einer ansehnlichen Bibliothek befriedigen können. Nun entfalteten sich seine schriftstellerischen Neigungen in verschiedene Richtungen. Sein literarisches Werk reicht vom historischen Roman über Themen der Revolutionsgeschichte bis zum Krimi, vom Jugendbuch bis zum Kabarettsketch. Es scheint fast so, als hätte ich die Vielseitigkeit, die man mir auf darstellerischem Gebiet nachsagt, genauso von ihm geerbt wie seine braunen Augen, sein lebhaftes Temperament und seine Ungeduld.

Die Liebe zur Literatur und die Liebe zum Theater begleiteten meinen Vater sein Leben lang, und sie führten ihn für viele Jahre als Chefdramaturg an die Leipziger Städtischen Bühnen. Auf seine Initiative geht die Gründung des ersten Leipziger literarisch-politischen Kabaretts nach 1945 zurück, das er zusammen mit Joachim Werzlau zu großen Erfolgen führte. Mehrere Jahre war er der für Theaterfragen zuständige Referent der damaligen Landesregierung in Sachsen-Anhalt. Für mich blieb er der »für Theaterfragen Zuständige«, aber auch in allen anderen Fragen erfahrene Berater und beste Freund.

Weil er mit Freude diskutierte, unternahm er immer wieder große und kleine Fahrten zu Lesungen, Diskussionen, zu Begegnungen mit Menschen, deren Geschichten er mit nach Hause brachte, um sie eines Tages wieder literarisch zu verarbeiten. Immer hatte er Pläne, neue Vorhaben im Sinn! Nur wenn er einmal nichts tat – was er gar nicht konnte –, dann angelte er. Diese stille Leidenschaft, die so wenig zu seiner Ungeduld passen wollte und von der ich heimlich glaube, dass er sie wie eine Art prophylaktische Erziehungsarbeit an sich selbst betrieb, zog ihn immer wieder auf den kleinen Bootssteg meines Wochenendgrundstücks. Dort stand er stundenlang und kämpfte mit seiner Ungeduld. Alle zwei Minuten zog er die Angel aus dem Wasser, um sie missmutig, aber doch erneut hoffnungsvoll an einer anderen Stelle wieder in den See zu tunken.

Und so ist es sein ganzes Leben lang gewesen. Dieser Wechsel zwischen Verzagtsein und temperamentvollem, zupackendem Hoffen hielt ihn in Bewegung, löste immer neue Spannungen aus, und das wichtigste: Seine Ungeduld ließ ihn jung bleiben von innen heraus, bis in sein 81., das letzte Jahr seines Lebens.

Der Anfang einer Schauspielkarriere

Am Beginn: Schlossherrin in Dresden

Niemand hat mich entdeckt. Mein künstlerischer Weg ging unsensationell, mühsam und langsam bergan. Dass ich ihn gehen musste, stand außer Frage. Zwei Jahre Schauspielschule vermittelten das Nötigste. Nun musste die Praxis zeigen, ob ich für diesen so genannten »Traumberuf« tauglich wäre. Bewerbungsschreiben mit attraktiven Fotos versehen, gingen an diverse deutsche Bühnen. 1942 gab es noch kein geteiltes Land. Von Hamburg bis Düsseldorf, von Halle bis Rostock versuchte ich mein Glück. Aus Dresden kam die einzige Antwort. Ich war noch nicht volljährig und mein Vater als Erziehungsberechtigter musste meinen Vertrag unterschreiben. Er verhandelte für mich. Das Angebot kam von einem Dresdner Privattheater. Der dortige Direktor entdeckte, dass mein Vater, voller Ungeduld und in Vorfreude, mich nun endlich auf der Bühne zu erleben, vielleicht aber auch aus Angst, ich könne beruflich sitzen bleiben, auf jede Bedingung eingehen würde. So »kaufte« mich der werte Direktor für eine Montagsgage von 150 Mark und verlangte dafür auch noch einen ansehnlichen Fundus an Bühnengarderobe.

Der Vertrag war perfekt. Nun musste ich nur noch eine geeignete Unterkunft finden. Dresden zeigte sich damals in unzerstörter wunderbarer Pracht. »Florenz des Nordens« wurde die Stadt genannt. Der Vergleich stimmte. Oft wanderte ich die Elbwiesen entlang, die grandiose Silhouette dieser Stadt vor Augen, wo ich nun mein erstes Engagement hatte. In der Prager Straße befand sich das Komödienhaus. Bei einem dieser Spaziergänge besichtigte ich das Dresdner Schloss, bewunderte die barocke Fassade, den großen Innenhof des Gebäudes. Im vierten Stock der ebenmäßigen Fensterfront entdeckte ich an einem kleineren Fenster Gardinen. Merkwürdig, dachte ich, Gardinen? Da muss jemand wohnen! Über eine riesige Wendeltreppe kletterte ich bis in die oberste Etage. An einer gelben Holztür entdeckte ich ein Namensschild auf weißer Emaille. Zaghaft klingelte ich. Die ältere Frau, die mir öffnete, antwortete auf meine Frage, ob sie ein Zimmerchen zu vermieten hätte, nach erstem erstaunten Zögern, in breitem Sächsisch: »Ja!« Sie zeigte mir eine bescheidene Stube mit wunderbarem Ausblick auf den Schlosshof, möbliert mit allem, was ich brauchte, sogar ein Klavier gehörte zur Ausstattung und auch die Miete war erschwinglich. Ich war glücklich! Kein Lärm störte, es war ganz ruhig; bis auf die Turmuhr, die mich allerdings mit gewaltigen Glockenschlägen nachts fast aus dem Bett fallen ließ. Damit hatte ich nicht gerechnet. Aber ich gewöhnte mich daran.

Eine weitere Besonderheit, die mein Leben beträchtlich verändern sollte, war die Unterwerfung als »Schlossherrin«. Im Grünen Gewölbe, einem zum Schloss gehörenden Museum, lagerten wertvolle Schätze. Täglich kamen Besucher, sie zu besichtigen – und diese Kostbarkeiten mussten gesichert werden. Pünktlich um 21 Uhr verschloss ein Kastellan die große Eingangspforte, um sie erst morgens um 6 Uhr wieder zu öffnen. Die wenigen Bewohner, zu denen ich gehörte, durften zwar passieren, einen Gast mitzubringen, musste aber vorher angemeldet werden. Nun hatte ich mich, noch keine 18 Jahre alt, Hals über Kopf in einen attraktiven Kollegen verliebt. Was sollte ich tun? Um unbemerkt meinen Freund zu empfangen, blieb uns nichts anderes übrig, als ihn vor 21 Uhr unbemerkt einzuschleusen und die Nacht miteinander zu verbringen. Was ich dabei lernte, ging weit über das hinaus, was mir in der Schauspielschule beigebracht worden war. Aber bis zum Beginn in Berlin lagen noch beträchtliche berufliche und menschliche Stationen.

Von Dresden aus ging es an eine Wanderbühne in der »herrlichen« Stadt Graudenz. So wie der Name, war auch die Stadt. Wir traten in Gasthöfen auf, auf den kleinsten »Nudelbrettern«. In einem klapprigen Omnibus tuckerten wir durchs Land. Oft mussten wir uns im Winter aus dem Schnee herausbuddeln. Die Probenzeit für eine Inszenierung dauerte 14 Tage. Wenn wir alle Gastspielstädtchen abgeklappert hatten, kam die nächste Produktion. Das waren keine künstlerischen Sternstunden, aber was das Handwerkszeug meines Berufes anbetraf, gab es da schon einiges zu lernen. Die Auftrittsorte waren unsäglich. Ich erinnere mich, dass ich als Maria Stuart, gezwängt in ein abgetragenes Samtkleid, den weißen Stuart-Kragen eng um den Hals, auf einem aus Brettern zusammengeschusterten Tisch hockte und auf meinen Auftritt wartete. Stühle gab es nicht, einen Inspizienten auch nicht. Ausgerechnet vor den Herrentoiletten hatte man diesen Tisch platziert. Der scharfe Geruch ließ mich das keinen Augenblick vergessen, aber präzise aufs Stichwort betrat ich die »Bretter der Welt«, die an diesem Ort zu Recht den Namen Bretter besaßen, um als geschmähte Königin das bescheidene Mitgefühl des Publikums zu wecken. Tief in der Nacht ging's im eiskalten Bus nach Graudenz zurück, todmüde und verfroren.

Görlitz war die nächste Etappe auf der Karriereleiter. Diesmal war's nun endlich ein richtiges Theater, ein wunderhübsches obendrein. Und auch die Stadt gefiel mir, die Altstadt ganz besonders, auch die Leute mit ihrem freundlichen Dialekt. Hier gab's im Spielplan nicht nur Schauspiel, sondern auch ein Opern- und Ballettensemble, ein Orchester – und ein Kapellmeister aus diesem musikalischen Bereich gefiel mir besonders!

Während wir in unserer behüteten Welt des Theaters stundenlang darüber diskutierten, wie man Grillparzer oder Gerhart Hauptmann spielt, ging draußen der Krieg ins vierte Jahr. Ich bangte um meine Eltern in Leipzig. Immer massiver bedrohten die Bombennächte auch ihr Leben. Mein Vater wurde noch zum

Volkssturm eingezogen. Als leidenschaftlicher Kriegsgegner, im Ersten Weltkrieg mehrmals verwundet, musste er nun noch einmal eine verhasste Uniform anziehen und an der so genannten »Heimatfront« sinnlose Einsätze durchführen.

1944 rückte die Front im Osten immer näher. Wenn auch die größenwahnsinnigen »Staatenlenker« (eine Formulierung von Brecht) ihrem Volk noch immer den Sieg prophezeiten, trafen sie Maßnahmen, die darauf schließen ließen, dass sie den totalen Krieg zum totalen Ende führen würden.

Allmählich begannen die Oberen zu spüren, dass ihnen das Wasser schon fast bis zum Hals stand. Eine ihrer verzweifelten Entscheidungen: alle Theater zu schließen, Vergnügungen jeglicher Art zu verbieten. Das betraf auch uns, das gesamte Personal des Görlitzer Theaters. Vor die Alternative gestellt, entweder in den Rüstungsfabriken Granaten zu drehen oder an der vorgeschobenen Front gegen den Vormarsch sowjetischer Panzer Gräben auszuheben, entschlossen sich die meisten von uns für die Variante, bei der wir das Gefühl hatten, wenigstens nicht unmittelbar an der Verlängerung des Krieges durch Granatendrehen mitzuwirken. Außerdem erschien uns die Aussicht, im Freien beschäftigt zu sein, erfreulicher, zumal sich ein Jahrhundertsommer ankündigte. In Glogau wurden wir in einer Schule auf Strohsäcken untergebracht. In Gruppen begaben wir uns, mit kleinen Spaten bewaffnet, an unsere Aufgabe, das Ausheben von Gräben. Natürlich entwickelten wir keinerlei Ehrgeiz, uns tief ins Erdreich hineinzubuddeln, da wir von der Sinnlosigkeit unseres Tuns überzeugt waren. Die Vorstellung, riesige sowjetische Panzer durch schrebergartenähnliche Erdaushebungen aufzuhalten, schien uns absurd. Dass kostbare Pianistenfinger, Violinenspielerhände oder zierliche Soubrettenfigürchen den Kriegsverlauf im Osten, genauer gesagt in Schlesien, beeinflussen könnten, schienen nun auch die kleineren Parteibonzen auf bezirklicher Ebene zu bezweifeln und dachten sich etwas anderes aus. Nun wurden wir beauftragt, Kleinkunstprogramme zusammenzustellen und damit vor verwundeten Soldaten in Lazaretten aufzutreten. Dass ich auf diese Weise mein gesangliches Talent einsetzen und vor allem mit meinem Liebsten, unserem tschechischen Kapellmeister zusammensein konnte, milderte unsere Situation, nicht mehr Theater spielen zu können. Auch unser Tenor und unser Bassist, beide mit großartigen Stimmen begabt, kamen aus Prag. Sie hatten dafür gesorgt, den Spielbetrieb des Görlitzer Opernrepertoires als so genannte Fremdarbeiter aufrechtzuerhalten, während junge deutsche Männer dazu verdammt waren, in diesem wahnsinnigen Krieg irgendwo an der Front den Heldentod zu sterben. Bei unseren Auftritten in den Lazaretten sahen wir, was der Krieg aus ihnen gemacht hatte. Wer von den Verletzten noch laufen konnte, saß vor einer improvisierten Bühne in einem Krankensaal und hörte uns zu. Beinamputierte schleppten sich an Krücken heran, andere mit Verbänden über Gesicht oder Augen. Wir sangen ihnen etwas vor, obwohl es uns das Herz zerriss.

Bis der Tag kam, an dem der Ort, wo wir den Feind aufhalten sollten, aufgegeben und wir nach Hause geschickt wurden. Kurz zuvor leistete ich mir noch den »Luxus« einer Blinddarmentzündung. Als mich meine drei attraktiven tschechischen Musikerkollegen mit einem holprigen Schlitten durch den Schnee ins Krankenhaus chauffierten, ein anderes Gefährt stand nicht zur Verfügung – inzwischen ging es schon auf Weihnachten zu – schauten die deutschen Krankenschwestern misstrauisch und sicher auch neidisch auf diese gesunden Männer, die mich, einer nach dem anderen, zärtlich umarmten und mit einem Kuss verabschiedeten.

In der Silvesternacht, die das letzte Kriegsjahr einläutete, lag ich frisch operiert, schlaflos mit großen Schmerzen in einem Ort, den ich nicht kannte, in verzweifelter Sorge, wie und wann ich jemals wieder zu meinen Eltern nach Hause zurückkehren würde und noch halb betäubt vom Kummer über den Abschied von meinem Freund. Die laut grölenden, alkoholisierten Leute, die das neue Jahr auf den Straßen begrüßten, ließen mich grausen.

Unter unendlichen Torturen gelang es meiner Mutter, die immer, wenn es darauf ankam, Unmögliches möglich machte, mich, als ich einigermaßen transportfähig war, in einen überfüllten Zug mit hunderten von flüchtenden Menschen hineinzupressen. Auf mehreren Umwegen kamen wir in Leipzig an. Aber schon Monate später, nachdem ich gesundheitlich wieder hergestellt war, eröffnete ich den Eltern meinen Entschluss, mich wieder auf die Reise zu begeben. Ich musste meinen Liebsten wiedersehen! Striktes Ablehnen, es sei Wahnsinn und viel zu gefährlich, bekam ich nur zur Antwort. Aber ich war fest entschlossen und nahm alle Gefahren auf mich.

Eine der abenteuerlichsten Reisen meines Lebens begann. Schnell hatte ich in einem Koffer einige Habseligkeiten zusammengepackt. Auch einen Pelzmantel aus edlen Kaninchenfellen, den ich für sehr elegant hielt, nahm ich mit. Er sollte mir noch gute Dienste leisten. Meine Mutter brachte mich zur Bahn. Aber schon die erste Etappe im überfüllten Zug endete auf freier Strecke kurz vor Dresden. Die Stadt litt noch immer unter dem schlimmsten Bombenangriff, der über eine Woche zurücklag. Also waren auch die Bahngleise zerstört. Zu Fuß ging es weiter. Durch die noch schwelenden Trümmerberge der nicht mehr existierenden Häuser, die links und rechts zu einem Weg freigeschaufelt worden waren, schleppte ich meinen Koffer. Schon ganz am Ende meiner Kräfte gelangte ich tatsächlich bis zum Hauptbahnhof, das heißt, was von ihm noch vorhanden war. Die Außenwände, schwer lädiert, standen noch, aber ein schützendes Dach gab es nicht mehr. In einem durch einen Bombeneinschlag entstandenen Erdloch auf dem Bahnsteig hatten sich Soldaten ein Feuer gemacht. Ich hockte mich zu ihnen, bekam sogar einen

Schluck Tee zu trinken, bevor tatsächlich erneut ein Zug gen Süden bereitstand. Auch hier wieder chaotische Verhältnisse, gegenseitige Kämpfe um Sitzplätze, um überhaupt in den Zug hineinzukommen. Ich hatte es geschafft! Wie die Stunden vergingen, weiß ich nicht mehr. Bis ein englischer Tiefflieger die Bahnstrecke angriff und die Lethargie des ratternden Fahrens unterbrach. Wir stürzten aus den Fenstern – die sich damals noch öffnen ließen –, denn die Gänge im Zug waren hoffnungslos verstopft. Es ging um Minuten. Ich landete auf einem Acker und warf mich auf die Erde. Kaum atmend drückte ich die Nase tief ins Grün der aufkeimenden Saat. So blieb ich liegen, bis das Donnern der tief fliegenden Flugzeuge leiser wurde. Schnell zurück zum Zug; auf den Schultern eines jungen Mannes erklomm ich das Fenster des Abteils. Zwei hilfreiche Hände packten zu, die mich ins Wageninnere zerrten. Es war höchste Zeit. Mit einem energischen Pfeifen setzte sich der Zug wieder in Bewegung.

Nach endlosen Stunden und nach mehrmaligem Wechseln der Züge wurde das Unmögliche Wirklichkeit. Ein kleines wohl behaltenes, idyllisches Städtchen, tief im südlichen Mähren empfing mich. Das heißt, es empfing mich nicht. Deutsche wurden dort nicht gerne gesehen, wie ich bald erleben musste. Aber mein Geliebter erwartete mich und nahm mich in die Arme. Wir waren glücklich! Wir konnten es nicht glauben, dass ich es wirklich geschafft hatte und wir uns wiedersahen. Vierzehn aufregende Tage begannen. Jarins Eltern begrüßten mich höflich, aber mit Zurückhaltung. Ich spürte Ablehnung, ja sogar Misstrauen – immerhin war ich Deutsche. Aber von Tag zu Tag gelang es mir mehr, die Beiden freundlicher zu stimmen, bis sie dieser, doch so hoffnungslosen Liebe Verständnis entgegenbrachten.

In dem kleinen Ort hatte sich mein Besuch schnell herumgesprochen. Bald erschienen in dem bescheidenen Häuschen die zahlreichen neugierigen Verwandten – alle waren nett zu mir. Es wurde musiziert, gesungen und vor allem gegessen. Und wie gegessen! Die Hausfrau war eine begnadete Köchin. Endlich hatte sie nun jemanden zum Verwöhnen, der nicht ihre Köstlichkeiten gedankenlos herunterschlang, sondern mit vielen »aah's« und »hmm's« zu schätzen wusste. Schweinebraten mit Knödel war ihre Spezialität. Mit dem unüberhörbaren Genuss am Essen gewann ich vollends das Herz der Mamutschka.

Doch der Konflikt, dass eine Deutsche, aus dem verhassten Land, das sich auch Mähren als Protektorat einverleibt hatte, zu Besuch gekommen war, trübte die Stimmung unseres Zusammenseins. So nahmen wir uns beide vor, vorsichtiger zu sein. Wir unterhielten uns bei unseren Spaziergängen nur leise, damit es nicht auffiel, dass wir deutsch miteinander sprachen. Am meisten bedrückte mich, dass meine Gasteltern, mit denen sich alles so gut entwickelt hatte, doch wieder auf Distanz zu mir gingen, ängstlich besorgt, mein Besuch könnte ihrer Reputation bei den Nachbarn schaden. Schmerzlich wurde mir bewusst, dass ich, um meine Anwesenheit nicht zu einem Konflikt anwachsen zu lassen, Abschied nehmen musste. Unter vielen Tränen und Umarmungen sagten wir »Na sledano!« Alle beteuerten mir, wie lieb sie mich gewonnen hatten. Aber die Umstände ließen keine andere Lösung zu.

Wie der zweite Teil der abenteuerlichen Reise verlaufen würde, war völlig ungewiss. Da die Front des Krieges sich täglich veränderte und es in Gerüchten hieß, dass die Russen schon an der Oder stehen würden, war an ein Zurück nach Leipzig vorläufig nicht zu denken. Abwarten war die einzige Möglichkeit. Aber wo? Jarins großer Freundeskreis half zunächst in Prag. Aber dort konnte ich nicht bleiben. So reichte man mich weiter, bis ich mehr zufällig in einem kleinen Dorf mitten im Böhmerwald endlich eine Bleibe fand. Immer noch schleppte ich mich mit meinem Koffer ab. Auch von meinem Pelzmantel trennte ich mich nicht, obwohl es Mitte April schon warm geworden war. Der Bürgermeister des kleinen sudetischen Dorfes, den ich um Hilfe bat, entschied, mich bei einer Frau unterzubringen, die schon über ein Jahrzehnt auf seinem großen Besitz als Magd arbeitete. Ihr Mann sei vor Jahren gestorben, so wäre ein Bett frei, meinte er wohlwollend. Natürlich hatten seine beiden Söhne, 15 und 17 Jahre alt, mich sofort bemerkt und bei dem Gespräch gelauscht. Dass sie sich Hals über Kopf in mich verlieben würden, war mir bereits bei der ersten Begegnung klar.

Es ging schon auf den Abend zu, als ich am Ausgang des Dorfes zwischen Wiesen und Wäldern am Ende eines Feldwegs das bescheidene Häuschen fand. Zögernd näherte ich mich dem Zaun des Vorgärtchens, als sie mir schon entgegen kam. Eine kleine schmächtige Frau. Sie ging ein wenig gebückt. Die grauen Haare, brav in der Mitte gescheitelt, wurden von einem dünnen Zopf am Hinterkopf zusammengehalten. Die Hand, die sie mir gab, war rau und knochig, aber ihr Lächeln rührte mich und beim Eintreten in das dunkelbraune Holzhaus wusste ich, hier wird es mir gut gehen. Rechts befand sich die Küche mit einem eisernen Herd. Links vom Eingang die Schlafstube. Die Doppelbetten im hölzernen Bettgestell füllten fast den ganzen Raum. Zwei Nachtschränkchen und ein Kleiderschrank komplettierten die karge Ausstattung. Das kleine Fenster ließ nicht allzu viel Licht herein. Der Korridor zwischen Küche und Kammer öffnete sich zu einem Raum, den man etwas übertrieben Wohnzimmer hätte nennen können. Offenbar wurde das Zimmer kaum benutzt. Auf dem zweisitzigen Sofa standen zwei steif aufgerichtete Kissen. Zum Haus gehörte noch ein Bretterverschlag, hinter dem eine Ziege den Kopf hob, als meine Schlummermutter die quietschende Stalltür öffnete. Alles gefiel mir sehr. Ich packte meinen Koffer aus. Bereitwillig räumte das Muttchen, so nannte ich sie und sie akzeptierte es strahlend, eine Hälfte des Schranks für mich aus. Sie bestaunte meine elegante Wäsche, vor allem meinen seidenen Pyjama, den ich auf das Kopfkissen legte, links von dem ihren. So etwas hatte sie noch nie gesehen. Unter den riesigen Federbetten schliefen wir von nun an friedlich nebeneinander. Morgens, ehe sie leise, sehr früh das Haus verließ, um zur Arbeit zu gehen, fand sie noch Zeit, mir das Frühstück zurecht zu machen, die Ziege zu melken und die lauwarme Milch für mich auf den Herd zu stellen. Diese sollte mir so gut bekommen, dass Monate später, nachdem ich auf abenteuerlichen Umwegen endlich zu Hause in Leipzig vor der Tür stand, meine liebe Mutter mich nicht tränenüberströmt in die Arme nahm, sondern mich mit den Worten begrüßte: »Wie siehst du denn aus!« Aber bis es soweit war, musste erst einmal der Krieg aufhören.

Der 8. Mai 1945

Wieder einmal war es mir gelungen, auch in dem kleinen Dorf im Böhmerwald, mich überall beliebt zu machen. Nicht nur die beiden Bürgermeistersöhne waren begeistert von mir. Von nun an versammelte sich die gesamte Dorfjugend täglich auf dem Anger oder im geräumigen Hof zwischen Scheune und Stallungen des Bürgermeisteranwesens. Ein altes Grammophon war zum Leben erweckt worden, auch Schellack-Schallplatten fanden sich. Zur Musik alter Schlager brachte ich nun meinen jungen Verehrern Foxtrott und Walzer bei. Wir spielten Karten oder veranstalteten Wettrennen. Den Mädchen zeigte ich, wie man sich schminkt. Unter großem Gejohle der Jungen stellten wir unsere Ergebnisse vor. Wenn ich allein sein wollte, wanderte ich in die duftenden Tannenwälder oder absolvierte auf einer Wiese nahe dem Dorf meine tänzerischen Übungen. Noch aus der Schauspielschulzeit gehörten dazu Handstand, Überschlag, große, weit ausladende Sprünge und Spagat. Dass ich bei diesen Übungen von den Dorfbewohnern mit Ferngläsern beobachtet wurde, erfuhr ich erst im Nachhinein.

So hätte alles wie ein gelungener Ferienaufenthalt wirken können, wenn wir Erwachsenen nicht abends durch die erschreckenden Nachrichten aus dem Radio geängstigt beieinander saßen. Auch mein Muttchen traute sich in den Kreis im großen Wohnraum des Bürgermeisters, in dem sie sonst als Magd nicht gern gesehen war, sagte aber kein Wort. Dass die Amerikaner schon in die nächstgrößere Stadt vorgerückt waren, erfuhren wir nicht nur aus dem Radio, sondern auch von einigen versprengten deutschen Soldaten. Mit schreckgeweiteten Augen berichteten sie von ihrer Flucht und dass sie in den umliegenden dichten Wäldern untertauchen wollten. Ihre Uniformjacken hatten sie gegen zivile Kleidungsstücke von hilfreichen Bauern getauscht. Ein in Panik zurückgelassenes Fahrrad kam mir sehr willkommen. Ich konnte es noch gut gebrauchen.

Abend für Abend wurde nun beratschlagt, wie sich unser Dorf verhalten sollte. Weiße Bettlaken, Zeichen der Kapitulation, lagen schon überall bereit. Das Risiko, dass vielleicht doch noch irgendein fanatischer Nazi einen Schuss abgeben würde, um seine sudetendeutsche Heimat zu verteidigen und damit alle in Gefahr zu bringen, machte uns Angst. Das musste verhindert werden.

Ein Beschluss wurde gefasst, dem alle Dorfbewohner zustimmten, nur ich nicht, denn mich betraf er. Ich wurde beauftragt, mich als Späherin auf den höchsten Punkt des Ortes nahe der Kirche zu begeben und dort zu warten. Wenn die amerikanischen Panzer kämen, müsste ich so schnell wie möglich Meldung machen. Gut, ich zögerte nicht lange und übernahm die Aufgabe. Unter der großen Linde, dem einzigen Baum, der den Hügel krönte, stand ich, mutterseelenallein! Es ging auf den Abend zu. Von hier aus konnte man weit ins Land blicken. Die wunderbare Aussicht auf die unberührte hügelige Landschaft hätte beglückend sein können, aber mein Herz klopfte im Hals. Ich hatte Angst. Lange war es still. Bis auf einmal weit entfernt und dann immer näher kommend ein Geräusch zu hören war. Ein Geräusch, wie

Rothsaifen im Böhmerwald nach 1945.

ich es noch nie vernommen hatte. Ein dumpfes, rasselndes Dröhnen. Und dann sah ich sie auch schon. Unten im Tal schlich wie eine riesige Schlange Panzer um Panzer unaufhaltsam den Serpentinenweg zu unserem Dorf hinauf. So schnell ich konnte, rannte ich zum Treffpunkt beim Bürgermeister zurück. »Sie kommen, sie kommen!« schrie ich. Sofort schlugen alle Hof- und Haustüren zu. Die Bettlaken hingen aus den Fenstern und am Kirchturm. Wir standen kaum atmend hinter den Gardinen. Das dröhnende Geräusch wurde immer lauter, dann ganz nah, bis es von einer zur anderen Sekunde aufhörte. Völlige Stille folgte, minutenlang. Auch die Tiere schienen innezuhalten. Keine Kuh blökte, keine Henne, die gackernd ein Korn aufpickte, kein Hund bellte. Augenblicke der Angst. Nicht nur wir hatten Angst, die amerikanischen Soldaten auch. Woher sollten sie wissen, ob nicht doch von irgendwoher ein Schuss fallen würde. Dann, Augenblicke später, uns schien es eine Ewigkeit, hielten es ein paar Kinder nicht mehr aus, neugierig steckten sie ihre Köpfe durch den Spalt des Hoftors. Fast gleichzeitig öffneten sich die Luken der Panzer. Man starrte sich an. Nun trauten auch wir Erwachsenen uns vorsichtig aus der Deckung der Häuser. Plötzlich warfen uns die Amis etwas zu. Sekundenlang ein Schreck, dann beglückendes Aufatmen. Es waren Bonbons, Kaugummis und Schokolade. Die Kinder stürzten sich darauf. Sie lachten, die Amis auch. Es gab keine Angst mehr. Wir standen fassungslos. So einfach war das.

Dann trat ich in Funktion. Der Offizier, der die Panzergruppe befehligte, suchte ein Quartier für die Nacht. Mein Häuschen wurde ausgewählt. Für die Soldaten fanden sich genug Schlafgelegenheiten in Scheunen und auf Dachböden, und nun geschah etwas, was ich Tage zuvor nicht für möglich gehalten hätte.

Stunden später saßen im Wohnzimmer meines verängstigten Muttchens ein amerikanischer Offizier, einige Soldaten und meine vielen jungen Freunde aus dem Dorf. Das berühmte Grammophon wurde herbeigeschafft, ein paar Boogie-Woogie-Platten aufgelegt und es dauerte nicht lange, da tanzten die hübschen Dorfmädchen, die von mir die Schritte gelernt hatten, mit den amerikanischen Soldaten. Ich erinnerte mich an meine Englischkenntnisse und plauderte mit dem Offizier. Er erzählte von Texas, wo er zu Hause war und ich vom Theater. So erlebte ich den 8. Mai 1945 in Rothsaifen, einem kleinen Dorf im böhmischen Wald.

Nach dem Krieg

Nach dem Krieg, schon im Herbst 1946, begann ich wieder Theater zu spielen. In Leipzig stellte man ein neues Ensemble zusammen, aus den Schauspielern, die schon bis zur Schließung der Theater dort engagiert waren und aus neuen, jungen Leuten. Dazu gehörte ich. Mein Vater hatte es mit brennender Lust und

In der Rolle der Mabel, Leipzig, 1948/49.

unglaublichem Elan geschafft, das erste literarische Kabarett nach dem Krieg in Leipzig zu eröffnen. Seine langjährige Parteizugehörigkeit zur SPD verschaffte ihm bei der sowjetischen Militäradministration das erforderliche Vertrauen für solch ein Unternehmen. Auch zur Theaterintendanz unterhielt mein Vater berufliche Kontakte. So hätte man vermuten können, mein Engagement wäre durch seine Beziehungen zustande gekommen. Diesen Eindruck wollte ich auf gar keinen Fall hinterlassen. Alles, was ich erreichen wollte, sollte aus eigener Kraft entstehen. Hinzu kam, dass ich bei den älteren Leipziger Kollegen immer noch als die »Kleene« aus der Schauspielschule galt. Ich wollte weg. Ich wollte zu Lucie Höflich.

In Schwerin hatte die große Menschendarstellerin, deren Berliner Wohnung den Bomben zum Opfer gefallen war, als Schauspieldirektorin eine neue Bleibe gefunden. Bei ihr wollte ich lernen! Im Leipziger Schauspielhaus lief zwar noch die englische Komödie »Drei Mann auf einem Pferd«, in der ich in der Rolle der Mabel Aufsehen erregte und einen großen Erfolg verbuchen konnte. Die vom Autor hinzugefügte sprachliche Besonderheit des Tingel-Tangel-Girls zu lispeln, beherrschte ich so gut – hatte ich doch lange daran geübt –, dass mir die Kritik bescheinigte: ein außergewöhnliches Talent, leider mit einem Sprachfehler behaftet. Das war der letzte Anlass, das wohl behütete Elternhaus wieder zu verlassen und mir in Schwerin ein möbliertes Zimmerchen zu suchen.

Nun gehörte ich zum Ensemble des Staatstheaters. Ich fand ein angenehmes kollegiales Klima, ein gutes Ensemble und ein wunderschönes, vom Krieg unbeschädigtes Theatergebäude. Wenn die Garderoben und auch oft der Zuschauerraum ungeheizt waren und wir fast immer Hunger hatten ... – dem Hunger nach Kultur konnten wir abhelfen. Wir spielten gutes anspruchsvolles Theater. Manche Aufführung fand bis in die Berliner Theaterkreise Anerkennung. Der »Musentempel« war der absolute kulturelle Mittelpunkt der Stadt. So saß ich, wenn ich keine Vorstellung hatte, in den Opern- oder Ballettinszenierungen des Drei-Sparten-Hauses. Große bewegende Erlebnisse waren das, die die Schrecken des Krieges immer mehr in den Hintergrund drängten. Meine Sehnsucht nach Jarin wurde schwächer. Versuche, ihn mit musikalischen Aufgaben nach Deutschland zu locken, lehnte er ab. Seine Verbundenheit mit der tschechischen Musik, vor allem Smetana und Dvořák liebte er, aber auch seine Ängstlichkeit vor unbekannten Verhältnissen behielten die Oberhand. Kämpfen gehörte nicht zu seinen hervorstechenden Eigenschaften. Dass ich mich neu verliebt hatte, muss wohl kaum noch erwähnt werden.

Lucie Höflich

Als ich sie kennen lernte, war sie schon in den Sechzigern. Die legendären goldblonden Zöpfe ihrer Jugend, von denen ich oft hatte erzählen hören, waren nur noch schwer vorstellbar. Silbergraues Haar lag glatt und kurz geschnitten an ihrem massigen Schädel und verschärfte die kantigen Züge, die in Ansätzen ihrem Gesicht schon immer eigen gewesen waren. Ein schwarzes Schneiderkostüm, das einzige Kleidungsstück, in dem ich sie kannte, passte nicht recht. Lose hing der Rock auf ihren Hüften. Die schlechte Ernährung der Kriegs- und Nachkriegsjahre hatte die Körperfülle um ein Beträchtliches verringert. Aber immer noch war da eine unübersehbare stattliche Erscheinung: in der Haltung etwas nach vorn geneigt, auf eher dünnen Beinen, die unter der Last des schweren Körpers leicht nach außen nachgaben. An den großen Füßen derbe Sportschuhe, so marschierte sie streng und unnahbar die drei Minuten von ihrer kleinen Wohnung zum Theater und zurück. Sonst sah man sie nie in der Stadt. Die Nachkriegswirren hatten die große Menschendarstellerin in diese mecklenburgische Residenz verschlagen. Hier fand sie eine neue Aufgabe.

Lucie Höflich, um 1910.

Das Staatstheater in der unversehrten Stadt nahm die berühmte Frau mit Freuden auf und bot ihr nicht nur die Möglichkeit, Theater zu spielen, sondern verpflichtete sie als Schauspieldirektorin. Das bedeutete ungewohnte Tätigkeit für Lucie Höflich, der sie sich gewissenhaft und mit großem Verantwortungsbewusstsein unterzog. Diese Funktion schloss aber auch Regieaufgaben ein. Hier begab sie sich auf absolutes Neuland. Doch bildete ihre große schauspielerische Erfahrung nicht die schlechteste Grundlage, von der aus sie unerschrocken und wohl vorbereitet den zu inszenierenden Stücken zu Leibe ging. Damals hatten Wissenschaft und Theater noch wenig Berührungspunkte. Der Zugang zu Brechts Theorien und Methoden war in den ersten Nachkriegsjahren noch verschüttet. Fragen nach Konzeptionsabsichten, nach erzählenden Arrangements wurden erst zaghaft gestellt. Wäre damals vom »Ausstellen von Haltungen« die Rede gewesen, hätte man eher an eine Schaufensterdekoration gedacht als an Schauspielkunst, und das »Transportieren von Ideen« hätte man der Eisenbahn überlassen. Im Allgemeinen hieß es noch immer: »Du kommst von rechts, du trittst von links auf, dann setzt ihr euch, der Abgang ist hinten Mitte. Basta. Nun spielt man!«

Ganz so arglos ging es unter Lucie Höflichs Regie nicht zu. Allerdings legte sie wenig Wert auf Arrangementprobleme, und es konnte passieren, dass sich beim Erarbeiten einer Szene zwei

Schauspieler im selben Moment auf denselben Stuhl setzen wollten. Das löste bei ihr weniger Erschrecken über ihr Versäumnis aus, uns keine genaue Anweisung gegeben zu haben, als vielmehr Unverständnis, wieso Schauspieler nicht von sich aus empfinden, wann und wohin sie sich zu setzen haben. Sie selbst bewegte sich in der Bühnenrealität wie in der Wirklichkeit, nur um eine Spur kräftiger, ausgeprägter, heute würde man sagen: gestischer. In der inneren Harmonie ihrer Gestaltung gab es keine Schwierigkeiten, sich auf der Bühne zurecht zu finden. Diese natürliche Souveränität erwartete sie nun auch von uns, war uns damit aber weit voraus. Das Wertvollste ihrer Regiearbeit bestand im Herausarbeiten von psychologischen Charakterzügen der Bühnenfiguren, im Auffinden von schauspielerischen Details. Hier konnte sie uns Schauspielern außerordentlich viel geben. Hier profitierten wir von ihrer einst an Max Reinhardts Regie geschulten Darstellungskunst.

In einer Boulevard-Komödie hatte ich unter ihrer Spielleitung die Rolle einer charmanten jungen Dame zu gestalten und kam damit nicht zurecht. Ich war jung, und man sagte mir auch Charme nach. Also hätte ich mich selbst spielen müssen. Das erschien mir aber zu simpel. Ich meinte, ich müsse mich total verwandeln. Da kam sie mir zu Hilfe. Und nun geschah eines der Wunder, die man im Leben nie vergisst. Eine alte, körperlich schwerfällige Frau mit strengen, eher männlichen Zügen, mit einer hohen, scharfen Stimme kletterte von dem Zuschauerraum auf die Bühne, und der Verwandlungsprozess begann. Ohne Hilfsmittel, ohne Maske und Kostüm, ohne Requisiten wurde der füllige Körper leicht, fast zart, bewegte sich kokett und graziös, ihr Gesicht bekam weiche Linien, ihre Stimme schmolz zu girrendem Geplauder. Wir standen fassungslos. War das noch dieselbe, oft missgelaunte, strenge alte Dame, die man von weitem für einen Mann halten konnte? War hier nicht vielmehr ein bezauberndes junges Mädchen, dessen Charme auch die unempfindlichsten Männerseelen irritierte?

Nach dieser Vorführung, die ganz improvisiert und lediglich als Hilfe und Anregung für mich gedacht war, stieg die Höflich in ihre eigene Haut zurück. Nur eine kleine Beschwingtheit blieb noch für ein Weilchen übrig – jedenfalls glaubte ich, das an ihr zu beobachten –, bis sie gegen Ende der Probe ihre durch Altersbeschwerden bedingte Misslaunigkeit wieder zurückgewonnen hatte. Wir aber waren Zeuge eines Hauchs großer Schauspielkunst gewesen, der Kunst der Verwandlung. An einem trüben Vormittag, irgendwann im Probenprozess einer Inszenierung.

Und ich fing an, die Legende zu glauben, die man über sie erzählte: In der Rolle des Gretchen im »Faust« habe sie in einer Szene ihren Kopf in den Schoß des Geliebten gebettet und wäre in einem Moment seliger Scham so tief errötet, dass die Blutfülle durch die dichten blonden Haare hindurch ihre Kopfhaut mit tiefem Rot überzogen hätte. Lucie Höflich schien die Bühnensituation nicht nur psychisch, sondern auch physisch völlig zu ihrer eigenen gemacht zu haben.

In einer Komödie spielte ich mit ihr als Partnerin. In dem Stück von Sternheim sollten wir im Streit um eine Geldkassette einander bekriegen und laut Regieanweisungen mit Regenschirmen aufeinander losgehen. Dass ich mich als junge Schauspielerin nicht traute, auf die alte, hochverehrte Dame loszuprügeln, versteht sich. Doch für die Höflich galt mein Respekt nicht als Argument. Im Gegenteil, energisch forderte sie mich auf, ohne Rücksicht auf sie, die Schirmkrücke kräftig als Stock zu benutzen. Sie schlug zurück. Ein makaberer Kampf entbrannte, der, zur Situation des Stückes passend, das Publikum in Angst und Schrecken versetzte und mit Applaussalven belohnt wurde.

Die Schminkutensilien brachte die Höflich in einem winzigen Zigarrenkistchen unter. Ich kenne zweitrangige Schauspieler, die sich von Kunsttischlern riesige, mit kostbaren Intarsien eingelegte Kästen bauen lassen, in denen sie ihre Puderdöschen, Tuben, Salben und Wässerchen aufbewahren. Lucie Höflich ging sparsam mit Maskierung um. Sie brauchte sie nicht. Die Verwandlungen vollzogen sich in ihr und veränderten sie von innen heraus.

Als sich in den Nachkriegsjahren die Lage an den Theatern im damaligen Deutschland stabilisierte, kehrte die Höflich nach Berlin zurück. Dort spielte sie noch ein paar Rollen. Aber irgendwie schien sie mit den veränderten Verhältnissen nicht zurechtzukommen. Auch waren die Altersbeschwerden schon so gravierend, dass sie ihre Arbeit beeinträchtigten. Es wurde still um sie, und erst ihr Tod und die bewegende Trauerfeier zu ihrem Gedenken machten noch einmal in ergreifender Weise klar, was das Theater deutscher Sprache mit Lucie Höflich verloren hatte. Sie war eine der großen Menschendarstellerinnen, denen die Nachwelt bekanntlich keine Kränze flicht.

Dolchstoßlegende

Am Staatstheater Schwerin spielte ich im »Götz von Berlichingen« die Adelheid von Walldorf. Bekanntlich wird die Dame im Laufe des Stückes umgebracht. Für diesen Zweck hielt die Requisite als Mordwerkzeug einen fabelhaften Theaterdolch bereit. Drückt man die Spitze des Messers nur fest gegen einen Körper, versinkt die Klinge, mit einem Federmechanismus ausgerüstet, unsichtbar im Schaft des Dolches. Beim Publikum entsteht der erschreckende Eindruck, als dringe das Messer tief ins Fleisch. Übrigens gehört solch ein Instrument zur Standardausrüstung jedes anständigen Theaters. Auf Morde ist man bei der Bühne immer vorbereitet!

Nun hatte unser Regisseur sich folgendes ausgedacht: Der Mörder-Darsteller sollte von einer 2,50 Meter hohen Kulissenwand herabspringen, mich ahnungslose Person hinterrücks überfallen und blitzartig erstechen. Schon der Sprung aus 2,50 Meter Höhe wirkte gewaltig, war mein lieber Kollege doch gut und gerne seine 1,90 Meter groß. Noch gewaltiger indessen war der Schock des Publikums über das, was nach dem Sprung geschah.

Der Schauspieler hatte in der Premiere den Dolch bis zum Heft in mich hineingerammt – Gott sei Dank funktionierte der Mechanismus –, ich verröchelte. Aber nun machte der Mörder einen verhängnisvollen Fehler. Er hielt die Waffe nicht fest genug! Dank der für die Premiere frisch geölten Feder sprang das Ding in hohem Bogen aus mir heraus, über die Rampe hinweg und einer entsetzten Dame auf der ersten Reihe in den Schoß.

Immer, wenn ich in späteren Jahren wieder einmal einem Mord auf der Bühne zum Opfer gefallen war, musste ich an unsere »Dolchstoßlegende« in Schwerin denken.

Die tragende Rolle

Meine beruflichen Erfahrungen sammelte ich in vielen weiteren Rollen, künstlerisch oft belanglos, aber sie halfen mir, mein handwerkliches Können zu trainieren und Bühnensicherheit zu erlangen. Auch unerhebliche Lustspiele standen auf dem Spielplan. Dass wir Schauspieler bei diesen harmlosen Unternehmungen auf der Bühne oft mehr Spaß hatten als die Zuschauer, hängt mit den vielen unverhofften Kleinigkeiten zusammen, die, vom Parkett aus gar nicht bemerkt, während einer Vorstellung passieren können.

Meine erste Rolle am Theater wurde für mich in besonderer Hinsicht bedeutungsvoll. Es war in der Zeit des großen Hungers, der ungeheizten, aber vollen Theater, einer Zeit großer Verzweiflung und großer Hoffnung. Ich war sehr jung und sehr hungrig. Ich spielte eine tragende Rolle – im wahrsten Sinne des Wortes.

Als Dienstmädchen hatte ich eine Schüssel mit Klößen auf die Bühne zu bringen und jedem der Gäste, die in einem Stück von Ludwig Thoma ein fröhliches Essgelage vortäuschten, einen Kloß auf den Teller zu balancieren. Mein Text bestand aus den ausdrucksstarken Worten: »Ja, gnä' Frau!« Das Lampenfieber war entsprechend. Die Hauptaufregung jedoch galt dem schwierigen Unternehmen, es so einzurichten, dass jeden Abend ein Kloß für mich übrig blieb, den ich dann hinter der Szene mit Heißhunger verspeiste. Als mir bei dieser Gelegenheit ein älterer Kollege, bekannt als Liebhaber – nicht nur auf der Bühne –, verständnisvoll in den Popo kniff, wusste ich: Das Theater ist eine merkwürdige, aber solide Sache und nährt seinen Mann.

Hier bleibst du!

Auf Berliner Bühnen

Wolfgang Langhoff

Es wäre nahe liegend anzunehmen, dass ich mich deshalb Wolfgang Langhoff verbunden fühle, weil er es war, der mich nach Berlin geholt hat. Gewiss, der Sprung an eine hauptstädtische Bühne war für meine künstlerische Entwicklung von ausschlaggebender Bedeutung, denn ich bekam endlich eine Perspektive auf kontinuierliche künstlerische Arbeit. Aber den Wunsch, in Berlin Theater zu spielen, hatte ich schon seit Jahren. Gar nicht so sehr, um dort Karriere zu machen, vielmehr zog es mich dahin, weil ich mit Schauspielern ersten Ranges auf der Bühne stehen wollte, um geistreiche Dialoge wie Tennisbälle hin und her fliegen zu lassen. Das Glück kam mir zu Hilfe. Meine schriftliche Bitte um ein Vorsprechen am Deutschen Theater hatte die Chefsekretärin, die in derselben Funktion im Schweriner Staatstheater tätig gewesen war, aus unzähligen anderen Schreiben herausgefischt, weil sie mich noch in guter Erinnerung hatte. Das Vorstellen, dieses qualvolle »Sich-Zur-Schau-Stellen« kam zustande. Ich stand auf der großen Bühne vor dem schwarzen Loch des Zuschauerraums, aus dem eine anonyme Stimme heraufrief: »Was möchten sie uns vorsprechen?« Als meine zitternde Antwort, »den Gretchen-Monolog aus dem Faust«, mit einem hörbaren Seufzer von da unten quittiert wurde, schwand von vornherein jede Zuversicht. Ich dachte nur eins: Durch! Ich warf mich auf die Knie, schrie meine Verzweiflung als unglückliches Gretchen aus mir heraus. Sofort waren die Strümpfe kaputt. Ich dachte: O Gott – und spielte weiter, bis die anonyme Stimme aus dem Zuschauerraum mit einem »danke, das genügt« die Tortur beendete. Immerhin nahm sich Langhoff die Zeit für ein kurzes Gespräch und ließ mich wissen, dass er durchaus interessiert an mir wäre, mich aber noch in einer Rolle im Ensemblespiel besser kennen lernen wolle. Ich hielt die Einschränkung für eine Ausrede, um mich nicht ganz so herzlos von dannen zu schicken. Monate später spielte ich am Landestheater in Halle die Tatjana in einem Stück von Gorki, eine Rolle, von der ich glaubte, dass sie durchaus ansehenswert sei. Ich brachte mich bei Langhoff in Erinnerung, und tatsächlich: er kam und brachte noch seinen Chefdramaturgen Herbert Ihering mit, der als einer der besten seines Metiers galt.

Am Vorabend dieser aufregenden Vorstellung, in der mein weiteres berufliches Schicksal entschieden werden sollte, stand ich am Fenster und schaute in den abendlichen Himmel. Wenn jetzt eine Sternschnuppe fällt, wünschte ich mir, dann klappt es mit dem Engagement! Es fiel eine Sternschnuppe und es klappte. Nach der Vorstellung rief mir Langhoff im Treppenhaus auf dem zugigen Gang zu den Künstlergarderoben zu: »Kommen Sie nach Berlin, wir engagieren Sie«. Eine gute, eine aufregende Zeit begann.

In den zehn Jahren, die dann am Deutschen Theater und in den Kammerspielen in der Schumannstraße folgten, erwuchs aus meiner anfänglichen, etwas verklemmten Ehrfurcht vor dem »Chef« eine freundschaftliche, mich tief bereichernde Beziehung. Wie vollzog sich dieser Wandel? Zunächst durch gegenseitiges künstlerisches Vertrauen. Langhoff übertrug mir die unterschiedlichsten Aufgaben, legte mich auf kein Rollenfach fest, gab mir vielfältige Gelegenheit, meine schauspielerischen Möglichkeiten auszuprobieren. Als Regisseur half er mir dabei in einer Weise, die vollständig meinen Intentionen entsprach: durch intellektuelle Klarheit und großes theatralisches Gespür.

Seine Arbeit mit Schauspielern bestand darin, sich den Figuren und Situationen zuerst einmal auf dem Wege des Intellekts zu nähern, sie zu analysieren – mit Gefühlen war er vorsichtig –, um dann das gewonnene gedankliche Material in Bühnengestus umzusetzen. Für diesen Prozess am Beginn einer Inszenierungsarbeit

»Die Feinde« von Maxim Gorki. Szenenfoto mit Heinz Hinze, Landestheater Halle, 1950.

wählte er gern die Form der Leseprobe. Dass er an diesem Weg, sich einem Stück zu nähern, nicht dogmatisch festhielt und durchaus auch andere Formen des »Einsteigens« benutzte, versteht sich am Rande. Vor allem bei den Klassikern ergriff er mit Freude die Gelegenheit, am Tisch zu diskutieren. Er schätzte die lockere, distanzierte Haltung, die bei solcher Art Lesung entsteht, da Probleme des Arrangements, der körperlichen Umsetzung noch im Hintergrund bleiben und die ganze Konzentration auf den Text, die geistige Substanz gerichtet ist.

Ich erinnere mich, dass Langhoff bei einem Stückprojekt sogar einmal das zeitaufwendige, aber produktive Experiment erprobte, mit dem Schauspielerkollektiv die Textfassung für eine Shakespeare-Inszenierung gemeinsam zu erarbeiten. Zur ersten Leseprobe erschien er mit drei verschiedenen Übersetzungen. Wir lasen sie, verglichen sie, soweit Englischkenntnisse vorhanden, mit dem Original, mit unserem eigenen Sprachempfinden. Wir berieten über die adäquatesten Formulierungen, über Poesie und Genauigkeit der Sprache. Langhoff ließ uns am Entstehungsprozess einer Spielfassung teilnehmen. Das schulte das Gefühl für Literatur. Es erweiterte aber gleichzeitig auch unsere Verantwortung für das Gesamtunternehmen und gab uns obendrein noch die Möglichkeit, bereits festgelegte Textpassagen auf den Bühnenproben wieder auszuwechseln, uns bei der Erarbeitung der schauspielerischen Haltungen von endgültiger Textfixierung unbelastet zu fühlen.

Langhoff wünschte sich den schöpferischen Schauspielpartner, der den geistigen Entwicklungsprozess einer Inszenierung mit vollziehen und beeinflussen konnte. Das setzte intellektuelle Beweglichkeit voraus, erforderte intensive Beschäftigung mit dem Stoff, der Zeit, der Historie des Stücks, mit der Schreibweise des Autors, verlangte politisches Engagement. Immer wieder ging Langhoff bei der gemeinsamen Erarbeitung einer Rolle vom geistigen Zentrum des Stücks aus, in dem die Figuren agieren. Die Assoziationen, mit denen er der Darstellung zur Vertiefung verhalf, kamen aus den verschiedensten Bereichen und waren oft verblüffend einfach. Sie bestanden in der historischen Erweiterung des Themas, in Vergleichen aus der Zeit des Stücks mit Situationen von heute. Die Absichten des Autors wurden in große gesellschaftliche Zusammenhänge gestellt.

Die Umsetzung des vielfältigen Gedankenmaterials in Bühnenaktion entwickelte sich zielgerichtet. Voraussetzung hierfür war die gründliche und umfassende konzeptionelle Vorarbeit Langhoffs. Koketterie mit genialer Spontaneität lag ihm fern. Fantasie-

Marie in »Woyzeck« von Georg Büchner, Regie Wolfgang Langhoff, Deutsches Theater 1958.

anreicherungen wurden darauf überprüft, ob sie das Geschehen verdeutlichen halfen oder sich zu verselbstständigen drohten. Spürte Langhoff allerdings, dass ein Schauspieler seinen geistigen Ansprüchen nicht gewachsen war, seinen Ausflügen in Assoziationsbereiche nicht folgen konnte, dann ging er einen anderen Weg: Dann fand er den Absprung von der intellektuellen Regieanweisung zu direktem komödiantischen Vorspielen. Diese schauspielerische Variante bereitete ihm wenig Schwierigkeiten – basierte doch die Schule der Regie, die er durchwandert hatte, auf einer vieljährigen schauspielerischen Praxis. Trotzdem tat er es ungern. Er sah die Gefahr, das Vorgespielte könne zur Nachahmung führen, und befürchtete, damit die schöpferische Fantasie des Darstellers einzuengen oder festzulegen. So war er bei seinen praktischen »Hilfeleistungen« immer darauf bedacht, den Abstand zur vorgeführten Figur zu wahren, eine Distanz, die dem schon ganz von seiner Rolle ausgefüllten Schauspieler oft verloren geht. Immer achtete er darauf, dass die Zitierbarkeit des Textes erhalten blieb. Auf diese Weise wurde der Fehler bloßen Kopierens weitgehend eingeschränkt. Es wurden Vorschläge gemacht. An uns lag es, sie in eigenen Ausdruck umzusetzen.

Dabei ließ Langhoff uns Zeit. Schöpferische Ungeduld übertrug er nicht auf die Probenarbeiten, obwohl es ihm bisweilen schwer fiel, das Ziel seiner Regieidee schon deutlich im Kopf, den langsamen, schwerfälligen Entstehungsprozess einer Inszenierungsarbeit mit unvorhergesehenen Hindernissen, mit Rückschlägen hinzunehmen. Er zwang sich zur Selbstbeherrschung. Sein Bemühen um Ausgeglichenheit, um gerechte Behandlung war bewundernswert.

Nur wenige, die ihn sehr gut kannten, fühlten, wie durch alle Selbstbeherrschung hindurch seine Nerven oft strapaziert waren, wie das Lächeln in seinem Gesicht manchmal starr und nur mit Mühe aufrechterhalten wurde. Die Intendantentätigkeit mit einem riesigen Arbeitspensum stand immer an erster Stelle und nahm ihn voll in Anspruch. Die Zeit für eine Regie musste er sich förmlich erkämpfen. Oft erschien er zur Probe belastet mit Problemen, die mit dem Stück, das er inszenierte, gar nichts zu tun hatten. Der Anlauf, das alles abzuschütteln, war groß und kostete viel Kraft. Um so mehr inspirierte und erfrischte es Langhoff, wenn dann ein Schauspieler mit einem neuen Einfall kam oder ein schauspielerischer Versuch gut gelang. Das empfand er wie ein Geschenk. Im Nu verschwand die Belastung, und nun wurde er derjenige, der uns mit Ideenreichtum und Intensität beschenkte, durchbrochen von einem hin und wieder meckernden Lachen.

Ich erinnere mich an eine Feierstunde aus Anlass einer Jugendweihe, zu der er die Festrede halten sollte. Ich habe ihn selten so nervös erlebt. Er saß neben mir, rutschte auf seinem Stuhl hin und her und stöhnte: »Ich habe keine Ahnung, was ich sagen soll.« Da ich »nur« ein bereits auswendig gelerntes Gedicht zu sprechen hatte, konnte ich die Qual des Noch-nicht-Formulierten voll nachempfinden. Dann gab er sich einen Ruck, trat ans Rednerpult und hielt eine herrliche, warmherzige, humorvolle und doch tief bewegende Rede, die das Auditorium ganz in seinen Bann zog. Seine Formulierungen waren druckreif.

Langhoff scheute sich nicht, Schwierigkeiten aufzudecken. Stets bemüht, gerecht zu entscheiden, musste er bisweilen Verhältnissen Rechnungen tragen, die ihn zwangen, auch unangenehme Beschlüsse zu fassen und durchzusetzen, denn mit Gerechtigkeit allein kommt man bekanntlich nicht zu künstlerischen Ergebnissen. Auch ich hatte solche Mitteilungen hin und wieder in Empfang zu nehmen. Meist handelte es sich dabei um die Besetzung einer Rolle. Langhoff hätte sie lieber mir anvertraut. Aber es gab Gründe, die ihn veranlassten, eine andere Wahl zu treffen. Vor 1961 war zum Beispiel eine Reihe von Schauspielern an unserem Theater engagiert, die ihren Wohnsitz in Westberlin hatten. Diese Tatsache forderte Rücksichtnahme. Wenn wir jene Kollegen dazu veranlassen wollten, in den Ostteil der Stadt, also in die DDR umzuziehen, weil dann bei den Gagen keine Westmark mehr anfiele – Devisen waren knapp – mussten wir ihnen beweisen, wie nötig wir sie brauchten. Also hatte die Einsicht in die objektive Notwendigkeit den Vorrang, und ich bekam die Rolle nicht. Tröstlich wirkte auf mich bei solch zwiespältiger Entscheidung lediglich, wie schwer es Langhoff fiel, sie mir mitzuteilen, und dass er ehrlich erklärte, warum er so und nicht anders handeln konnte. Er wollte überhaupt lieber freundliche Handlungen begehen. Er litt unter dem Gedanken, jemandem unrecht zu tun. Sensibilität war ein hervorstechender Zug seiner integren Persönlichkeit. Intrigen fanden vor seinen Ohren kein Gehör und versickerten ebenso schnell, wie sie entstanden waren.

Allen, die Langhoff kannten, fiel auf, welch starke Bindung ihn an seine Familie knüpfte. Hier holte er sich Zuspruch, Ausgeglichenheit, Harmonie und Kraft. Wolfgang war undenkbar ohne Renate, seine schöne, damenhaft-mütterliche Frau mit den dunkelbraunen, faszinierenden Augen; Renate war nicht denkbar ohne ihn. Nie versiegende Gesprächsthemen: die Söhne Thomas und Matthias, deren selbstständige künstlerische Ansichten von Anfang an respektiert wurden. Freundschaften waren dauerhaft. Es gab ihrer wohl nicht viele. Besonders mit einigen Kollegen seiner Züricher Emigrationszeit verband ihn jahrzehntelange Treue.

Bis ich von Freundschaft sprechen durfte, waren viele Jahre gemeinsamer Arbeit vergangen. Nicht geringen Anteil an dieser Entwicklung hatten unsere Auslandstourneen. Frei vom Ballast der Intendantenfunktion, wurde Langhoff hier mitunter wieder zum Lausbuben. Wenn er mit Wolfgang Heinz, der ebenfalls zu unserem kleinen Team gehörte, Streiche ausheckte oder wenn beide bei mitternächtlichen Essgelagen – Essen war ihnen in jener Zeit, da wir die Hungerjahre noch nicht allzu lange hinter uns hatten, wichtiger als Trinken – mit Erlebnissen aus der gemeinsamen Zeit am Züricher Theater glänzten, in denen sie sich gegenseitig, schamlos übertreibend, vorspielten, lachten wir Tränen.

Eine Anekdote, die ich selbst mit Wolfgang Langhoff erlebt habe, möchte ich an den Schluss meiner Eloge stellen. Wir gastierten in Rom. Niemand aus unserer kleinen Gruppe war je zuvor in der »Ewigen Stadt« gewesen, die bekanntlich zu den schönsten der Welt zählt. Langhoff freute sich unbeschreiblich auf die Kunstschätze in der Sixtinischen Kapelle, auf all die Michelangelos im Petersdom und anderswo. Wir hatten nur einen Tag Zeit. Es ging schon auf den Abend zu. Eine Pressekonferenz lag hinter uns, eine Probe im Theater. Nur eine gute Stunde blieb für die ersehnte Stadtrundfahrt. Um den Dom zu besichtigen, ging es schon um Minuten, denn er wurde zu einer bestimmten Zeit geschlossen. Das wussten wir. In ein Taxi gezwängt, nahmen wir den Wettlauf mit der Zeit auf.

Da machte unser lieber Ernst Busch, Protagonist unseres Programms, einen Vorschlag: In einem Song von Brecht, so meinte er, sollten ihn Langhoff und Heinz als Chor unterstützen. Hiervon versprach er sich große Wirkung. Dieser so plötzliche und überraschende Einfall löste eine Diskussion aus, die zumindest bei unserem Taxifahrer – Italiener sind auf diesem Gebiet etwas gewöhnt – eine Wirkung erzielte, die das Gesangsterzett auf der Bühne nie hätte erreichen können. Mit überzeugender Stimmstärke demonstrierte Heinz, der schlimmste Brummer zu sein, den es je gegeben habe. Er ließ seinen voluminösen Bass durch den weiten Brustkorb strömen, versetzte alle Resonanzböden, die ihm in unvergleichlichem Maße zur Verfügung standen, in lautstarke Schwingungen, um mit imponierendem Rasseln seiner Bronchien sein Stimmorgan als absolut gesangsuntauglich auszuweisen. Langhoff berief sich auf sein weithin bekanntes vokales Unvermögen. Es wäre ihm unmöglich, auch nur einen Ton sauber nachzusingen. Einen verächtlichen Blick Buschs konternd, fügte er mit schwachem Nachdruck hinzu, seine Musikalität entfalte sich in anderen Bereichen.

Für unseren Ernst waren das keine Argumente. Er verlange keinen schönen Gesang, brüllte er, sondern einen Chor. »Wir sind aber kein Chor!« brüllte es im Chor zurück. Der Streit zog sich bis hin zur Peterskirche. Auf engstem Raum in ein Taxi gepfercht – immerhin mit dem Kraftfahrer fünf Personen –, wurde die Auseinandersetzung zum Nahkampf. Auf der Piazza vor dem Dom spuckte das Auto uns aus. Feige und mit schlechtem Gewissen entzog ich mich dem Streit und ließ »meine Männer« in verbissenem Gefecht zurück.

Noch war das Portal der Kirche geöffnet. Ich stand überwältigt vor der Schönheit der Säulenkonstruktion, den Deckengemälden, all den Renaissanceherrlichkeiten, die mit einem schnellen Blick gar nicht zu erfassen waren. Um nichts auszulassen, kletterte ich noch die unzähligen Stufen im Turm nach oben. Atemlos stolperte ich auf die Plattform. Der Rundblick auf das Dächermeer von Rom, auf die Gebäude des Vatikans im Abendsonnenlicht war von unvergleichlicher Schönheit. Der riesige Domplatz! Die schnurgerade Allee, die zu ihm hinstrebt! Schönste Harmonie und großzügige Symmetrie in architektonischer Vollendung!

Und dann entdeckte ich sie! Unter all den Tausenden Menschen, die über den Platz wimmelten, erkannte ich sie, winzig wie Stecknadelköpfe, eine Gruppe von drei Männern, wild mit den Armen gestikulierend. Die beiden Baskenmützen von Busch und

Heinz machten sie unverwechselbar. Die Abendsonne vergoldete ihre Gestalten. Sie merkten es nicht. Und wieder einmal konnte ich miterleben, wie das Theater und die Auseinandersetzung darüber die persönlichen Wünsche Langhoffs in den Hintergrund lenkten. Selbst Michelangelo konnte da nichts machen.

Für Wolfgang Langhoff war der Sozialismus Herzenssache. Er war tief überzeugt, dass er eine Chance für eine gerechtere humanistische Gesellschaft wäre. Für diese Weltanschauung saß er während der Nazizeit im Zuchthaus. Umso leidenschaftlicher versuchte er nach seiner Befreiung das Deutsche Theater in Berlin unter diesem humanistischen Ziel zu leiten und auch den Spielplan, vor allem was die klassische Dramatik anbetrifft, in theatralischer Umsetzung zu präsentieren.

Trotzdem kam es Anfang der 60er Jahre zum ernsten Konflikt mit den Dogmatikern in Partei und Regierung, die Langhoffs Zuwendung zur kritischen Gegenwartsdramatik massiv beanstandeten. Die Auseinandersetzung darüber deprimierte Langhoff sehr, zermürbte seine Kräfte, denn der Konflikt betraf nicht nur die kritischen Texte eines Peter Hacks, um dessen Stück-Übertragung auf die Bühne es ging, sondern er erhoffte einen souveränen Umgang und eine kritischere Einflussnahme auf die Politik der DDR überhaupt. Das berüchtigte 11. Plenum zeigte Wirkung. Selbstkritische Einsicht wurde von Langhoff erwartet, die er halbherzig befolgte. Eine lebensbedrohliche Krankheit kam hinzu und führte schließlich zum Ende seiner 17 Jahre währenden Intendanz.

Ernst Busch

Als ich Deiner Stimme zum ersten Mal lauschte, war ich zwölf Jahre alt. Deine Schallplatten gehörten zum kostbaren, geheimen Besitz meiner Eltern, nicht ungefährlich im Nazi-Reich.

Als Du mich zum ersten Mal hörtest, war ich Schauspielerin am Deutschen Theater. Du spieltest einen Parteisekretär, ich eine Kleinbürgerin, die in die Partei aufgenommen werden möchte. Wir sangen im Duett Brechts »Siehst du den Mond über Soho ...?«, »Ich sehe ihn, Lieber ...« – und hingerissen stimmte ich ein: »Drum links, zwei, drei, drum links, zwei drei, ...« Du warst grob zu mir, aber ehrlich, unerbittlich und zäh in der Arbeit, keine Kompromisse duldend, unbequem, doch hilfsbereit.

Du wurdest Vorbild für mich. Nicht im Sinne des Nachahmens. Nicht im Sinne des Abguckens einzelner Nuancen. Deine Haltung war es, die mich immer wieder tief beeindruckte. Ich meine jetzt nicht den Heroismus Deines kämpferischen Lebens – die Hochachtung davor teile ich mit Millionen –, ich meine Deine Haltung zum Publikum. Wie oft konnte ich sie, neben Dir stehend, studieren: diese produktive Aggressivität, diese Art, in jedem Zuschauer einen Freund zu sehen oder auch einen Feind, die Belehrbaren zu belehren, die Unbelehrbaren zu ohrfeigen (bildlich gesprochen), in direktem Zwiegespräch zu sein mit Deinem Auditorium. Jeder Auftritt von Dir war Kampfansage, Herausforderung, Bekenntnis. Zugleich vermittelte er den überaus reizvollen Eindruck von Improvisation auf höchstem Niveau und – nicht zu vergessen – Spaß!

Du hast für mich eine Rose geklaut in Brüssel, nachts in einem Park. Du hast mir beim Anblick der Sterne das kopernikanische Weltbild erklärt. Galileis Ideen waren Deine geworden. Die Proben zu dieser Figur unter Brechts letzter Regie und Deine Gründlichkeit im Herangehen an jede neue Aufgabe hatten Forscherdrang in Dir entzündet und Dich zu erstaunlichen astronomischen Entdeckungen gebracht.

Deutsches Theater, 1957. Rolle der Kleinbürgerin in »Sturm« von Bill-Bjelozerkowski; in der Rolle des Parteisekretärs: Ernst Busch.

Ich weiß nicht, ob ich jemals dazu kam, Dir zu sagen, wie sehr ich Dich bewundert habe. Du machtest es einem nicht leicht. Ich hätte so viele Hüte vor Dir ziehen mögen, wie es sie gar nicht gibt.

Du trugst sowieso eine Baskenmütze.

Ein Glücksfall: Begegnung mit Hanns Eisler

Ich habe ein schlechtes Gedächtnis für Jahreszahlen. Auch Namen entfallen mir schnell, und wenn sie mühsam wieder aus der Vergessenheit hervorgeholt werden, kommt es oft zu peinlichen Verdrehungen oder Verwechslungen. Es gibt nur wenige Menschen, die mir so in Erinnerung geblieben sind, dass ich die Begegnung mit ihnen noch nach Jahren zu schildern vermag, dass ich sie jederzeit vor mir sehe.

Zu diesen Menschen gehört Hanns Eisler. Zwar dürfte das nicht verwunderlich sein, denn seine persönliche Ausstrahlungskraft war so stark, dass sie wohl bei jedem, der ihn kannte, nachhaltigen Eindruck hinterließ. Eisler sehe ich nicht nur vor mir, sondern ihn höre ich vor allem. Mein akustisches Gedächtnis reagiert in diesem Fall stärker als mein visuelles. Wenn ich an Eisler denke, höre ich zuerst sein krächzendes, schallendes Gelächter. Dieses Lachen, das ebenso ausgelassen klingen konnte, wie hintergründig und gewitzt. Meist war der Anlass eine gut gelungene Gesprächspointe, ein geistreicher Einfall, die gefundene Lösung für ein Problem, ob nun aus musikalischem, philosophischem, literarischem oder politischem Bereich. Eisler konnte so lachen, dass seine nicht unbeträchtliche Leibesfülle dabei in Zuckungen geriet. Dieses Lachen galt ebenso eigenen Einfällen wie denen seiner Freunde. Er konnte es sich leisten, über eigene Einfälle aus dem Häuschen zu geraten, da es ihm immer um eine konkrete Sache ging.

Er liebte das Gespräch, die Auseinandersetzung. Er focht mit geschliffenen Waffen. Elegant und leicht war die Unterhaltung. Auf Unwesentliches wurde wenig Zeit verschwendet, schon bald war man im Dialog bei Grundsätzlichem. Dabei sprang sein brillanter Geist so schnell und beweglich über die Zunge, dass seine Sprechwerkzeuge oft Mühe hatten, das Gedachte in die richtige Artikulation zu bringen. Die Einfälle sprudelten förmlich aus ihm heraus, seine Gedanken eilten der Zunge davon. Er nahm darauf keine Rücksicht. Das war nicht sein Problem, höchstens das seiner Gesprächspartner. Ihm wäre es rasch langweilig geworden, langsam, sozusagen zum Mitschreiben, zu sprechen. Es sei denn, er dozierte. Dann formulierte er mit größter Genauigkeit, immer bemüht, Missverständnisse zu vermeiden. Er hasste das umständliche Zurechtrücken falsch verstandener Theorien oder Meinungen.

Eisler war ein herrlicher Interpret seiner eigenen Gesänge. Das Überzeugendste dabei war keineswegs ein volltönender, schöner Gesang – Gott behüte, seine Stimme klang eher krächzend –, sondern die kräftig gezeichnete Grundhaltung, die er aus dem jeweiligen Liedinhalt herausholte. Diese richtige Haltung zu finden, und die Bedeutung, die Eisler ihr zuwies, waren ausschlaggebend auch bei seiner pädagogischen Arbeit mit Sängern und Schauspielern. Man brauchte ihm eigentlich nur diesen jeweiligen Gestus abzunehmen, auf die eigene Persönlichkeit, die eigenen stimmlichen Möglichkeiten zu übertragen, dabei musikalische und rhythmische Genauigkeit zu üben, und schon hatte man das Wesentliche einer Interpretation erfasst.

Mich mochte Eisler unter anderem darum, weil er glaubte, dass ich in Leipzig geboren sei. Ich hatte einmal erwähnt, ich wäre dort zur Schule gegangen und hätte auch meine Kindheit dort verbracht. Das war ihm in Erinnerung geblieben. Wenn auf Leipzig die Rede kam, war er hellhörig. Er war dort geboren und aus dieser Stadt stammte seine Mutter. Eisler legte großen Wert darauf, ihren Geburtsort und auch ihre proletarische Herkunft mit in die Waagschale zu werfen, wenn die Rede darauf kam, was aus ihm geworden war. Er genoss die Komik, die daraus entstand, dass er, der seine Wiener Mundart nie verleugnete (sein Vater war ein hochgeachteter österreichischer Philosoph) und der auch in seiner Musik hin und wieder anklingen ließ, wie verwandt er Franz Schubert sein konnte, sich andererseits zu seiner Geburtsstadt Leipzig bekannte, wo immerhin die Wiege eines Richard

Hanns Eisler, 1946/47.

Wagner stand, mit dem er nun wirklich nichts im Sinn hatte. Was mich anbetrifft, so schien es mir nicht wesentlich, ihn über meinen wirklichen Geburtsort, Wetzlar, aufzuklären. Für ihn stand fest, dass ich meine Begabung aus Leipzig hatte, und dabei blieb es. Er formulierte oft in Überspitzungen. Das machte unter anderem den Spaß am Gespräch mit ihm aus. Eisler konnte außerordentlich höflich sein. Nachsichtig war er zu seinen Freunden, aber nur zu ihnen. Schroff bis zur kämpferischen Feindseligkeit verhielt er sich zu seinen Gegnern.

Es gab eine Zeit, da wir öfter in einem bestimmten Lokal zusammen aßen. Die Küche dort war vorzüglich – in jenen Jahren spielte das Sattwerden eine größere Rolle als heute, und man nahm es entsprechend wichtig –, und so ertrugen wir notgedrungen die ziemlich schreckliche Unterhaltungsmusik, die von der unvermeidlichen Hauskapelle allabendlich heruntergehaspelt wurde, Tafelmusik genannt. Von Potpourris aus Puccini-Opern bis hin zum »Treuen Husar«, der sein Mädel liebt, blieb uns nichts erspart von dem Repertoire, was sich in dieser wohl unangenehmsten Art von Musik hartnäckig bis auf den heutigen Tag hält. Aber kein Besuch des Restaurants ging vorüber, ohne dass Eisler seinem Kollegen Kapellmeister einen kollegialen Gruß zugeworfen hätte. Maliziös lächelnd zog er den Hut, ohne eine Spur von Überheblichkeit. Eisler war nicht eitel, oder wenn, dann auf sehr raffinierte Art. Eitelkeit lag ihm wohl schon deshalb fern, weil sie nicht produktiv ist, zu nichts führt. Und alles, was er tat, musste irgendwo hinführen, jedenfalls vorwärts. So wäre es ihm und seiner Umwelt kein Schaden gewesen, wenn er sich zum Beispiel seine Zähne etwas hätte korrigieren lassen. Auch redeten ihm seine Freunde gut zu, sich von seinem alten Hut zu trennen, der vom vielen höflichen Auf- und Abnehmen schon ein verräterisches Loch an der verwegen gekniffenen Spitze aufwies. Erst als er zum zweiten Mal auf Freiersfüßen ging und seine Frau Steffy aus Wien nach Berlin-Niederschönhausen heimführte, wurde nicht nur ein neuer Hut, sondern auch ein kleiner schwarzer Pudel in das revolutionäre Komponistenhaus eingebracht. Ich glaube, Herr und Pudel hingen sogar aneinander.

In der Arbeit war Eisler vorwärts drängend, fordernd. Dabei oft beängstigend nachlässig, was eigene kompositorische Aufzeichnungen anbetraf, die, rasch auf irgendwelche Notenblätter hingeworfen, überall herumlagen, auch verloren gingen und dann nur mit Mühe wieder gefunden wurden. Freigiebig war er mit seinen oft spontanen Ideen. Er konnte es sich leisten, spontan zu produzieren. Seine geniale Begabung, seine profunde Bildung, sein äußerst beweglicher Verstand boten die Gewähr dafür, dass die Spontaneität niemals in Oberflächlichkeit abglitt, und natürlich machte er aus ihr kein Prinzip. Ich erwähne diese Fähigkeit auch nur, weil sie mich an ein kleines Lied erinnert, das so entstand:

Anlass war der von den sowjetischen Wissenschaftlern ins All geschickte »Sputnik«, damals ein Ereignis von Weltgeltung, das uns alle in Atem hielt. Über Nacht schrieb Kuba einen Text darüber. Eisler bekam ihn in die Finger und kurze Zeit später in die Tasten. Am Abend sang ich vor 6 000 Zuschauern in der Werner-Seelenbinder-Halle in Berlin den eben fertig gewordenen Sputnik-Song. Der Komponist ließ es sich nicht nehmen, das Lied am Flügel selbst zu begleiten. Sein Empfinden für die politische Bedeutung dieses Tages ließ ihn keinen Moment zögern, eine Blitzaktion zu starten. Hier gab es kein elitäres Herumtüfteln. So, wie er sich nicht zu gut war, in den Jahren des Kampfes gegen den Nazismus mit dem herrlichen Sänger seiner Lieder, Ernst Busch, in die Stammkneipen der Arbeiter zu gehen, um dort politische Songs vorzutragen, das heißt, Tagespolitik zu machen.

Eisler respektierte alles, was Arbeit war. Ich habe erlebt, wie er sich zum Beispiel bei Schallplattenaufnahmen ausführlich aufnahmetechnische Möglichkeiten erklären ließ und begeistert alles aufgriff, einer musikalischen oder interpretatorischen Aussage durch technische Raffinesse zu noch größerer Intensität zu verhelfen. Das ging nicht ohne große Mengen von Kaffee und kleinere Mengen Cognac ab. Manchmal erschien er zu den Aufnahmen müde, durch Kreislaufunregelmäßigkeiten geplagt oder auch verärgert über irgendwelche Dummheiten. Wie schnell aber verwandelte sich Eisler in einen sprühenden, kreativen Arbeiter. Die Verführung, die von der Musik, den künstlerischen Interpretationsmöglichkeiten ausging, war zu groß, riss ihn immer wieder hin, lud ihn auf mit neuem Kampfgeist, mit neuem Spaß, mit neuem Lachen.

So vielseitig wie Eisler selbst ist sein musikalisches Werk. Es reicht von heiterer Tanzrhythmik bis zum Arbeitermassenlied, von der komplizierten Polyphonie bis zu volksliedhafter Einfachheit. Aggressiv, kämpferisch und von jubelnder Siegesfreude erfüllt, ist es doch auch von tiefer Schwermut durchdrungen.

Ich hatte das Glück, durch die Arbeit mit Eisler viel zu erfahren über Musik, Politik, Kunst und Leben. Und wenn ich davon erzähle, komme ich leicht ins Schwärmen. Der Meister möge mir verzeihen, denn Schwärmen mochte er gar nicht. Und schon höre ich wieder seine unverwechselbare Stimme: »Also, das bitt' ich mir aus. Hören 'S damit auf, Sie Leipzigerin! Singen 'S lieber!«

Erster Versuch einer Partnerschaft

Wir hatten beschlossen zu heiraten. Ich war inzwischen 32 Jahre alt und ich meinte, ich sei alt genug dafür. Seit meiner großen Jugendliebe, als es mir nicht gelungen war, meinen tschechischen Freund nach Deutschland zu holen, wäre mir bei keinem der »Herren«, die danach meinen Weg kreuzten, auch nur annähernd der Gedanke gekommen, ein gemeinsames Leben zu verbringen. Ich war mit meinem Beruf verheiratet, das reichte und ich fühlte mich wohl.

Mit Georg war es anders. Wie unsere Liebe begann, hätte jedem Klischee sozialistischer Menschengemeinschaft entsprochen. Wir lernten uns bei einem Betriebsausflug kennen. Georg Honigmann leitete eine Abteilung der staatlichen Filmgesellschaft DEFA unter dem Namen »Das Stacheltier«. Diese satirisch-kritischen Kurzfilme, die im Kino vor den Hauptfilmen liefen, fanden beim Publikum große Zustimmung. Die Themen galten den Schwächen der sozialistischen Gesellschaft (und derer gab's genug), oder es wurde die Wirtschaft kritisch aufs Korn genommen. Manchmal ging's in den Drehbüchern in der Kritik bis zur Schmerzgrenze. Der Direktor hatte die Verantwortung, den Kopf hinzuhalten und manchen Konflikt auszutragen. Heiße Eisen anzufassen, die »Zensur« geschickt zu umgehen, war Dr. Honigmanns Spezialität.

Namhafte Schauspieler spielten gern in diesen Filmen, auch ich erhielt eines Tages ein solches Angebot und sagte mit Vergnügen zu. Gelegentlich tauchte im Studio bei den Dreharbeiten auch mal der »Direktor« auf. Er fiel mir auf, ich gebe es zu. Aber wäre nicht jener Betriebsausflug gewesen, an dem neben den Filmleuten auch einige Schauspieler teilnahmen, ich hätte wohl nie die Erfahrung einer Ehefrau gemacht.

Der Ausflug ging nach Werder. Im Frühherbst, wenn der junge Wein ausgeschenkt wird, ist der kleine Ort in Brandenburg eines der beliebtesten Ausflugsziele der Berliner, denn man kann sicher sein, dass Stimmung aufkommt, sowie die ersten Flaschen geleert sind. Auch in unserer Runde – so etwa 30 Kollegen saßen an langen Tischen beisammen – wurde der Gesprächspegel lauter und fröhlicher. Um nicht noch den Moment zu erleben, wo der Höhepunkt der Fröhlichkeit in Schunkeln ausartet, verdrückten sich der Herr Direktor und meine Wenigkeit. Offenbar hatten wir eine ähnliche Abneigung gegen alkoholgeschwängerte Feste. In der Abenddämmerung machten wir einen Spaziergang und waren bald am Ortsende angekommen. Plötzlich befanden wir uns auf einer riesigen Freilichtbühne. Hier, mitten auf dem Platz, einsehbar von allen Seiten – und wir wollten so gern inkognito sein –, gaben wir uns den ersten Kuss. Als wir zu unserer feuchtfröhlichen Runde zurückkehrten, hatte keiner uns vermisst. Keiner spürte etwas von dem, was mit uns geschehen war, was in uns rumorte. Es war nicht der junge Wein, es war etwas viel Schöneres.

Es dauerte noch ca. zwei Jahre, in denen wir uns klar wurden, dass wir uns nicht mehr trennen wollten. Georgs Scheidung ging mit nicht allzu vielen Verletzungen über die Bühne. Die üblichen Kämpfe um Besitz und Vermögen entfielen. Georg beanspruchte nichts dergleichen. Auch ich musste kein allzu schlechtes Gewissen haben, da sich ebenso wie bei Georg auch bei seiner Frau eine neue, heftige Liebe anbahnte. Wir wurden später sogar Freundinnen. Nur für Töchterchen Barbara war es ein Schock, zumal sie ein ausgesprochenes Vater-Kind war. So behutsam wie möglich versuchten wir, ihr die schmerzliche Situation zu erklären. Ich schloss das Kind schnell in mein Herz. Gott sei Dank musste die Kleine keine üblen Auseinandersetzungen oder Hass zwischen den Eltern miterleben. Sie war sehr tapfer und vielleicht auch ein bisschen neugierig auf die neue Frau an der Seite ihres Vaters, eine bekannte Schauspielerin …

Die Heirat sollte ohne Aufsehen stattfinden, auf jeden Fall nicht in Berlin. Als unverbesserliche Romantikerin schien mir das Rathaus in Wernigerode ideal für uns. Ich liebte dieses schöne

Fachwerkhaus schon seit meiner Kindheit, wenn ich die Ferien in dem Harzstädtchen bei meinen Großeltern verbrachte, und ich kannte auch ein Hotel mit einigem Komfort in der Nähe.

Am 15. Mai 1956 fuhren wir in meinem Auto, einem Wartburg, fröhlich singend in den Frühlingsmorgen. Georg chauffierte. Hinter Halberstadt passierte es. Auf einer Landstraße mit vielen Schlaglöchern überholte er einen Omnibus, dabei geriet er auf den linken Sommerweg. Durch vorangegangenen Regen war die Randmarkierung nicht zu erkennen. Der Wagen schaffte es nicht, auf die Straße zurückzukehren und landete am Baum. Ein Schotterhaufen, der zum Ausbessern der Straße schon bereitlag, milderte den Aufprall, so dass der Unfall außer aufgeschlagenen Knien und einem leicht verstauchten Handgelenk nichts Ernstes hinterließ. Meine elegante Garderobe allerdings, für die mehrtägige Hochzeitsreise auf den hinteren Sitzen ausgebreitet, war von Glassplittern übersät. Aber das machte uns den geringsten Kummer. Als weitaus problematischer stellte sich heraus, dass unser Auto nicht mehr fuhr. Der Busfahrer, der im Rückspiegel unseren Unfall gesehen hatte, reagierte sofort, hielt an und nahm mich bis zum nächsten Ort mit. Ein Dorfschmied wurde ausfindig gemacht, schleppte den Wagen in seine Werkstatt, um den verbogenen Kühler zu reparieren. Das alles dauerte Stunden. Als wir abends gegen 19 Uhr in Wernigerode ankamen, war der Trauungstermin längst überschritten. Die Adresse des Standesbeamten zu erfragen, bereitete in so einer Kleinstadt kein Problem. Der Beamte bestand darauf, uns noch am Abend zu trauen, denn wir seien bereits im Register eingetragen und eine Verschiebung der Hochzeit auf den nächsten Tag wäre Urkundenfälschung! Das wollten wir natürlich nicht, also antworteten wir während der ziemlich unfeierlichen Zeremonie auf die Frage, ob wir »bis der Tod uns scheide« zusammen bleiben wollten, mit einem müden, aber bestimmten: »Ja«. Und das wollten wir auch, und zum ersten Mal in meinem Leben dachte ich an eine Familie und an ein Kind.

Mit Georg Honigmann und dessen Tochter Barbara, Weihnachten 1958.

Georg zog bei mir ein. Er hatte seinen Beruf. Die Arbeit beim Film bedeutete ihm viel, ein Gebiet, das ihm als Journalist neue interessante Wirkungsmöglichkeiten eröffnete. Und auch ich hatte meinen Beruf.

Um uns herum war alles im Aufbruch. Politisch eine Zeit mit großen Spannungen, die uns in Zustimmung und Ablehnung hin- und herriss. Das Jahr unserer Heirat war angefüllt mit Ereignissen, die zu weit reichenden historischen Konsequenzen führten. 1956 hatte die Sowjetunion dafür plädiert, Deutschland einen neutralen Status zu verleihen – eine Chance für unser geschundenes Land und für den Frieden in Europa. Leider wurde dieser Vorschlag von den Westmächten und der BRD abgelehnt. Die nächste weit reichende Entscheidung: Die BRD wurde Mitglied der NATO. Als Reaktion darauf schloss sich die DDR dem östlichen Militärblock, dem Warschauer Pakt an. Damit standen

Erster Versuch einer Partnerschaft

sich nun zwei hochgerüstete, feindliche Militärblöcke gegenüber. Und die Grenze zwischen West- und Ostdeutschland wurde zu einer hochexplosiven, friedensgefährdenden Grenze. Wenn einige Politiker auch heute noch von »innerdeutscher Grenze« sprechen, so ist das schwer nachzuvollziehen. Der Kalte Krieg setzte sich durch die Einführung der Wehrpflicht in der BRD fort. Der DDR blieb nichts anderes übrig, als ebenfalls eine Armee einzuführen, was heftigen Unmut unter der Bevölkerung auslöste und eine große finanzielle Belastung des Staatshaushaltes bedeutete. Ein weiterer Schritt der »Vereisung« in den gegenseitigen Beziehungen: Die KPD wurde in der BRD verboten. Für Mitglieder dieser Partei führte es zu Berufsverboten und Verhaftungen.

Im gleichen Jahr im August starb Bertolt Brecht – mitten in der Probenarbeit zu »Galilei«. Niemand hatte bei dem 58-Jährigen mit einer tödlichen Gefahr gerechnet. Um so mehr verbreitete sich Trauer und Erschütterung im In- und Ausland. Ihm wurde ein Staatsbegräbnis zuteil – seinem Wunsch entsprechend auf dem Dorotheenstädtischen Friedhof, in der Nähe seines Wohnhauses. Nur sieben Jahre waren Brecht vergönnt, seine Ideen des dialektischen, des epischen Theaters praktisch zu verwirklichen.

Im November wurde Wolfgang Harich verhaftet. Der Mann, dem ich neun Jahre später begegnen sollte, um den erneuten Versuch einer langjährigen Partnerschaft zu unternehmen. Harich hatte 1956 geglaubt, es sei möglich, auch in der DDR mehr Offenheit und Freiheiten durchzusetzen und die Wiedervereinigung voranzutreiben.

So hatte er auf Grund der Offenlegung stalinistischer Verbrechen auf dem XX. Parteitag der KPdSU – wenn diese auch im Umfang damals noch lange nicht so umfassend bekannt waren wie heute – als führender Kopf einer Gruppe Gleichgesinnter Kontakt mit der Westberliner SPD aufgenommen – in den Augen der DDR-Politiker eine schwere Verfehlung. Harich trat an den damaligen sowjetischen Botschafter Puschkin heran und unterbreitete ihm eine viele Seiten lange »Plattform«, in der er die Strategie des Weges zur Wiedervereinigung dargelegt hatte. Aber statt eines erhofften »Tauwetters« erfolgte Harichs Verhaftung. Er war der erste aus der Gruppe Janka/Harich, den es traf. Fast zeitgleich fand in Ungarn ein blutiger Volksaufstand statt, der sich gegen gravierende Fehler der ungarischen Sozialistischen Partei richtete, gegen Formen von Personenkult und schwer wiegendes wirtschaftliches Versagen etc. Das wirkte sich verschärfend auf Harichs Prozess aus. Die Verurteilung zu zehn Jahren Zuchthaus setzte einen schrecklichen Schlusspunkt.

Während sich die Weltpolitik weiter zuspitzte, und sich das große Glück in der Welt immer mehr verflüchtigte, genoss ich mein kleines Glück. Nun hieß ich Gisela Honigmann, hatte einen jüdischen Mann, der mir sehr gefiel. Mir gefiel überhaupt alles, was Georg an jüdischen Eigenschaften mit in die Ehe brachte: jüdischen Witz und jüdische Melancholie, Verletzbarkeit und Gelassenheit. Wir mussten keine Furcht haben vor Antisemitismus, wir haben niemals in der DDR auch nur Spuren davon erfahren. Georg, in einem großbürgerlichen Arzt-Elternhaus aufgewachsen, unorthodox erzogen und aufgeklärt, behielt diese linke Haltung sein Leben lang. Sein Ideal allerdings, Weltbürger zu sein, blieb ein Wunsch, der in der kleinbürgerlichen DDR keine Chance hatte. Seine Skepsis, ob es richtig war, aus England, wo er in der Emigration heimisch geworden war, in die DDR zu gehen, um am Aufbau eines neuen Staates mitzuwirken, wuchs. Die Frage konnte auch ich ihm nicht beantworten.

Mit Georg fast ein Jahrzehnt meines Lebens verbracht zu haben, ist Glück und Gewinn an menschlicher Bereicherung, wofür ich dankbar bin. Wenn Sie wissen wollen, warum meine Ehe dann doch nicht gehalten hat, »bis der Tod uns scheide«, überschlagen Sie ein paar Kapitel des Buches. Im Gespräch mit Günter Gaus erfahren Sie es. Ersparen Sie mir bitte, hier schriftlich zu fixieren, was mir schon im Gespräch so schwer gefallen ist, zu gestehen, warum ich die guten Jahre unseres Zusammenlebens – die harmonischsten und glücklichsten in meinem Leben – aufs Spiel gesetzt habe. Im Gespräch kann man sich leichter über längst vergangene Dummheiten äußern. Aber es war wohl nicht nur meine »Untreue«, sondern dieser, mein Beruf, der sich zu sehr in unser Privatleben einschlich. Wenn der Ehemann das Gefühl hat, erst an zweiter Stelle zu stehen und an erster Stelle die künstlerischen Probleme seiner Frau, hält das kaum eine Ehe aus. Umgekehrt funktioniert das Rollenspiel bekanntlich besser. Wir haben es nicht geschafft – vielleicht, wenn sich unser Kinderwunsch erfüllt hätte. Es schien ja auch alles gut zu gehen. Ich war schwanger. Schon begann ich in der Wohnung umherzulaufen und auszumessen, wo der beste Platz für das Kinderbettchen wäre. Plötzliche Schmerzen, schlimme Schmerzen. Unklarer Befund, Lebensgefahr, Krankenhaus, Operation, Fassungslosigkeit. Wieso erlaubt sich die Natur solche Gemeinheiten! Eine fehlgeschlagene Schwangerschaft! Das konnte mir kein Arzt beantworten.

Auch mein Mann litt, genauso wie ich, unter den missglückten Versuchen, eine Familie zu gründen. Als ich noch im Krankenhaus lag und mit diesem schweren Verlust nicht fertig wurde, hatten er und seine bezaubernde kleine Tochter gemeinsam überlegt, wie sie mich trösten könnten. Sie hatten sich etwas ausgedacht, was so rührend war, dass ich es nie vergessen werde. Das nüchterne Klinikzimmer wurde zum Zuschauerraum. Barbara hatte gerade die ersten Tanzschritte im Ballettunterricht gelernt. Auf dem Korridor war sie in ihre weiß-seidenen Spitzenschuhchen geschlüpft, dann öffnete sich die Tür und nun schwebte beziehungsweise hüpfte sie, sich gelegentlich am Bettpfosten festhaltend, auf ihren strammen Beinchen über das glatte Linoleum des kleinen Raums. Mit ihren Ärmchen vollführte sie dabei graziöse auf- und abschwingende Bewegungen und begleitete sich noch singend, was durch die Anstrengung des Tanzens zu einer gewissen Atemlosigkeit führte. Immerhin, ein Motiv aus »Schwanensee« erkannte ich deutlich. Mein Applaus wurde unter Tränen erteilt. Diesen bewegenden Tröstungsversuch hat Barbara offenbar auch nicht vergessen und viel später als angesehene Schriftstellerin in einem ihrer erfolgreichen Bücher ebenfalls beschrieben. Aber alle Anstrengungen und Bemühungen, mich über meinen damaligen Zustand hinwegzutrösten, halfen nur wenig. Für mich gab es nur einen Wunsch, mich von der Zärtlichkeit meiner Mutter trösten zu lassen, sie aus Leipzig kommen zu lassen, sie bei mir zu haben.

Erst im Nachhinein habe ich begriffen, dass mein Mann diesen Wunsch als Kränkung empfinden musste, zumal damit erneut ein Problem berührt wurde, das zwischen Georg und meinen Eltern bestand. Nur um wenige Jahre jünger als sie, fiel es ihm schwer, als Schwiegersohn zu fungieren. Sie hatten sich so sehr nicht nur einen Enkel, sondern auch einen Sohn gewünscht, da mein Bruder ihnen durch den barbarischen Krieg genommen worden war. Georg wiederum, der 14 Jahre in englischer Emigration gelebt hatte, konnte sich als Jude nicht ganz von Ressentiments gegen Menschen befreien, die in der Nazi-Zeit in Deutschland geblieben waren. Ein Vorbehalt, dem ich bei Emigranten oft begegnet bin. Obwohl Georg wusste, dass meine Eltern als entschiedene Antifaschisten sich keinerlei Schuld aufgeladen oder in irgendeiner Weise mit den Nazis kollaboriert hatten, wurde das Thema auch nie ausgesprochen und irgendein Schleier blieb. Sie mochten einander eher als gute Freunde. Als nun meine Mutter an meinem Krankenbett saß, bekam der Konflikt wieder Nahrung. Mein Mann war mehr verletzt, als er mir gestand. Meine Situation aber hatte ein so starkes Liebesbedürfnis ausgelöst, dass ich in diesen Tagen nicht einmal wusste, wen ich mehr liebte, meine Mutter oder meinen Mann.

Einige Wochen nach dem ausgestandenen Leid stand der Beruf schon bald wieder im Vordergrund des Alltags, bis mich Jahre später das zweite Mal das gleiche Unglück traf. Aber ich wollte es einfach nicht wahrhaben, ich protestierte ganz energisch, vor allem weil die Symptome ganz anders verliefen als bei dem Unglück Jahre zuvor. Wieder musste ich ins Krankenhaus. Man behielt mich zur Beobachtung, um mich nach einer Woche, da sich die Ärzte offenbar geirrt hatten, beruhigt zu entlassen. Fehlalarm!

Sofort stürzte ich mich wieder in die Arbeit. Im Deutschen Theater liefen die Endproben für eine neue Inszenierung. Meine Rolle war inzwischen umbesetzt worden. Man hatte damit gerechnet, dass ich länger ausfallen würde. Ich könne die Premiere doch spielen, verkündete ich glücklich. Es sei alles in Ordnung. Großes Aufatmen. Ohne Probleme sprang ich wieder in die Rolle hinein. Die Generalprobe verlief ausgezeichnet. Am Nachmittag der Premiere aber begannen plötzlich wieder Schmerzen, große Schmerzen. Die Vorstellung durfte jedoch nicht ausfallen. Außerdem wollte ich ja unbedingt spielen! Mit meinem Mann geriet ich darüber noch in heftigen Streit, weil er jede Verantwortung kategorisch ablehnte, falls etwaige Komplikationen einträten. Aber ich spielte! Die herrlich komödiantische Rolle in der Sternheim-Komödie »Die Hose«, eine altjüngferliche, gierige und verklemmt-lüsterne Nachbarin, konnte ich mir nicht entgehen lassen. Der Kostümbildner hatte mir einen beträchtlichen Schaumgummibusen verpasst, dazu ein eng geschnürtes Korsett. Eine rotblonde Perücke mit hochgetürmten Locken und ein sehr grell geschminktes Gesicht mit rotem Kussmund vervollständigten die absurde Figur. Aber die Schmerzen wurden schlimmer. Um überhaupt einigermaßen gehen und stehen zu können, stützte ich mich auf einen eleganten Stock, den mir die Requisite schnell besorgt hatte und den ich so gekonnt handhabe, als hätte er von Anfang an zu der Figur gehört. Am meisten ergötzte es das Publikum, wenn ich beim Hinsetzen besonders vorsichtig, immer mit einem kleinen Seufzer des Entzückens – eigentlich des Schmerzes – Platz nahm. Als das Premierenpublikum sich nach stürmischem Applaus noch an dem amüsanten Spiel erfreute, saß ich bereits, kaum abgeschminkt, im Taxi auf dem Weg ins Krankenhaus. Auf der Krankenstation, von der man mich drei Tage vorher entlassen hatte, war das Erstaunen groß. Am nächsten Morgen lag ich wieder unterm Messer.

Die Presse, die mir schon Tage später der Regisseur mit einem riesigen Blumenstrauß ans Krankenbett brachte, war hervorragend. Mein Zustand weniger.

Das Berliner Ensemble und ich. Eine lange Beziehung

Es war nicht leicht, Wolfgang Langhoff meinen Entschluss mitzuteilen, dass ich sein Ensemble verlassen wollte. Immerhin hatte er mir ermöglicht, mich in unterschiedlichsten schauspielerischen Rollen auszuprobieren. Von der »Minna von Barnhelm« zur Schiller'schen »Eboli«, von der Marie im »Woyzeck« zur »Mutter Wolffen«. Nur ein Stück von Brecht war nicht dabei. Helene Weigel hatte damals verfügt, dass die Rechte zur Aufführung von Brecht-Stücken ausschließlich dem Berliner Ensemble, dem Brecht-Theater vorbehalten waren. Aus ihrer Sicht eine durchaus verständliche Entscheidung. Nach Brechts Tod, als Sachwalterin seines Werks und als kluge Geschäftsfrau war sie der Meinung, Aufführungen von Brecht-Stücken an anderen Berliner Bühnen würden der Exklusivität ihres Theaters schaden. Was mich betrifft, bestand so der merkwürdige Widerspruch, dass ich zwar mit Songs von Brecht bereits internationale Anerkennung genoss, aber als Schauspielerin noch nicht eine einzige seiner Dramen-Figuren gespielt hatte. Für diese unbefriedigende Situation brachte Langhoff Verständnis auf und so beendeten wir unsere 10-jährige gute Zeit. Unsere Freundschaft wurde davon nicht beeinträchtigt. Außerdem lag inzwischen die Zusage von Helene

Weigel vor, mich in ihr Ensemble aufzunehmen. Am Silvesterabend 1961/62 war es, als ich im damaligen Künstlerclub »Die Möwe« mit meiner späteren Chefin ins Gespräch kam. Ich benutzte einen Augenblick, als sie ganz geruhsam an der Bar ein Glas Cognac trank, bestellte mir auch irgendetwas und fragte sie: »Was halten Sie davon, wenn ich zu Ihnen an Ihr Ensemble komme?« Sie sah mich kurz an, ihre braunen Augen blickten lächelnd in meine braunen Augen und dann sagte sie in bestem Wienerisch: »Na, da kommst halt mal a bissl vorbei.« Ein paar Wochen später legte sie mir in ihrem Büro einen Vertrag vor. Ich unterschrieb ihn. Das »a bissl« dauerte 30 Jahre.

Als ich mich mit der Absicht trug, vom Deutschen Theater zum Berliner Ensemble überzuwechseln, gab mir eine wohlmeinende Kollegin der Brecht-Truppe den Rat: »Halt dich aus den Cliquen 'raus, dann geht's gut.«
Daran hielt ich mich. Ein Theater ist ja nicht nur ein Gebäude – im Falle des BE ein inzwischen unter Denkmalschutz stehendes Bauwerk aus der Gründerzeit mit muskulösen, Säulen tragenden Engeln und anderen schönen Scheußlichkeiten im Zuschauerraum, die durch Zeitabstand und Echtheit und im Vergleich zu der heutigen sparsam-nüchternen Zweckarchitektur fast schön wirken. Ein Theater ist nicht nur ein Gebäude, sondern ein lebendiger Ensemble-Körper mit vielen gar nicht festgefügten, beweglichen, mitunter schwankenden Gliedern. Es wäre leicht, mit einigen polemischen Schlagworten aufzuwarten, wie sie zum guten Ton in den übers Theater redenden Kreisen gehören – nah und fern. Aber die Probleme sind viel zu kompliziert, um ihnen damit beizukommen, und sie sind beileibe nicht nur auf die Arbeit am Berliner Ensemble beschränkt.
Als 1961 das BE und ich zusammenstießen, habe ich etliche blaue Flecken bekommen. Trotz langjähriger Bühnenpraxis musste ich dort mit dem Lernen fast von vorn beginnen. Diesen

schmerzhaften Prozess heute zu schildern, zögere ich, weil ich mich frage, ob ich damit nicht »olle Kamellen« aufwärme. Was damals für mich neu war, gehört heute zum Arbeitsprinzip vieler Theater und wird bereits an den Schauspielschulen gelehrt.

Trotzdem, schon um die schnelle Veränderlichkeit nicht nur im künstlerischen Bereich deutlich zu machen, werde ich von meinen ersten Schritten auf den Brettern des Brecht-Theaters berichten.

Damals standen die theoretischen Arbeiten, die methodischen Modelle Brechts noch nicht im Mittelpunkt der internationalen Aufmerksamkeit. Sie waren Versuche der Theatererneuerung, in erster Linie dem Ensemble vorbehalten, dessen Gründer sie selbst ausprobiert und exemplarisch gemacht hatte. Zu jener Zeit setzten sich die Theaterleute vor allem mit den theoretischen Schriften Stanislawskis auseinander – und auch das noch nicht lange. Da gab es Aufregendes, Anregendes, es gab Überspitzungen und Vorbehalte. Auf alle Fälle: Die Gemüter erhitzten sich. Hatten wir doch zum ersten Mal überhaupt methodisches Material aus jüngerer Vergangenheit zur Verfügung, über das sich streiten ließ. Nun forderten Brechts Arbeiten, geschrieben unter ganz anderen historischen Umständen, in anderer geographischer Landschaft, uns erneut heraus. Seine Attacke gegen das bürgerliche Theater und für das neue Zeitalter war eine Provokation, mit der jeder, der auf künstlerischem Gebiet arbeitete, sich auseinandersetzen musste.

Als ich ans BE kam, lebte Brecht nicht mehr. Viel zu früh war er aus seiner Theaterarbeit herausgerissen worden. Doch seine Schüler, boshaft »Jünger« genannt, hatten als Vermächtnis aus erster Hand seine Methode übernommen, mit der sie weiterarbeiteten. Helene Weigels künstlerische und menschliche Autorität leitete, inspirierte und bändigte gleichermaßen ihre Mitarbeiter. Erich Engel, prominenter Regisseur, arbeitete noch mit sensibelster Genauigkeit am Haus. Vieles befand sich in Bewegung. Künstlerischer Aderlass und neues Blut. Manfred Wekwerth als

Oberspielleiter gewann Joachim Tenschert als Regiemitarbeiter; Regisseur und Dramaturg befruchteten einander vorzüglich. Selbstständige Regiehandschriften zeichneten sich ab, ohne die Grundlinie des Theaters zu verwischen. Manfred Karge und Matthias Langhoff begannen zu inszenieren. Ruth Berghaus, Uta Birnbaum und Hans-Georg Simmgen sammelten Erfahrungen. Sie alle und ein Kollektiv von etwa 60 Schauspielern wurden meine Kollegen. Etliche unter ihnen hatten noch unter B.B.s Regime gearbeitet und konnten die neuen Spielweisen bereits handhaben. Mit ihnen lernte ich – oder lernte ich auch nicht – darstellerische Techniken wie diese:

gefundene Lösungen immer wieder zu verwerfen, wenn neue dramaturgische Einsichten es erfordern (die meisten Stücke von Brecht wurden noch während der Probenzeit umgeschrieben und bearbeitet);
die Sprache nicht illustrativ zur Fabel zu verwenden, das heißt, die Ausdrucksmöglichkeiten unabhängig voneinander einzusetzen und nicht alles, was die Fabel erzählt, mit Wort und Geste noch einmal nachzuerzählen;
Brüche zu spielen, das heißt, das Gefühl so zu trainieren, dass es mit aller zur Verfügung stehenden emotionellen Kraft eingesetzt, aber im nächsten Moment gebrochen werden kann durch sachlichen, nüchternen Bericht;
Verhaltensweisen vorzuführen, welche die kritische Sicht des Schauspielers auf die darzustellende Gestalt mitschwingen lassen.

Vor allem aber musste ich szenisch denken lernen, in dramaturgische Probleme eindringen. Hier half uns eine nützliche Erfindung der Regie: Die Stücke wurden nach Hauptlinien, Schwerpunkten und Widersprüchen durchforscht, in einzelne Abschnitte aufgeteilt und mit Zwischenüberschriften versehen. An ihnen

Mit Helene Weigel und Manfred Wekwerth.

konnten wir Schauspieler uns orientieren. Sie wiesen uns die Richtung, wie die Fabel geführt werden musste. Überhaupt wurde Wert darauf gelegt, die Fabel deutlich zu erzählen, Widersprüche nicht wegzuspielen, sondern herauszuarbeiten.

Genauigkeit im Detail (Bühnenbild, Maske, Kostüm, Requisit etc.) wurde gefordert. Im Probenprozess kam es zunächst gar nicht auf die Perfektion des künstlerischen Ausdrucks an, sondern auf das Ausprobieren von Haltungen, die unzählige Male geändert wurden, auf Anhieb oft wenig aussagekräftig wirkten, im Gesamtgeschehen aber doch stimmten.

Es galt, die Körpersprache zu beherrschen und groß herauszustellen, sie unter Umständen dem sprachlichen Ausdruck entgegenzusetzen. Eine Technik, die mir anfangs besonders schwer

Mit Wolf Kaiser in »Die Tage der Commune« von Bertolt Brecht, Berliner Ensemble, 1962.

fiel. Als Beispiel hierfür eine szenische Aufgabe: Ein Streit wird ausgetragen, einer von denen, die man von einem zum anderen Augenblick vom Zaun brechen kann, ein Routinekrach, als Geschäftprinzip genutzt (es geht um die Eintreibung von Miete).

Ich spielte also Streit. Heftig und mit aller Schärfe setzte ich meine Stimme ein. Auch mein Körper spannte sich kraftvoll. Breitbeinig stehend, aggressiv nach vorn gegen den »Feind« gewandt, wurde in meiner Darstellung aus dem Routinekrach eine große theatralische Auseinandersetzung. Das Alltägliche des Vorgangs wurde nicht gespielt. Erst als ich im sprachlichen Ausdruck genauso laut und heftig blieb, den Körper aber locker hielt, den Arm nicht mehr als einen Pfeil gegen den Gegner ausstreckte, sondern leicht aus dem Ellenbogen heraus, fast gemütlich und elegant mitschwingen ließ und bequem das Gewicht

»Der Messingkauf« von Bertolt Brecht. Gisela May mit Wolf Kaiser, Ekkehard Schall und Willy Schwabe (v. r. n. l.), Berliner Ensemble, 1963.

von einem Fuß auf den anderen verlegte, da erst stellte sich der Spaß ein. Jetzt erzählte die Darstellung von einem Alltagskrach, in der die Lautstärke den Gegner zwar äußerlich beeindruckte,

In »Mutter Courage und ihre Kinder« von Bertolt Brecht. Auf dem Spielplan des Berliner Ensembles von 1978 bis 1992.

zugleich aber durch den ökonomischen Umgang mit den körperlichen Kraftreserven die Wiederholbarkeit, das Alltägliche des Vorgangs zeigte. Und genau darum ging es uns, im Alltäglichen das Besondere auffällig zu machen. Nichts anderes bedeutet, wenn auch vielleicht etwas vereinfacht, der berühmte Verfremdungseffekt.

Bei dieser Szene lernte ich auch, unvermittelt, sozusagen aus dem Stand, Ausbrüche zu produzieren, das heißt, einen Drehpunkt nicht langsam anzuspielen, sondern den Umschwung plötzlich und groß zu zeigen.

Aneinander gereiht ergibt sich aus der Aufzählung verschiedener schauspielerischer Techniken ein reichhaltiges Material, das dem Publikum überraschende Entdeckung ermöglicht, Einsichten in gesellschaftliche Zusammenhänge. Das Mitdenken des Zuschauers wird provoziert, sein Fragen nach dem jeweiligen szenischen Verhalten, das absolute Identifizierung mit den dramatischen Figuren ausschließt. Die kritische Haltung zum Bühnengeschehen wird freigesetzt.

Gewiss, all die genannten Techniken und weitere mehr erfüllen ihre Funktion nur, wenn sie gezielt und sparsam benutzt werden und sich nicht verselbstständigen. Die Gefahr des Manierismus ist latent. Der Schritt von kritisch-distanzierter, dennoch realistischer Spielweise zu äußerlicher manierierter Spielerei ist klein. Dem vorzubeugen, nützt die Fähigkeit des Sich-Hinein-Versetzens. Ja, sogar die Einfühlung sollte nicht vernachlässigt werden. Beide sind im Brecht-Theater als Ausdrucksmittel nicht nur »erlaubt«, sondern werden gefordert – auch sie freilich bloß als Techniken. Oberstes Gesetz: Dramatische Vorlage, Schreibweise, Stil und Absicht des Autors bestimmen Inszenierung, Bühnenbild und Darstellung. Der weit verbreitete Irrtum, es gäbe einen Brecht-Stil (oder Brecht-Theater-Stil) wird durch Brecht selbst widerlegt, durch den Reichtum und die Vielseitigkeit seines Werks.

So sehr auch heute von der Entfesselung des Theaters, von der Befriedigung visueller Bedürfnisse und vom totalen Schauspieler die Rede ist – wenn die dramatische Vorlage Material dafür liefert, warum nicht –, ich meine: Nur das jeweilige Stück kann die verbindliche Richtung angeben, alle Einfälle haben sich auszuweisen durch den Inhalt der Geschichte, die erzählt wird.

Ich bekenne mich als darstellende Künstlerin zum Theater des Inhalts, mit Respekt vor dem Wort des Autors. Das war ein Grund, weshalb ich mich 1961 dem Theater des Dichters Brecht anschloss und 30 Jahre dem Ensemble treu blieb.

Als ich jetzt das Geschriebene, das ich vor ca. 15 Jahren formuliert habe, noch einmal las, hatte ich das Gefühl, als sei es ein Bericht aus einer anderen Welt, einer anderen Zeit. Umso wichtiger scheint mir, nicht dem Vergessen, der bewussten Medienmanipulation preiszugeben, was dieses Theater ausgelöst hat und als eine Art Lebenshilfe vom emanzipierten Publikum auch international begriffen wurde.

Helene Weigel

Das 50-jährige Bühnenjubiläum ist ein seltenes Ereignis, das 20-jährige Intendantenjubiläum ein noch selteneres. Beides zu erleben war Helene Weigel vergönnt.

Knapp zehn Jahre habe ich sie persönlich gekannt. Tucholsky verzeihe mir das Wort »persönlich«. Ich wüsste kein treffenderes in diesem Zusammenhang. Denn das von der Persönlichkeit Kommende war es, was, unter anderem, die Frau so unverwechselbar, so einmalig und bemerkenswert machte. Ich will sie beileibe nicht als Idealmensch schildern. Das hätte sie selbst am wenigsten gemocht, und dazu fehlten ihr gottlob einige Voraussetzungen. Ich will auch nicht als Theaterkritikerin fungieren, obwohl ich das manchmal gern täte ... Über ihre Schauspielkunst ist schon viel Kluges, Bedeutendes gesagt und geschrieben worden – Brecht selbst hat sie in mehreren Gedichten als Schauspielerin porträtiert. Ich will versuchen, einige Begegnungen zu schildern, die mir diese Künstlerin nahe brachten, die mir ihren Charakter von immer neuen Seiten her erschlossen. Zunächst aber verneige ich mich in der Erinnerung vor der immensen Arbeitsleistung dieser Frau, ihrer beständigen Arbeitsenergie, ihrem leidenschaftlichen Streben, alle Kräfte und Talente dem Theater zu geben, das sie nie losließ, für das sie lebte.

Meine erste Begegnung blieb bis heute die bewegendste, die beeindruckendste, die es geben kann. Tausende Zuschauer haben sie mit mir geteilt: Ich sah die Weigel als Courage! Damals war ich an einem mittleren Provinztheater, und Berlin lag vor mir wie ein fernes, unerreichbares Ziel. Dieser Theaterabend mit Helene Weigel in dem genialen Stück von Brecht, in der hinreißenden Inszenierung von Bertolt Brecht und Erich Engel, war und bleibt für mich mein stärkstes Theatererlebnis. Damals ahnte ich noch nicht, dass ich zehn Jahre später selbst diese schwere und wunderbare Rolle der Courage spielen würde, bei der mir »Helli« in den ersten Probenwochen, bildlich gesprochen, immer über die Schulter sah. Nun aber, da ich sie schildern will, wird es schwierig. Das fast tägliche Zusammentreffen mit einem außergewöhnlichen Menschen lässt oft zur Selbstverständlichkeit werden, was auffallend sein müsste. So versuche ich zunächst, sie mir vorzustellen, und plötzlich liegt ein Lächeln auf meinen Lippen. Woher kommt das? Merkwürdigerweise denke ich zunächst an die zahllosen Witze, die sie mir erzählt hat, an ihren oft lausbübischen Humor, an das Unseriöse im guten Sinne, das ihr eigen war. Sie hasste steife Förmlichkeit. Bei feierlichen Anlässen konnte es passieren, dass sie mit irgendeiner, manchmal fast albernen Bemerkung schlagartig die Atmosphäre auflockerte, und vor langen Reden brauchte man sich bei ihr nicht zu fürchten.

So fiel mir auch schon bald nicht mehr auf, was mich, als ich neu ans Berliner Ensemble kam, in Erstaunen versetzte: Die Tür zu ihrem Büro stand fast immer offen. Bis dahin war ich gewohnt, dass der Intendant eines Theaters hinter geschlossener Tür regiert und ein-, zweimal im Jahr ein offizielles Gespräch mit den einzelnen Mitarbeitern führt. Jetzt konnte es passieren, dass ich mich im Vorzimmer von Frau Weigel nur nach einem spielfreien Abend erkundigen wollte – schon hatte sie mich »beim Wickel«, schon waren wir in ihrem Büro, sprachen über Persönliches und Berufliches. Das war nicht immer bequem, schaffte aber sehr bald ein Verhältnis, das den Abstand zwischen Vorgesetztem und Mitarbeiter völlig eliminierte …

Überhaupt ihr Büro! Das war gar kein Büro, das war ein Wohnraum, in dem jeder Gegenstand Geschichten erzählen konnte. Ob es sich nun um einen geflochtenen Kranz aus Strohblumen, der von der Lampe baumelte, um eine naive Kinderzeichnung, sorgfältig gerahmt, oder um ein Bild von Picasso handelte.

Aus dem Fenster ihres Arbeitsraumes konnte sie auf den Hof des Theaters blicken, wo sich ein Großteil des Ensemblebetriebes abspielte. Manch einer ihrer Mitarbeiter warf, wenn er jenen Hof betrat einen unauffälligen Blick zu dem Fenster hinauf, bemüht, herauszukriegen, wie »Muttern« in Stimmung ist, ob sie Besuch hat, ob sie schon weg ist … oder umgedreht: Nichts ahnend wollte man in die Kantine, da rief sie zum Fenster heraus: »Du, komm doch mal 'rauf!« Schon war man dran, schon fielen einem alle Sünden ein, die man irgendwann, irgendwo einmal …

Es konnte auch passieren, dass sich das Fenster öffnete, weil ihre Tochter Barbara das jüngste Enkelkind auf den Hof schob und Frau Professor herunterschrie: »Hat sich Jenny wieder in die Hose gemacht?« Die Fotos der vier Enkelkinder standen in einem unauffälligen Glasrahmen auf ihrem Schreibtisch, der gar kein Schreibtisch war, sondern ein schwerer, runder, schwarz gebeizter Holztisch – natürlich antik –, oft verdeckten tausend Zettel und

Briefe die Bildchen, aber sie waren immer da für diese Frau, deren Mütterlichkeit ihr ganzes Wesen bestimmte. Diese Eigenschaft bekamen nicht nur ihre Kinder und Enkelkinder zu spüren. Auch ihre Mitarbeiter, oft schon in würdigen, höchst angesehenen Positionen, blieben für sie ihre »Buben«. Das nicht als Herabsetzung zu empfinden, war nicht immer leicht, und vielleicht lagen da auch Gefahren …

In ihrem Büro hatte ich aber auch eine Begegnung mit ihr, die mir schlagartig bewusst machte, was diese Frau in ihrem Leben durchgemacht hatte. Wir sprachen über eine Rolle, die ich brennend gern gespielt hätte, und ich sagte so etwas wie: Mein Lebensglück hänge an dieser Aufgabe (man sagt in manchen Situationen solch übertriebenes Zeug). Da sprang sie plötzlich auf, durchmaß mit schnellen Schritten ihr kleines Büro, hin und her, und dann brach es aus ihr heraus: Wie viel herrliche Bühnenrollen hatte sie nicht spielen können! Alle großen jungen Frauengestalten, die Brecht geschaffen hatte, waren ihr versagt geblieben. Keine Grusche, keine Shen Te. Wer hatte nach ihrem Lebensglück gefragt! Die besten Jahre hatte sie in fremden Ländern verbringen müssen, emigriert, mittellos, begabt mit einem Beruf, der an die Sprache gebunden ist, der von der Sprache lebt und den sie zwölf Jahre nicht hatte ausüben können. Aus welcher Absicht ist wohl Brecht damals in der Emigration die Idee gekommen, die Tochter der Courage als Stumme zu gestalten! War es der Wunsch, seiner damals noch jungen Frau eine Rolle zu schreiben, die sie im Ausland spielen konnte, ohne dass Sprachschwierigkeiten im Wege standen?

Tief bestürzt spürte ich, dass die Erlebnisse dieser bittern Jahre im Unterbewusstsein von Helene Weigel immer da waren – und das Entbehren großer künstlerischer Aufgaben machte ja nur einen Teil ihres Kummers aus, den die schlimme Zeit der Emigration mit sich brachte.

Mit Helene Weigel und Manfred Wekwerth beim Gastspiel des Berliner Ensembles in Italien.

Wenn Helene Weigel Theater spielte, wurde auf den Gängen, die zur Bühne führten, nur geflüstert. Lange vor ihrem Auftritt stand sie schon in der Kulisse. Freundlich begrüßte sie jeden Mitarbeiter. In der »Mutter« hatten wir eine gemeinsame Szene. Mein Auftritt erfolgte ziemlich spät im Stück, und zwar unmittelbar nach dem Bild, in dem die Wlassowa erfährt, dass ihr Sohn Pawel erschossen wurde. In Brechts Stück besteht diese Mitteilung aus einem grandiosen Lied, berichtend über den Tod des Sohnes. Die Weigel, in der Rolle der Mutter, hörte dem Lied zu. Stumm, ihr Körper schwankte im Schmerz, nicht selten liefen Tränen über ihre Wangen.

Dann kam unsere gemeinsame Szene. Nur eine winzige Umbaupause dazwischen, ein schnelles Naseschnäuzen, ein Atemholen, und schon öffnete sich erneut der Vorhang. In dieser kurzen Zäsur vergaß sie nie, uns Mitwirkenden, die schon zum Auftritt bereitstanden, schnell zuzublinzeln, uns zuzuwinken. Manchmal kniff sie dabei ein Auge zu, als wollte sie sagen: Na, wie geht's? Alles gut? Und schon ging die Vorstellung weiter, und der Streit der einander bekriegenden Frauen, der Proletarierin und der Hausbesitzerin, die ich spielte, begann.

Die bedeutende Darstellungskunst der Weigel bestand aber nicht nur in der Plastizität großer Charaktere, im Sichtbarmachen widersprüchlicher Vorgänge und Haltungen auf der Bühne. Was ich ebenso bewunderte, war ihre Vortragskunst. Der Aufbau eines Gedichts, die Behutsamkeit der Sprachbehandlung, der geistige Hintergrund wurden von ihr subtil erfasst und ließen eine Rezitation zum Erlebnis werden. Wie konnte sie Lyrik sprechen! Die Ballade vom ertrunkenen Mädchen, jenes wunderbare Gedicht von Brecht; die Prosaerzählung vom Mantel des Ketzers! Diese Seite ihrer Begabung, die nicht immer genug in Erscheinung trat, möchte ich besonders erwähnen.

Aber noch etwas konnte die Weigel einzigartig und mit größtem Raffinement: Vorhänge machen, das heißt, den Applaus am

Ende einer Vorstellung so auszubauen, dass durch geschickte Anordnung in der Reihe der sich verbeugenden Schauspieler Steigerungen möglich werden. Fachleute wissen, was für eine Kunst das ist. Man erzählt sich – ich möchte mich nicht dafür verbürgen –, dass nach einer »Courage«-Aufführung, als der Applaus aufbrandete, Helene Weigel, die man nach dieser Riesenrolle im Zustand völliger Erschöpfung wähnte, in der Kulisse stand und kommandierte: »Vorhang auf: 'raus! Jetzt du! Jetzt du!« Dann wankte sie selbst auf die Bühne, klein, müde, vollführte eine tiefe, bis zum Boden reichende Verbeugung. Riesiger Jubel vom Publikum. Vorhang zu. Die Weigel eilte in die Kulisse zurück, der Beifall ging weiter, und schon hatte der nächste Schauspieler, der ihrer Meinung nach dran war, sich zu verbeugen, einen Tritt im Hintern, original von Frau Intendant – Mutter Courage –, und stolperte auf die Bühne.

Eine andere Begegnung kommt mir in den Sinn: Marta Feuchtwanger, nach 20 Jahren zum ersten Mal in Europa, besuchte Helene Weigel. Im Büro des BE saßen sie einander gegenüber. Einige Kollegen, die gerade in der Nähe waren, wurden hinzugeholt, die prächtige und auch im Alter noch wunderschöne Lebensgefährtin Lion Feuchtwangers kennen zu lernen.

Da sahen wir zwei alte Damen, seit ihren Jugendjahren miteinander befreundet – vor allem in der Zeit der Emigration, da Feuchtwanger hilfreich der Familie Brecht beistand – nein, zwei junge Mädchen saßen da. Kichernd und übermütig holten sie eine Erinnerung nach der anderen aus ihrem Gedächtnis. Zwei bedeutende Frauen von bedeutenden Männern – zwei Backfische, die sich beim Lachen auf die Schenkel schlugen. Wir schauten nicht ohne Staunen zu.

Wenn ich abschließend versuche, Helene Weigel mit wenigen Worten zu charakterisieren, so bin ich versucht, ihr Wesen in einer Eigenschaft zusammenzufassen: Sie war eine Frau, und ich erlaube mir zu behaupten, dass es einige Eigenschaften gibt, die bei uns – ich bin ja auch eine Frau und muss es wissen – oft stärker ausgeprägt sind als beim anderen Geschlecht. Und diese Eigenschaften hatte sie. Alle! Sie war praktisch, sie ging geradewegs auf die Probleme los. Sie war mütterlich, gefühlsstark, sie hatte Sinn für alles Schöne und wählte jeden Gegenstand für ihren Gebrauch und ihre Umgebung mit Bedacht und Sorgfalt. Sie war vernünftig. Sie konnte zornig werden. Sie war nicht nachtragend. Sie war eine Kämpferin für die schönste Sache, die es auf der Welt gibt: den Frieden.

Helene Weigel lebte im Zentrum Berlins in einer Etagenwohnung, 100 Schritte vom Grab ihres Mannes Bertolt Brecht entfernt. Sein Werk weiterzutragen und lebendig zu halten war ihr Lebensinhalt bis zu ihrem Ende. Nur wenige Wochen, nachdem sie in Paris bei einem Gastspiel mit ihrem Ensemble gefeiert worden war, starb sie in Berlin in ihrem 71. Lebensjahr.

Als wir sie zu Grabe trugen, war der Sarg leicht und so klein wie der eines Kindes. Auf dem Dorotheenstädtischen Friedhof, keine zehn Minuten vom Theater entfernt, in dem sie wirkte, ruht sie, vom Großstadtverkehr umbrandet, neben dem großen B. B., die kleine, große Helene Weigel.

Der Feuerwehrmann

Jeden Abend, eine halbe Stunde vor der Vorstellung, klopft es an die Garderobentür: »Feuerwehr!« Unter dem gespielt entsetzten Aufschrei: »Kein Mann!« verschwinden die Zigarettenkippen in Streichholzschachteln und Büchsen, wird rasch das Fenster für eine Sekunde aufgerissen, dann folgt mit dem unschuldigsten Ton von der Welt die Aufforderung: »Bitte, kommen Sie 'rein!« Freundlich grüßend wirft der Uniformierte einen Blick auf vorschriftsmäßig gefüllte Wassereimer, auf etwaige versteckte Aschenbecher und setzt seinen Kontrollgang fort, nicht ohne beim Hinausgehen noch einmal kräftig durch die Nase zu schnuppern. Nichts! Kein Zigarettenrauch! Ich bin Nichtraucherin. Mein Gewissen ist rein.

Punkt 19.30 Uhr treffe ich den Feuerwehrmann wieder. Einen Meter neben der Bühne sitzt er auf dem besten Platz im Theater. Er kennt die Stücke in- und auswendig. Manche hat er 100-mal gesehen. Ihn können weder Pointen im Dialog noch Lachsalven aus dem Zuschauerraum zum kleinsten Lächeln bewegen. Er ist dankbar für die minutiösesten »Hänger« (eine Textunsicherheit), für jedes Extempore (eine Abweichung vom Text), meist von einem Schauspieler erfunden, um die Kollegen auf der Szene zum Lachen zu bringen und auch im Brecht-Theater gelegentlich praktiziert. Die kurzen Stücke gefallen ihm besser als die langen.

In »Schweyk im II. Weltkrieg« sitzt er eine Armlänge weit von dem auf der Bühne installierten Schanktisch. Doch das Bier, das so dicht neben ihm aus dem Hahn fließt, ist nicht für ihn bestimmt. Der kleine Unterschied des Vor-und-Hinter-der-Bühne schließt ihn aus der Runde der Trinkenden aus. Er bräuchte nur einmal die Hand aus der Kulisse herauszustrecken, er hätte sein Bier. Er tut es nicht. Er ist diszipliniert. Aber zur 250. Vorstellung, das habe ich ihm versprochen, bekommt er sein Bier von mir, der Wirtin »Zum Kelch«, persönlich. Wofür soll man ihn denn belobigen, wenn es nie brennt? Wer geht schon 250-mal in dieselbe Vorstellung!

Das Rezept

In einer Erfolgsaufführung, die schon jahrelang auf dem Spielplan des Berliner Ensembles stand, waren einige Umbesetzungen notwendig geworden, unter anderem die Hauptrolle des Mackie Messer in der »Dreigroschenoper«, die Stefan Lisewski übernahm.

Eine angemessene Probenzeit stand zur Verfügung. Dann kam die erste Vorstellung, in der neben den Schauspielern, die ihre Rollen schon jahrelang spielten, zum ersten Mal die »Neuen« auf der Bühne standen. Ihre Nervosität war groß, denn für sie war der Abend eine Premiere.

Wir »Alten«, die wir unsere Rolle wohl schon an die 50-mal gespielt hatten, trösteten die Neulinge. Aber wir hatten gut reden! Ich stand als Frau Peachum mit Stefan vor unserem ersten gemeinsamen Auftritt hinter der Bühne und sah, wie er zitterte. Um ihm zu helfen, verriet ich ihm mein Rezept, das mir bei Premierenangst schon geholfen hatte. »Schau, Stefan«, sagte ich, »stell dir mal vor, was wäre schlimmer: Wenn jetzt ein Krieg ausbrechen würde oder wenn dich heute Abend das Publikum ›ausbuht‹?«

Darauf er, kein bisschen getröstet: »Ach, weißt du, gegen so einen kleinen Krieg hätte ich im Moment gar nichts.«

Marlene Dietrich

Das Berliner Ensemble gastierte in den 60er Jahren mit großem Erfolg in London; auch ich war beteiligt. In diesen Tagen gab auch Marlene Dietrich ein Konzert. Mir gelang es, an einem spielfreien Abend ihre Vorstellung zu besuchen. Es war ein Erlebnis! Vom ersten Augenblick an, als sie langsam schlendernd in einem atemberaubenden Kleid, eine weiße Pelzstola lässig auf dem Boden hinter sich herschleifend, ins Scheinwerferlicht trat, jubelte das Publikum ihr zu. Wie sie ihre Gäste begrüßte, wie sie zwischen den Liedern witzig und intelligent mit ihnen sprach, nein, plauderte und damit den Abstand zwischen Bühne und Zuschauerraum aufhob. Jeder in dem riesigen Revue-Theater fühlte sich persönlich angesprochen. Ihre erfolgreichen Lieder sang sie, als gäbe es nichts Schöneres, als sie zum hundertsten Mal zu singen. Wie ich sie so vergnügt und in bester Stimmung auf der Bühne erlebte, erinnerte ich mich an die Probe vom Vormittag. Es war mir gelungen, mich heimlich ins Parkett zu schleichen. Mucksmäuschenstill saß ich im verdunkelten leeren Zuschauerraum. Die Dietrich konnte mich nicht sehen. Ich erlebte, wie sie sich immer wieder unterbrach. Sie kritisierte die Tempi und die Lautstärke des Orchesters. Der Dirigent wurde nervös. Marlenes Laune wurde schlechter und sie verbarg es nicht. Ungeduldig trat sie von einem Fuß auf den anderen, nicht nur vom langen Stehen ermüdet. »Tausendmal dieselben Lieder!!« schien ihr Gesichtsausdruck zu sagen. Immer wieder dieselben Fehler, dieselbe Probiererei.

Am Abend dann die Verwandlung. Da stand eine völlig andere Frau auf der Bühne. Aber ich kenne ja diese Situation, weiß, wie viel Disziplin dazugehört, wenn es heißt: »Der Vorhang geht auf«. Dann gilt nur eins: Die Erwartungen des Publikums erfüllen und das Beste geben, dann gibt's keine Müdigkeit mehr, keine schlechte Laune.

Und Marlenes Gesang? Sie hatte keine große Stimme. Es kam nicht aufs hohe C an. Sie gestaltete ihre Chansons als Schauspielerin und das blieb sie auch, wenn sie sang. Sie war die schnoddrige Berliner Göre, die geheimnisumwobene große Dame. Die politisch sich einmischende Patriotin, die Fleischbrühe kochende Praktikerin. Hilfreich und unnahbar. Was ist ein 100-jähriger Geburtstag, wenn man unsterblich ist.

Paul Dessau

Über Paul Dessau zu berichten ist schwer. Um ihn zu schildern, müsste man seine Musik beschreiben. Werk und Künstler entschlüsseln einander wechselseitig wie bei allen schöpferischen

Menschen. Um ehrlich zu sein, dauerte es eine Zeit, bis ich Zugang fand zu dieser Musik, ihren vermeintlichen Dissonanzen, ihrer komplizierten rhythmischen Struktur, bis ich ihre Schönheiten entdeckte und sie zu verstehen begann. Das erste, was ich über ihn hörte, wirkt kurios, erzählenswert.

Es fiel in die Zeit, als Brecht noch nicht ins Theater am Schiffbauerdamm eingezogen war und im Deutschen Theater Gastrecht genoss – damals gehörte ich zum Schauspielensemble dieses Hauses –, und es liefen die Proben für die »Courage«. In jenen Tagen wurde in den Künstlergarderoben oft über einen verrückten Kerl gesprochen, der tagelang im Probenraum auf dem Klavier herumhämmere, es mit Händen und Füßen traktiere, dass es durch alle Wände dringe. Angeblich schwöre der Brecht auf ihn, und sie wären einander wohl auch schon in der Emigration begegnet. Aber wer weiß …

Ein Vierteljahrhundert später gehört die Musik zur »Courage«, um die es sich bei dem »Probengeklimper« gehandelt hatte, zur klassischen Theatermusik, wo immer in der Welt das Stück aufgeführt wird. Nicht lange nach jener ersten Äußerung über Paul Dessau hörte ich wieder etwas über ihn. Ich besprach mit einigen Musikern einen Probentermin und bekam einen Korb. »Tut uns leid«, bedauerten sie, »wir haben Funkaufnahmen mit Pauken-Paule.« »Wer ist denn das?« wollte ich wissen. »Was, den kenn'Se nich? Das ist doch der, der mal von einem Pianisten verlangt hat, seinen Schuh auszuziehen und damit die Tasten zu bearbeiten.« »Ach, meint ihr Paul Dessau?« »Na klar, haben wir doch gesagt: Pauken-Paule!«

Berliner sind einmalig im Erfinden von Spitznamen. Bei Dessau war es wohl seine Originalität, seine burschikose Herzlichkeit und natürlich seine Vorliebe für kräftige Schlagzeugverwendung im Instrumentarium der Musik, die ihm diesen »Titel« einbrachten, und er behielt ihn intern auch dann noch, als er bereits mit hohen Auszeichnungen geehrt und Professor geworden war. Größe und Widerspruch seiner Persönlichkeit ließen diese beiden auseinander strebenden Titulierungen durchaus zu.

Und noch etwas aus den ersten Jahren des Zusammenwirkens mit Brecht hatte Berühmtheit erlangt: Pauls Auto! Brecht selbst war ein rechter Autoliebhaber, und in jener Zeit hieß es etwas, überhaupt einen Wagen zu fahren. Aber Dessaus Fahrzeug glich einer Sensation: ein altes, riesiges Cabriolet, ausgestattet mit einer nicht enden wollenden Motorhaube, mit Rädern, so groß wie bei einem Lastwagen, und einer dementsprechend hoch gebauten Karosserie. Das war kein Auto, in das man sich einfach hineinsetzte. In diesem Vehikel thronte man wie in einer Kutsche. Das Lenkrad ragte über das Armaturenbrett hinaus und zwang Paul, damit es ihn nicht in die Magengrube stieß, zu einer geradezu königlichen Haltung. Wenn er dann, ein paar fröhliche junge Damen im Fond seiner Karosse, genüsslich den Motor aufheulen ließ und um die Ecke tuckerte, lachten wir noch lange hinter ihm her.

Jahre später kam es endlich zu unserer ersten Zusammenarbeit. Anlass unserer Arbeit war eine Schallplattenproduktion mit Dessaus Brecht-Songs. Der Produktionstermin kam heran. Im Studio besprachen wir mit dem Toningenieur und den Musikern alle aufnahmetechnischen Fragen. Dessau erklärte spezifischen Ausdruck und Gestus – gründliche Einstudierung und Einzelprobe mit mir waren bereits vorausgegangen. Wir standen an den Flügel gelehnt, redeten und argumentierten. Plötzlich, mitten im Gespräch, gab der Komponist sich einen kleinen Schwung, tat rücklings einen Hopser und saß auch schon auf dem Flügel. Breitbeinig und gelassen hockte er dort oben, als sei es der normalste Sitzplatz der Welt.

Wenn man bedenkt, dass Dessau zu diesem Zeitpunkt durchaus kein junger Mann mehr war, sich auch nicht, wie man so sagt, in den besten Jahren befand – das heißt, in denen befand er sich eigentlich bis ins hohe Alter –, nein, dass er auf die Siebzig zuging, dann kann man seine Elastizität und Spannkraft, die er sich bis ins 80. Lebensjahr bewahrte, nur bewundern.

Bei jener Schallplattenaufnahme war er nicht nur als Berater zugegen, sondern dirigierte seine Musik selbst: federnd, ernsthaft und doch mit Spaß und großer Leichtigkeit. Ich spürte, ihm kann man sich anvertrauen. Dabei waren seine Vorschläge für die Interpretation meist verblüffend. Es ist schwer, in den Dessauschen Liedern die komplizierten Intervalle und rhythmischen Unregelmäßigkeiten zu erlernen. Die Melodien sind nicht so schnell im Kopf wie bei anderen Komponisten. Solche ungewohnten Tonsprünge musste ich mitunter zehn- bis zwölfmal hintereinander wiederholen, bis ich sie »im Ohr« hatte. Doch wenn nach einigen mühevollen Anfangsproben der Moment gekommen ist, da die ungewohnten Intervalle vertraut, ja fast »normal« klingen, beginnt das Lied, das beim ersten Anhören ein kaum durchschaubares, kompliziertes Kunstgebilde zu sein scheint, sich zu gliedern; es wird einfach, die musikalischen Bezüge zum Text stellen sich her – das Schwere wird leicht – die erforderliche Naivität dem Werk gegenüber entsteht. Bei den »Tierversen« nach Brecht-Texten erkannte ich den Spaß am Komplizierten zum ersten Mal, und nun können mir die Lieder gar nicht schwer genug sein. Natürlich gibt es bei Dessau auch einfache Melodien; das sei nur am Rande vermerkt.

Ein Song, dessen Interpretation der Komponist mit mir gemeinsam erarbeitete, machte ihn durch etwas anderes zur Besonderheit. Dessau verriet es mir nicht ohne Stolz: Die Melodie, jedenfalls wesentliche Teile davon, stammten nicht von ihm, sondern von keinem Geringeren als Brecht. Eines Tages hätten sie miteinander über die Vertonung des Textes vom »Lied einer deutschen Mutter« gesprochen, und Brecht wäre gleich mit einem Melodie-Vorschlag herausgerückt. Dessau habe ihn aufgegriffen, ausgebaut und in eine rhythmische Form gebracht. Während er

Mit Paul Dessau bei Probenarbeiten zu einer Schallplattenaufnahme.

mir jene Geschichte erzählte und das Ergebnis am Klavier vorspielte, spürte ich, wie viel ihm der Entstehungsprozess dieses Liedes bedeutete. Ich spürte seine große Liebe und Bewunderung für Brecht. Es gibt keinen Zweifel darüber, dass die Freundschaft mit dem Dichter Paul Dessau entscheidend beeinflusst und inspiriert hat, dass sie richtungsweisend wurde für sein ganzes Leben.

Wie sehr sich der Komponist daneben auch für neue Talente interessierte, bewies sein glänzender Kontakt zu jüngeren Menschen. Er bildete Meisterschüler aus. Kontinuierlich unterrichtete er Kinder in Musik. An der Oberschule, die seinen Namen trägt, werden junge Menschen musisch gefördert und unterrichtet. Ein Chor dieser Schule hat es durch öffentliche Auftritte zu großer Anerkennung gebracht. Dessau setzte sich für Begabungen ein, nicht nur auf musikalischem Gebiet. Er war immer auf der Suche nach gut komponierbaren Texten.

Für seine Opernlibretti fand er kühne Stoffe, die er von namhaften Poeten in Szene setzen ließ. Vom »Lucullus« bis zum »Einstein« entstanden Werke, die die zeitgenössische Operngeschichte maßgebend beeinflussten. Die Adaption klassischer Stücke setzte einen besonderen Akzent in seinem symphonischen Schaffen. Höchst kunstvoll und eigenwillig wird dabei das Erbe im Geist unserer Zeit verwandelt.

Eines Tages schickte ich ihm ein Gedicht, von dem ich glaubte, dass es sowohl in der Substanz als auch von der Form her seinen Ansprüchen genüge. Ich fragte Dessau, ob er Lust hätte, es für mich zu komponieren. Ohne zu zögern, sagte er zu. Allein das Thema, der Krieg in Vietnam, hätte ihm als Anlass genügt. Doch auch der Text regte ihn an. Schon wenig später erhielt ich das handgeschriebene Manuskript. Als ich es mir ansah, entdeckte ich, das Dessau noch im Nachhinein eine Änderung vorgenommen hatte. Während nämlich in der ersten Fassung der Schluss im Pianissimo ausklingt, schienen dem Komponisten bei nochmaligem Überprüfen des fertigen Songs Zorn und Empörung über die grauenhaften Ereignisse noch nicht stark genug zum Ausdruck zu kommen. So korrigierte er sich und schrieb mit rotem Farbstift über die letzten Akkorde zwei große dicke »ff«. Als er mir die Komposition vorspielte, sang er, wie immer, das ganze Lied leise, behutsam. Am Ende aber hämmerte er die letzten Töne mit aller Kraft und Lautstärke schrill aufs Klavier und setzte damit einen unüberhörbaren, aufrüttelnden Schlusspunkt. Immer wieder löste sein kämpferisches, politisches Bewusstsein geistige, kluge Aktionen und emotionale Ausbrüche in seiner Musik aus, ebenso wie im Gespräch, wie in der Diskussion.

Hierzu ein Erlebnis. Es begann auf dem Hof des Berliner Ensembles, Ort so vieler, zunächst improvisierter Treffen, die rückblickend bedeutsam wurden. Dessau hatte Tonbandaufnahmen bei sich, die Hiroshima-Musik des polnischen Komponisten Penderecki. Das Werk war damals kaum bekannt. Dessau hielt es für wichtig, seine Freunde so schnell wie möglich mit dieser Musik bekannt zu machen. Da er immer durchsetzte, was er sich vornahm, wurde sofort ein Tonmeister organisiert, und ehe wir noch recht wussten, wie uns geschah, saßen wir in einem winzigen Tonraum, nachmittags nach irgendeiner Probe, und hörten Penderecki. Wir hockten eng zusammengepfercht, fünf bis sechs Kollegen, herausgerissen aus Kantinengeschwätz, Sonnenschein, Alltagskram. Völlig unvorbereitet überfiel uns die Musik – und erschlug uns.

Es war das erste Mal, dass ich so massiv mit dieser Art Musik konfrontiert wurde, und es geschah, wie gesagt, ohne jede Einstimmung, die Dissonanzen jener Komposition auch noch über Lautsprecher verstärkt. So musste das Zuhören zur Qual werden. Meine Ohren konnten die Töne kaum fassen. Am Ende saßen wir wie betäubt da. Niemand von uns hatte ein schnelles Urteil parat. Dessau war unzufrieden. Er wünschte die sofortige Aussprache. Aber er hatte es nicht mit Musikern, sondern mit Theaterleuten zu tun. Wie sollten wir dieses Werk einschätzen? Ich brachte kein Wort heraus. Kopfschüttelnd ging ich auf den sonnigen Theaterhof zurück. Zögernd folgten die anderen. Dessau ließ nicht locker: »Wie fandest du's?« »Ich weiß nicht«, sagte ich und versuchte einen kleinen Scherz: »Eigentlich bin ich jetzt reif für die Nervenheilanstalt!« Darauf er, wütend und zustimmend zugleich: »Was glaubst Du! Müsste man nicht wahnsinnig werden bei dem Gedanken, was in Hiroshima geschehen ist! Genauso ist es gemeint!« Auch hier wieder Dessaus leidenschaftliche Parteinahme, sein fanatischer Drang, auf Geschehnisse einzuwirken, sie zu verändern.

Doch fand sich in seinem Naturell daneben eine kraftvoll heitere Lebensbejahung, ein unbefangenes Fröhlichsein, eine gehörige Portion Übermut. Wie viel Streiche er in solch einer Stimmung ausgeheckt und ausgeführt hat, darüber kann manch zart besaitete Frauenseele ein Lied singen – in echt Dessauscher Komposition. Besonders in Gesellschaft von »feinen« Leuten oder in vornehmen Restaurants reizte es ihn, aus dem Rahmen zu fallen. Wurde er dann nicht von einem guten Freund gebremst, brachte er es glatt fertig, sich eine Schüssel Makkaroni über den Kopf zu schütten oder laut zu singen oder irgend etwas Provozierendes anzustellen. Man musste auf alles gefasst sein bei ihm. Aber wenn er sich erregte über Dummheit oder Feigheit oder Engstirnigkeit, stritt er mit bewundernswerter Leidenschaft, dann kämpfte er, dann gab es für ihn keinen Kompromiss. Solange ich Paul Dessau kannte, habe ich ihn nie resigniert gesehen.

Das ist vielleicht das Schönste, was ich über ihn zu sagen weiß.

Zweiter Versuch einer Partnerschaft

Mit Wolfgang Harich zusammenzuleben, war ein spannendes, nie langweiliges Abenteuer. Neun Jahre haben wir es nicht nur miteinander ausgehalten, sondern wir haben viel voneinander profitiert, haben gegenseitig viele Anregungen über Theater, Literatur, Politik und Musik empfangen, aber auch ökologische Interessen verbanden uns. Wir ergänzten uns in jeder Beziehung. Temperamentsmäßig stießen wir hin und wieder kräftig zusammen. An Fanatismus war mir Wolfgang überlegen, um welches Thema es sich auch handelte. Glücklicherweise aber hatte er ein feines Gespür dafür, wann eine Situation über die wütende Auseinandersetzung ins komische Extrem umschlug. Dass er sich selbst dabei nicht ernst nahm, brach jedem Krach die Spitze ab. Lachend nahmen wir uns dann in die Arme.

Wolfgangs Charme hatte schon viele Damen vor mir betört. Mir ging es nicht anders. Um so erstaunlicher, dass die schlimme Fermate von acht Jahren Inhaftierung, die ihn alles vermissen ließ, was auch nur entfernt an Charme oder Liebe und Zärtlichkeit erinnerte, nicht vermochte, seinen Witz und seine hohe Intelligenz zu vernichten. Fast übergangslos schien es mir, kehrte er ins Leben zurück. Und ohne jede Eitelkeit wage ich zu behaupten, dass es Wolfgang sehr gut getan hatte, als erster Weggefährtin, nach seiner Haft, mir zu begegnen.

Wolfgang Harich hätte eine glänzende Karriere als Wissenschaftler vor sich gehabt. Die Vorlesungen des jüngsten Professors der DDR waren so berühmt, dass Bertolt Brecht seinen Assistenten »verordnete«, in die Humboldt-Universität zu pilgern, um Lektionen über Philosophie von Harich zu belegen. Brecht verlangte ausführliche Berichte darüber.

Manfred Wekwerth, später selbst Professor, schwärmt in seinen Erinnerungen noch jetzt von diesen aufregenden Stunden, bei Harichs geistigen Exkursionen dabei gewesen zu sein. So früh schon umschwärmt, verehrt und bewundert zu werden, besonders von den weiblichen Hörern, barg aber auch Gefahren. Harich steigerte sich in seinen politischen Vorstellungen gefährlich weit, weiter als es die Verhältnisse zuließen. Eine Möglichkeit der Reformierbarkeit der DDR oder gar eine Wiedervereinigung, die ihm vorschwebte, hätte die Balance zwischen sozialistischer Realität und der von Moskau diktierten Linie gefährdet und letztendlich zu kriegerischen Konflikten führen können. Harich glaubte, dass auf Grund der von Chrustschow 1956 aufgedeckten Verbrechen Stalins nun auch in der DDR das Eis gebrochen sei und ein Weg zur Wiedervereinigung der beiden deutschen Staaten – allerdings unter anderen Vorzeichen, als es dann 1989 geschah – mit Diplomatie und mit geschickten Verhandlungen erreichbar wäre. Beflügelt und brennend überzeugt von der richtigen Strategie zum ersehnten Ziel, dem Sturz Walter Ulbrichts, schlug Harich alle Warnungen in den Wind. Ein Kreis von Gleichgesinnten teilte Harichs Ansichten. Gruppenbildung aber galt als besonders verwerflich und führte im Prozess zum vernichtenden Urteil von zehn Jahren Zuchthaus, das Harich schließlich acht Jahre seines Lebens kostete.

Wolfgang Harich, 1966, im Jahr des Kennenlernens.

Allein unser Kennenlernen hat anekdotisches Format: Eigentlich war Brecht schuld. Erst wenige Tage aus der Haft entlassen, besuchte Wolfgang Harich das Berliner Ensemble, um nach diesen grauenvollen acht Jahren Freiheits- und Kulturentzug den Kontakt mit dem Theater und mit Helene Weigel wieder aufzunehmen. An jenem Abend wurde »Der Messingkauf« von Brecht aufgeführt, in dem ich eine wichtige Rolle spielte. Über Lautsprecher in den Künstlergarderoben informierte uns der Intendant Manfred Wekwerth, dass Harich in der Vorstellung sei und das Ereignis, ihn endlich wieder in Freiheit zu wissen, sollte in der Kantine nach der Vorstellung gefeiert werden. Also trafen wir uns nach dem letzten Vorhang mit vielen Kollegen und es wurde eine berührende Begegnung. Ich sah ihn damals zum ersten Mal, er sah mich – und wir spürten beide, dass wir sehr aufmerksam voneinander Notiz nahmen und beim Verabschieden im Kreise aller Kollegen versuchten wir das Besondere dieser Begegnung für uns zu behalten. »Vielleicht sieht man sich mal wieder«, sagte ich. Das ließ alles offen.

Am 1. Januar 1965, wenige Wochen später, wollte ich meiner Nachbarin Elisabeth Hauptmann, engste Mitarbeiterin von Brecht, zum neuen Jahr gratulieren. Ich mochte diese bezaubernde feinfühlige Frau sehr. Unsere Wohnungen lagen, nur durch den Hausflur getrennt, nebeneinander. Aber wer öffnete mir die Tür und hieß mich willkommen? Wolfgang! Das war eine Überraschung!

Auch er war mit der gleichen Absicht gekommen; aus den Neujahrsglückwünschen wurde eine vergnügliche Plauderei mit der Hauptmann. Als die nächsten Gäste anrückten, verabschiedeten wir uns. Als Harich etwas zögernd noch mit mir im Hausflur stand, fragte ich ganz arglos: »Wollen Sie noch einen Augenblick für eine Tasse Tee zu mir herüberkommen?« Er kam – und blieb neun Jahre.

In der Öffentlichkeit erregte unser Zusammenleben ziemliches Aufsehen. Ich galt in der DDR als eine führende künstlerische Repräsentantin dieses Staates, war auch mit den Zielen – die wir allerdings nicht erreichten – einverstanden. Wolfgang galt als Feind der DDR, als Dissident, der Walter Ulbricht stürzen wollte. Für uns beide war das kein Problem und auch die »Oberen« der DDR reagierten gelassen. Eine kleine Anekdote belegt das: Als ich zufällig in einer Opernaufführung Lotte Ulbricht im Zuschauerraum traf, ging sie mit dem Satz an mir vorbei: »Naja, wo die Liebe hinfällt«.

Bis zu seiner Verhaftung hatte er bei seiner Mutter gelebt, übrigens eine prächtige Frau, die sehr mit unserer Verbindung einverstanden war. So zog er nun bei mir ein. Was er mitbrachte, waren Bücher – Unmengen von Büchern. Ein Utensil, mit dem er unser Zusammenleben »bereicherte«, war ein Kaffeewärmer; ein ziemlich scheußliches Ding, eine Art Kaffeemütze aus weinrotem Plastikmaterial, welche den Nachteil hatte, dass sie für meine Kanne aus Meißner Porzellan etwas zu klein war. Es gehörte einiges Geschick dazu, damit umzugehen. Um einzugießen, musste jedes Mal diese Mütze abgenommen werden, aber immer war die Tülle im Weg. Als einmal die Kanne dabei umzukippen drohte, kommandierte Wolfgang mit seiner in der Erregung schrillsten Stimme: »Senkrecht hoch!! Senkrecht hoch!!!« Im Augenblick war ich wütend; dann fingen wir zu lachen an, und seitdem wurde der Ausdruck im Freundeskreis zum geflügelten Wort.

Eine andere Anekdote fällt mir ein: Nach einem Opernbesuch, auf den ich mich sehr gefreut hatte, wollten wir noch etwas essen. Das uns empfohlene Operncafé schien genau das Richtige. In diesem noblen Restaurant gab es sogar Spargel, eine Rarität in der damaligen DDR. Als ich gerade beginnen wollte, meine bescheidene Portion zu verspeisen, schob mir Wolfgang alle säuberlich abgesäbelten Spargelspitzen von seinem Teller auf den meinen. Ich gebe zu, dass ich diese Geste von Wolfgang nicht zurückwies; die Spargelköpfe sind nun einmal das Beste an dem delikaten Gemüse. Aber gleichzeitig war ich sehr gerührt über die Art und Weise, in der Wolfgang mir seine Zuneigung zeigte. Mein Herz schmolz wie die Butter auf dem Spargel. Wenig später kam es allerdings zu einem unvorhersehbaren Eklat, den auch meine Prominenz nicht verhindern konnte. Unsere Getränkewünsche nach Apfelsaft – wir bevorzugten Nicht-Alkoholisches – wurden nämlich vom Ober des vornehmen Restaurants entrüstet zurückgewiesen. »Wir sind ein Weinlokal, hier herrscht Weinzwang« belehrte er uns. Das reichte! Auf das Wort »Zwang« reagierte Wolfgang allergisch. Seine Stimme erklomm höchsten Diskant. Natürlich blieb die Auseinandersetzung an den anderen Tischen nicht unbemerkt. Peinlich berührt sahen die Gäste zu uns herüber. Ich versuchte zu vermitteln. Es half nichts. Bei Wolfgang ging es um's Prinzip. Auf Kompromisse ließ er sich nicht ein. Ich kann mich nicht mehr erinnern, was wir dann wirklich bestellten. Wie ich mich kenne, nippte ich dann doch an irgendeinem Wein, den mir der beleidigte Ober servierte, um die Harmonie unseres schönen Abends einigermaßen wieder herzustellen.

Was mich an Harich immer wieder faszinierte, war seine immense Bildung, seine Liebe zur Musik, zur Literatur und sein Talent, in großen Zusammenhängen zu denken, brillant zu formulieren und köstliche Geschichten zu erzählen. Dabei kamen durchaus schauspielerische Momente ins Spiel, wenn er bei einem Witz die Pointen hinauszögerte, bis seine Zuhörer Tränen lachten. Er beherrschte verschiedene Dialekte, vor allem den aus seiner ostpreußischen Heimat, aber ebenso auch »gepflegtes«

Sächsisch, wenn er Walter Ulbricht nachmachte. Dass Harich sich ausgerechnet das damalige Staatsoberhaupt vorgenommen hatte, dem er immerhin seine Verhaftung verdankte, um ihn als Witzfigur bloßzustellen, macht deutlich, mit welcher Souveränität er die schlimme Zeit seiner Inhaftierung zu verarbeiten begann.

Übrigens hatten wir einen Kater – Wolfgang mochte Katzen genauso wie ich –, dem wir den Namen Walter gaben, weil er in seinem schwarzweißen Gesichtchen aussah, als hätte er einen kleinen Schnurrbart. Und es zeigt auch, dass Heiterkeit unser Zusammenleben viel mehr bestimmte, als die manchmal trüben, selbst schmerzlichen Stunden.

Als der Rausch der großen Verliebtheit wieder auf die Ebene der alltäglichen Realität zurückgekehrt war, schien Wolfgang anzufangen, die verlorenen Jahre, vor allem was die Frauen anbetraf, nachzuholen. Wie sollte ich ihm das verübeln. Aber ertragen wollte ich es auch nicht. So entschloss ich mich, den Schritt von der Zweisamkeit zum Alleinleben zu tun. Es fiel mir schwer. Ich war an eine Partnerschaft gewöhnt. Und Gewöhnung gehört sicher im Zusammenleben zu den nicht unwichtigen Faktoren, es sollte aber wohl nicht der dominierende sein.

Nun, da ich das Alleinleben praktiziere – und es vollzog sich schneller, als ich dachte – stelle ich fest, wie viele Vorzüge es mit sich bringt: ich genieße es, ganz egoistisch an mich selbst zu denken – ohne dass mir das jemand vorwirft –, den Ablauf meines Tages ganz nach meinen Erfordernissen zu disponieren, mich zu fragen, was mir gut tut. Ich kann es mir leisten, sonntags den halben Tag herumzutrödeln, mich gehen zu lassen. Beim spätabendlichen erschöpften Nachhausekommen nach einem anstrengendem Theaterauftritt brauche ich weder strahlende Freude vorzuspielen, noch muss ich letzte Energien für den Partner aufbringen, der vielleicht weniger abgespannt, voller Elan auf interessante Konversation aus ist. Und was den üblichen Alltagsärger anbetrifft, oft über kleinste Anlässe, kann ich ihn nun an niemandem mehr auslassen außer an mir selbst und das wird schnell fad. Wie oft, erinnere ich mich, kriegte der arglose Partner einen Teil des Missmutes zugeschoben, den ich den Tag über mit mir herumgeschleppt hatte. Das belastete mich einerseits mit Schuldgefühlen, andererseits erkannte ich, dass ich den nächsten Zorn sicher nicht wieder einfach hinunterschlucken würde. Ich verfüge über ein umfangreiches Schimpfwortregister und benutze es, aber das Gute daran ist, dass der Zorn dann auch schon zur Hälfte verflogen ist. Das Schlimmste tritt bei mir nie ein: tagelang schweigend nebeneinander herzuleben. Das würde ich gar nicht fertig bringen. Mit Wolfgang hätte das sowieso nicht funktioniert.

Es gelang uns, unsere beschädigte Liebe in Freundschaft hinüber zu retten, die uns beiden viel bedeutete und bis zum Ende seines Lebens lebendig blieb. Zweimal heiratete er noch. Beide Frauen schätze ich. Mit seiner Anne hatte er eine Gefährtin gefunden, die ihm gut tat, bis er seine Augen für immer schloss.

»U« oder »E«, das ist hier die Frage

Verwandlungen, die ein Schauspieler stets perfekt vollziehen muss, machen mir auch in komödiantischer Richtung große Freude. Im Theateralltag kommt sie oft zu kurz. Der Gedanke, dass durch die Beschäftigung mit der heiteren Form etwa die »ernste« gefährdet sei, bereitet mir kein Problem. Ob das nun »U« oder »E« ist, erübrigt sich für mich. Diese merkwürdige Trennung, die heute noch in den Medien praktiziert wird, erscheint mir zweitrangig. Ich habe keine Angst, durch diese Beschäftigung mit der »leichten Muse« das Gesicht als »seriöse« Schauspielerin zu verlieren. Kurt Weill beantwortete diese Frage auf die Musik bezogen: »Ich habe nie den Unterschied zwischen »U« und »E« anerkannt. Es gibt nur gute und schlechte Musik.« Auch für den guten Schauspieler sollte es diese Trennung nicht geben – ja, auch unbeschwerte Fröhlichkeit ist ein legitimes Bedürfnis des Publikums. Selbst Brecht hielt es für notwendig, darauf aufmerksam zu machen, dass Kunst zu unterhalten habe. Gewiss, die Aufwertung des Wortes »Unterhaltung« durch Brecht hat – das sei nicht verschwiegen – bei manchem künstlichen Tun, das das Denken zugunsten des Klamauks eliminiert, als Alibi gedient. Wie weit sich der Bogen der Unterhaltung spannen lässt, ist in erster Linie eine Frage des Niveaus. Für mich besteht ein besonderer Reiz darin, heute in einem unbeschwert heiteren Abend meine komischen Seiten zu präsentieren und morgen Erschütterungen und bewegende Erlebnisse auszulösen. Literarische Miniaturen sind mir ebenso willkommen wie komische, deftig zupackende Szenen. Manchmal muss ich allerdings erst vom Planwagen der »Courage« herunterklettern, ehe sich das Publikum darauf einstellt, dass über mich gelacht werden »darf«.

Mein Abstecher ins Musical allerdings war ein Abstecher, der durchaus ein Risiko bedeutete. Ich hatte mir als Brecht-Interpretin einen Namen gemacht, reiste durch die Welt und gehörte zu einem der besten Schauspiel-Ensembles der Welt. Als vom Metropol-Theater Berlin das Angebot für die Hauptrolle im Musical »Hallo Dolly« kam und ich das Libretto gelesen hatte, sagte ich »Nein!« Meine Freunde mit denen ich mich beriet, waren nicht so schnell im Urteilen und meinten: »Hör' dir erst einmal die Musik an!« Ich tat es und schon fing ich an zu schwanken. Was meine literarischen Ansprüche betraf, beruhigte ich mich damit, dass es sich im Grunde um ein Nestroy-Stück handele. Somit waren meine Bedenken widerlegt und ich übernahm die Rolle. Das fand nicht nur Zustimmung bei meinen Kollegen vom Berliner Ensemble. Keiner von denen, die neben Brecht nichts gelten ließen, sagte mir ins Gesicht, dass er meine Entscheidung nicht billigte, nur Helene Weigel, die vielleicht am ehesten eine derartige Haltung hätte einnehmen können, zeigte Verständnis.

Als erfahrene Schauspielerin schien sie ein breites komödiantisches Spektrum für normal zu halten und begriff sehr gut, was mir an dieser Aufgabe Spaß machen würde. Sie beurlaubte mich für das Gastspiel.

Die Proben gestalteten sich schwieriger, als ich geahnt hatte. Ich merkte, dass ich viel kräftiger in die Dialoge einsteigen, bewusster in den komischen Situationen die Pointen setzen musste. Meine Partner des Operetten-Theaters, die in diesem Genre zu Hause waren, halfen mir sehr kollegial und machten mir Mut, mich zu meinen, vielleicht etwas vernachlässigten, komischen Mitteln zu bekennen.

Als gegen Ende der Proben wundervolle Kostüme, eine traumhafte rote Perücke und die unumgängliche weiße Federboa hinzukamen, gab es kein Zurück mehr. Die letzte Hürde war genommen, als das Orchester loslegte. Nein, doch nicht die letzte. Da war noch etwas: In der Musik gab es eine Stelle, in der der Melodienbogen von einem rhythmischen Zwischenspiel unterbrochen wird, in dem vor allem das Schlagzeug dominiert. Da muss doch auf der Bühne eine darstellerische Entsprechung sein, überlegte ich. Hatte ich nicht als Schauspielschülerin einmal Steppen gelernt?

Es waren nur noch wenige Tage vor der Premiere, ich rief die Kostümabteilung an, ob sie mir ein Paar Steppschuhe ausleihen würden. Etwas irritiert entsprach man meinem Wunsch. In meinem Badezimmer – es ist der einzige Raum in der Wohnung, der nicht mit Teppich ausgelegt ist – versuchte ich die ersten Schritte – und es gelang. Im Takt der Musik, die ich mir dazu vom Tonband einspielte, klapperte ich zwischen Badewanne und Toilette den Rhythmus auf die Fliesen. Der Choreografin gestand ich meinen Vorschlag. Etwas skeptisch über meine Idee verabredeten wir, meine Tanzeinlage noch geheim zu halten. Erst auf einer der letzten Proben vor der Premiere überraschte ich das Ensemble mit einem kleinen »Stepp«. Dass einige der Musiker mitten im Spiel innehielten, aufstanden und nach oben auf die Bühne schauten, wer da was tanzt, tat mir natürlich gut. Das Experiment gelang. Die Premiere wurde ein großer Erfolg. Eine Zeitung überschrieb die Kritik: »Die May kann eben alles.« So sehr ein solches Lob freut, belastet es zugleich, macht die Arbeit nicht leichter, immer einem derartigen Anspruch gerecht zu werden.

Die schönste Freude bereitete mir Helene Weigel. Zur Premiere schickte sie mir zwei Hutnadeln, original aus der Zeit der Jahrhundertwende, mit denen man damals wagenradgroße Hüte auf dem Kopf balancierte. Irgendwo in einem der Antiquitätenläden, in denen die Weigel oft mit kundigem Griff etwas Besonderes entdeckte, war meine »Chefin« fündig geworden. Ich habe die Hutnadeln noch heute.

Wenn ich mich zur Vorstellung ins Metropol-Theater begab, war der Weg nicht viel weiter, als der ins Berliner Ensemble. Auf der einen Seite am Spreeufer befindet sich das Theater am Schiffbauerdamm – dort spielte ich die »Courage«, auf der anderen Seite der Spree das Metropol-Theater – dort stand ich als »Dolly« auf der Bühne. Von der einen Welt des Theaters pendelte ich in die andere. So nah kamen sich »U« und »E«. Dazwischen lag nur die Weidendammer Brücke und die Spree.

Zwischenfall bei »Dolly«

Die Rolle der Dolly hat unzweifelhaft viele Vorzüge. Erstens ist Dolly die Hauptperson im Stück, und das ist immer schön. Zweitens wird sie von ungefähr 50 Männern umschwärmt, die ihr im Chor immer wieder versichern, wie einmalig sie ist, so dass das Publikum es allmählich auch glaubt. Drittens hat Dolly Gelegenheit zu zeigen, dass sie nicht nur spielen, sondern auch singen und tanzen kann. Viertens wird ihr auf der Bühne ein großes Dinner serviert, und sie darf es ganz allein verspeisen.

Dolly Myer in »Hallo Dolly« von John Herman und Michael Stewart.
Metropol-Theater Berlin, 1970.

Im Metropol-Theater in Berlin bestand dieses Dinner aus Kartoffelklößen, Rote-Beete-Salat und einem gebratenen Hähnchen. In einer Vorstellung war das Huhn wohl schon etwas älter an Jahren und recht zäh. Mit Messer und Gabel konnte ich dem Biest nicht beikommen. Also nahm ich es in die Finger. Dabei riss ich mit solcher Vehemenz den glitschigen Schenkel vom Knochen, dass er in hohem Bogen in den Orchestergraben fiel. Ein leiser Aufprall auf der Pauke. Prusten und Kichern in der »Wanne«, wie man die Versenkung, in der die Musiker sitzen, nennt. Der Schlagzeuger kriegt das Hühnerbein zu fassen, grüßt zu mir herauf und verspeist es mit Genuss. Mir blieben die Knochen.

Altes Hausmittel

Eine junge Schauspielerin mit üppigen Formen steht mit mir auf der Bühne. Wir spielen nicht das erste Mal zusammen. Das klassische Kostüm mit stark geschnürter Korsage und tiefem Ausschnitt bringt ihre Rundungen bestens hervor. Meine männlichen Kollegen können es nicht lassen, immer wieder bewundernde Blicke auf die halbentblößten Kugeln zu werfen, und manch einer wünschte, auch noch das Übrige enthüllt zu sehen. Aber meine Kollegin ist seit Jahren gut verheiratet, da ist nichts zu machen – und der Regisseur bestand auch nicht darauf, die Hüllen fallen zu lassen – damals!

Doch an jenem Abend ruhten auch meine Augen fasziniert auf den Wölbungen, denn ich entdeckte etwas Außergewöhnliches: einen Knutschfleck! Unverkennbar: ein großer, runder, erfolglos überschminkter Knutschfleck! Blitzschnell arbeitete mein Gehirn. Sollte etwa ein leidenschaftlicher Liebhaber in das solide Eheglück eingebrochen sein? Oder sollte der Ehemann selbst nach so vielen Jahren …?

Nicht ohne fragende Anerkennung vertiefte ich mich in den Anblick des Schönheitsfleckes. Meine Kollegin bemerkte es, tänzelte unauffällig an mir vorbei und hauchte: »Denkste! Heiße Kartoffeln!« Die Bemerkung beschäftigte mich die ganze Szene über. Erst nach unserem gemeinsamen Auftritt klärte sie mich auf: »Kennste das nich? Bei Bronchitis heiße Kartoffeln auf die Brust?« »Ein heißer Liebhaber wär' mir lieber«, meinte ich. »Mir auch«, antwortete sie elegisch, nicht ohne eine Spur von Sehnsucht.

Eine Eisenbahnfahrt mit Folgen

Ich hatte mir vorgenommen, die Reise nach Z. dazu zu benutzen, etwas über meine Arbeit, meinen künstlerischen Werdegang aufzuschreiben. Eine lange Bahnfahrt lag vor mir. Ich hatte es mir auf einem Fensterplatz bequem gemacht, den kleinen Tisch heruntergeklappt und eine beachtliche Menge schönes weißes Papier nebst zwei gespitzten Bleistiften darauf gepackt. Im Abteil saß nur noch eine ältere, etwas streng drein schauende Dame. Es bestand keine Gefahr, von ihr in ein Gespräch verwickelt zu werden. Ich war fest entschlossen, die sieben bis acht Stunden, welche die Fahrt nach Z. dauern würde, ungestört von Telefonaten, ohne Handy, nicht gejagt von Terminen, zu nutzen, meine biographischen Daten zu notieren.

Ganz am Anfang war da zunächst nichts anderes als der unzähmbare Drang, andere Menschen nachzuahmen, meine Gedanken, meine Gefühle auszudrücken. Nicht einmal Publikum brauchte ich dazu. Ich spielte überall. Beim Spaziergang im Wald wurde aus einem Baum in meiner Fantasie der Mutter-Gottes-Altar, vor dem Fausts Gretchen ihr verzweifeltes Gebet stammelte. Im Spiegel schaute ich mir zu, wie ich als Luise um den geliebten

Ferdinand bangte. An den warmen Kachelofen geschmiegt – in den schlimmen Jahren der Kohleknappheit allerdings nicht nur aus Spielleidenschaft –, sprach ich als Klärchen mit dem bewunderten Egmont. Und schon als Kind zelebrierte ich das Vater-und-Mutter-Spiel mit größtem Ernst. Die Verhaltensweisen der Erwachsenen waren, unbewusst beobachtet, bereits ins Spiel einbezogen. Und nicht etwa zum Zwecke des »Zur-Schau-Stellens« für andere, sondern einfach aus Spaß an der Verwandlung.

Mit dem Erwachsenwerden, mit dem systematischen Erlernen der Schauspielkunst – zwei Jahre Schauspielschule in Leipzig – und in jahrzehntelanger Ausübung dieses Metiers ging, wie sollte es anders sein, jene elementare Naivität verloren. Technisches Beherrschen der Mittel, handwerkliche Solidität bildeten Schutzwälle gegen uferloses Verströmen. In dem Maße, in dem ich die gesellschaftliche Bedeutung des Schauspielberufes erkannte, schwand das unbekümmerte, elementare Drauflosspielen, wuchs das künstlerische Verantwortungsgefühl, die Selbstkritik.

Im selben Maße, in dem das theoretische Fundament unter den Brettern, die die Welt bedeuten, stabiler wurde, verhinderte es zwar absolute Einbrüche. Gleichzeitig aber verlangte methodisches Produzieren die Auseinandersetzung, analytisches Denken. Und wann wurde uns das in der Historie unseres Berufes je abverlangt! Was waren wir? Hanswurste, Faxenmacher, fahrendes Volk. Im besten Fall Gaukler, Komödianten, Wachs in den Händen der Regisseure, Gefäße, in die der Autor seinen Geist ausgießt.

Bis wir uns von diesem Erbe restlos befreit haben werden, braucht es Zeit. Unsere Emanzipation ist im vollem Gang. Und jede neue Schauspielergeneration, die von unseren Schulen kommt, kann sich besser artikulieren über ihre Arbeit (das schließt nicht unbedingt auch besseres Spiel ein). Wie oft schimmert noch durch alles Bemühen um intellektuellen Habitus unser ererbtes Minderwertigkeitsgefühl hindurch. Befragt nach einfachsten Vorgängen, geben wir komplizierte Erklärungen ab, verfitzen uns im Gestrüpp nicht enden wollender Sätze, bemühen Mode- und Fremdwörter, derer wir uns nicht hundertprozentig sicher sind; sei's drum, wir tun's. Unsicher, aber tapfer streben wir nach intellektueller Anerkennung. Die Rollen, die wir spielen, suchen nicht wir uns aus (das können sich nur wenige Darsteller leisten), sondern der Regisseur, der Produzent, das Besetzungs-, heute »Casting«-Büro.

Die Arbeitsteilung zwischen Regisseur und Schauspieler besteht immer noch aus Regieanweisung – oder, milde gesagt, Anregung – auf der einen Seite und Ausführung durch den Schauspieler auf der anderen Seite. Gewiss, gerade diese Wechselbeziehung ist in Veränderung begriffen. Je mehr wir Schauspieler uns um Einblicke in dramaturgische Zusammenhänge bemühen, je mehr wir szenisch denken lernen, unseren politischen, geistigen, literarischen Horizont erweitern, um so mehr werden wir in die Lage versetzt, dem Regisseur ebenbürtige Partner zu sein. Indifferentes Sich-Unterordnen wird in gleichberechtigte Zusammenarbeit hinüberwachsen. Nur wenn wir den Kopf frei halten von Komplexen, unsere Empfindungen frei von Furcht, von Unterwürfigkeit, die Bedeutung eines Regisseurs nach seiner künstlerischen Substanz beurteilen und, wenn sie groß ist, sie nicht als erdrückend, sondern beglückend empfinden, erst dann ist die Basis für die Entfaltung aller schöpferischen Möglichkeiten da. Freilich gehören zu dieser Arbeitshaltung des Schauspielers bereits einige Erfolgserlebnisse. Als Anfängerin wäre ich zu einer solchen Einstellung nicht fähig gewesen; wie unkompliziert, wie unbekümmert mancher junge Schauspieler heute mit dieser Problematik umgeht, überrascht mich.

Trotzdem: Wir befinden uns in Abhängigkeit vom Stück, in dem wir spielen, vom Bühnenbild, von Kostüm und Maske, von der Konzeption, von der Regie. Wir sind diejenigen, die alles, was an theoretischem, konzeptionellem, intellektuellem Material in die künstlerische Produktion einfließt, auf unsere Individualität übertragen und sinnlich wahrnehmbar machen müssen. Wir stehen »draußen«, nicht der Regisseur, nicht der Autor, nicht der Bühnenbildner. Das macht uns unentbehrlich, das baut uns auf. Dies kann bedeuten, dass wir es sind, die bei günstigen Produktionsbedingungen den Erfolg für die ganze Mannschaft erkämpfen. Es kann aber auch bedeuten, dass wir es sind, die abstruse Verstiegenheiten, Interessantmachereien oder Überspanntheiten auszubaden haben. Wir sind in jedem Fall die Letzten, die die Hunde beißen.

Unser Talent ist immer auf dem Sprung, sich zu beweisen. Nicht in der Theorie, nur in der Praxis vollzieht sich unsere Arbeit, auf sie haben wir ein Recht. Aber wenn eine Begabung keine Chance erhält, sich auszuprobieren, sich zu entfalten, kann sie unentdeckt bleiben, vielleicht ein Leben lang. Wir kommen aus der Abhängigkeit nicht heraus. Welche Aufgaben stellt man uns? Was traut man uns zu? Wer beurteilt uns? Und nach welchen Maßstäben? Gibt es überhaupt objektive, wissenschaftliche Kriterien für die Kunst der Darstellung? Unterliegt die Beurteilung nicht immer subjektiver Einschätzung? Kunst ist eben nicht messbar wie ein Weitsprung, wie die Zehntelsekunde, die ein Läufer schneller ist als ein anderer. Wie vielen Beeinflussungen unterliegen wir im Laufe der Erarbeitung einer Rolle! Das »Gebären« einer Figur geschieht ja nicht an einem Tag. Das wächst in Wochen und Monaten, die Figur wächst auf den Proben und auch noch nach der Premiere. Im Probenprozess vollzieht sich die wichtigste Arbeit des Schauspielers. Hier wird die Rolle bis in alle Tiefen ausgelotet. Allen Situationen, in denen die Figur handelt, wird nachgespürt, jedes fertige Ergebnis wird immer wieder in Frage gestellt. Gemeinsam mit der Regie und den Partnern sind die entsprechenden Haltungen, Drehpunkte, Widersprüche herauszufinden und zu fixieren. Und Fixieren ist schwer. Fixieren heißt Wiederholen, so dass auch die 100. Vorstellung einer Inszenierung noch lebendiges Theater bleibt. Das ist ein nicht zu unterschätzender, künstlerischer Prozess.

Wobei Premieren Torturen besonderer Art sind. Auch hier befinden wir uns in Abhängigkeit. Wie wird das Publikum reagieren? Wird der Regisseur zufrieden sein? Leider hat man am Premierentag oft noch nicht die volle Souveränität des Darüberstehens. Die Forderungen der Regie sind noch zu sehr als Korsett spürbar. Auch kann Premierennervosität die so nötige Selbstkontrolle verhindern oder genau das Gegenteil bewirken, nämlich den »Überdruck«, die spürbare Anstrengung, den Krampf, so dass Lockerheit, Leichtigkeit verloren gehen, die erst zu wirklich beglückenden Ergebnissen führen.

In der seltsamen Lage, Produzierender, Handwerkszeug und Produkt in einem zu sein, sind wir auf der Bühne nicht imstande, unsere Leistungen abgelöst von uns selbst zu betrachten. Ein Maler, ein Komponist, ein Schriftsteller vermag es. Dieses Zwei-Schritt-Zurücktreten vor dem Bild, dieses Beiseitelegen eines kompositorischen, eines poetischen Entwurfs, wie nützlich, wie wertvoll, wie ergiebig für die Weiterarbeit! Vielleicht reagiert der darstellende Künstler darum so empfindlich auf Kritik, weil dies immer auch seinen Körper, sein Gesicht, seine Stimme zum Gegenstand hat, das heißt: zwischen Person und Leistung gar nicht trennen kann. Wir produzieren uns selbst.

Das macht einen Unterschied! Aber bis es soweit ist! Dazwischen liegt eine nicht enden wollende Kette von Bemühungen, Kämpfen, Seligkeiten, Aufregungen und Zweifeln. Die Höhenunterschiede zwischen Erfolg und Enttäuschung, die Kontraste zwischen unerträglicher Spannung und beglückender Lösung wiederholen sich mit quälend gleich bleibender Intensität. Das Warten auf die große Chance – die vielleicht nie kommt – hört nicht auf. Selbstzerstörerische Zweifel auf der einen und egozentrische Selbstüberschätzung auf der anderen Seite beeinflussen den Charakter. Künstlerischer Ehrgeiz frisst an der menschlichen Substanz. Neid, Verbitterung und empfindlichste Sensibilität stellen sich ein. Das alles zusammen gehört zu den Widersprüchen dieses qualvollen künstlerischen Wollens und Seins. Mögen theoretisches Wissen, wissenschaftliche Fundierung, gesellschaftliches Bewusstsein auch helfen, Distanz zu unserer Arbeit zu finden, sie als Teil des Ganzen einzuordnen in größere, wichtigere Belange unserer Gesellschaft: Dieser Beruf ist unser Leben. Wir kleben fest! Wir sind süchtig nach immer neuer Beschäftigung mit ihm. Wir sind ihm verfallen mit Haut und Haar. Als ich diese Unentrinnbarkeit begriff, wuchs bei mir im Laufe der Jahre, eine Art Hassliebe zu ihm. Erst als sich zu meiner schauspielerischen Arbeit die Musik gesellte, betrat ich wieder festeren Boden. Dimensionen eröffneten sich, die überwiegend vergnüglich waren. Neue Ausdrucksmöglichkeiten wurden frei. Im Notenbild fand ich klare Anhaltspunkte, rhythmisch zu erfassende Linien. Hier konnten nicht in so großem Maße Begriffe hin- und hergezerrt werden, wie das dem wehrlosen Wort auf der Sprechbühne oft widerfährt. Ich fand Überprüfbarkeit anhand gesicherter Kriterien: Ein »a« ist ein »a«, ob es nun schön oder schlecht gesungen wird, eine Triole ist eine Triole, und ein Sechsachteltakt ist ein Sechsachteltakt.

Wäre zu meiner schauspielerischen Arbeit nicht die Möglichkeit hinzugekommen, mich durch den gesungenen Vortrag auszudrücken, ich weiß nicht, ob sich dann der Akzent des Wortes »Hassliebe« nicht mehr auf die erste Hälfte des Wortes verlagert hätte. So fand ich in der Musik Gesetzmäßigkeiten, die überschaubar sind. Der vertonte Text erscheint mir oft reizvoller als mancher Schauspiel-Dialog. Die geglückte Mischung aus Literatur und Komposition bereitet mir solches Vergnügen, dass die Schwierigkeiten des Produzierens in den Hintergrund treten. Die Kunstform Lied, Chanson und Song nimmt mich gefangen, ohne mich mit Haut und Haar zu verschlingen. So ist die musikalische Variante, Gedanken und Gefühle auszudrücken – köstliche Zutat zuerst zu meiner schauspielerischen Arbeit –, heute gleichwertige Hauptbeschäftigung für mich geworden, und die Hassliebe zu meiner Arbeit hat sich dank der Musik auf die zweite Silbe des Wortes verlagert.

Spaziergang in Paris, 1973.

Meine Eisenbahnfahrt geht in die letzte Stunde. Ich habe nicht gemerkt, dass die säuerlich drein schauende Dame inzwischen ausgestiegen ist und zwei Geschäftsreisende, hinter Zeitungen versteckt, mir gegenübersitzen. Wahrgenommen habe ich kaum, dass die ebene Landschaft sich inzwischen in sanfte Hügel und Berge am Horizont verwandelt hat. Einzig die Pass-Formalität setzte eine Fermate in meine Schreiberei. Eine vergnügliche sogar, denn ein Grenzpolizist unterzog mich nicht nur einer Kontrolle, sondern bat, nachdem er mich erkannt hatte, um ein Autogramm. Auf dieser Ebene verkehre ich gern mit Staatsbeamten, die auch nur angestellt sind und nichts dafür können, dass sie kontrollieren müssen.

Mehr aber war nicht haften geblieben von jenen Stunden im Zug. Das Nachdenken über den Zauber und die Tücken meines Metiers hatte mich voll in Anspruch genommen.

Nun lege ich das Geschriebene beiseite. Ich schaue durch das angelaufene Zugfenster. Ein Eckchen wische ich mit meinem Taschentuch trocken. Es fängt an, dunkel zu werden. Häuser huschen vorüber, Lichter. Für Sekunden schaue ich in fremde Zimmer: Menschen sitzen am Abendbrottisch. Ich sehe einen Mann auf dem Spaziergang mit seinem Hund, einen anderen in einem gepflegten Gärtchen beim Beschneiden verblühter Rosen. Es ist Sonntag. Alles atmet Geruhsamkeit, Frieden. Ich schaue hinaus und sehne mich danach, dort zu sein, wo ich nicht bin, träume, wie immer in solchen Augenblicken, von einer romantischen Ehe – am liebsten mit einem Oberförster, von einem so ganz anderen Leben, ohne »Höhenflug«, ohne Ehrgeiz, ohne die Last der immer wiederkehrenden Spannungen, ohne Enttäuschungen und Zweifel. Und doch bin ich sicher, dass ich es nicht aushielte, dass ich davonlaufen würde nach vier Wochen schon.

Also bleibe ich, wie ich bin und was ich bin.

Die Eisenbahngleise verzweigen sich. Der Zug holpert über Weichen. Vorortbahnhöfe werden in schnellem Tempo durchfahren. Die beiden Herren legen achtlos die Zeitungen beiseite. Einer hilft mir tatsächlich, meinen Koffer aus dem Gepäcknetz zu heben. Ein rascher Blick in den Spiegel, es könnte sein, dass Reporter am Bahnhof sind, das Fernsehen vielleicht. Der Zug fährt in Z. ein. Eine Gruppe von Leuten auf dem Bahnsteig schaut suchend die Waggons entlang, erkennt mich. Mit Fotoapparat und Blumenstrauß kommen sie auf mich zu. Die Tür klemmt. Ich mache mein Fotografiergesicht und steige aus.

Ich bin am Ziel.

Am Ziel ... ?

Internationale Karriere

Gastspielreisen in fremde Länder erfordern höchste Leistungsfähigkeit, Nervenkraft, Beweglichkeit im Reagieren auf ungewohnte Verhältnisse, aber auch die Aufnahmebereitschaft für neue Eindrücke, Überraschungen und Entdeckungen aller Art. Gewiss mögen derartige Tourneen durch den gleich bleibenden Arbeitsablauf mit Proben, Vorstellungen, Pressekonferenzen, Interviews, Koffer-ein-und-aus-Packerei sich immer ähneln, in den Erlebnissen am Rande aber unterscheiden sie sich so voneinander wie die Länder, wie die Menschen. Ich habe das Publikum fast aller Nationen Europas kennen gelernt. Ich kenne es auf mehreren Kontinenten. Einige kleine Erlebnisse sprechen für sich und für die Personen, denen ich sie verdanke.

Erste Auslandsgastspiele

Nun ist wieder einmal alles erledigt: Die Steppdecke ist aufgeschüttelt. Die zerlesenen Zeitungsseiten, beim Frühstück mit Marmeladenklecksen versehen, liegen auf dem immer größer werdenden Stapel. Die Katze hat befriedigt ihren Fressnapf leergeschlappt und sich gnädig noch einen Schluck Milch genehmigt. Nun besteht sie darauf nachzuschauen, wie draußen das Wetter ist und ob nicht doch ein Vogel unvorsichtig im Gebüsch hockt, um sich ihrer Jagdlust auszuliefern. In der Küche liegt der selbstklebende Haken – leider nicht selbstklebend – mitsamt dem Handtuch auf dem Boden. Willkommener Anlass, das Schreiben weiter hinauszuzögern. Der Griff zum bewährten »Alleskleber«, der ausnahmsweise da liegt, wo er hingehört, ist leider eine Enttäuschung. Der Leim ist längst in der Tube vertrocknet, also bleibt das Handtuch liegen. Nun hat auch noch die freundliche Postbotin, die immer geräuschlos durchs Treppenhaus schleicht, mich mit einem schrillen Klingeln zu Tode erschreckt, und mit einem Berg von Briefen, Prospekten, Spendenaufforderungen und der Garantie eines Millionen-Gewinns beglückt. Der so schön aufgeräumte Schreibtisch vom Vortag sieht wieder aus wie jeden Morgen und mir bleibt nun wohl nichts anderes übrig, als alles liegen zu lassen und mich wieder in die Erinnerung zu begeben, Erinnerungen, von denen man manchmal gar nicht glaubt, dass man sie selbst erlebt hat, so weit liegen sie zurück. Zum Beispiel, wie meine internationale Karriere begann.

Wenn ich es mir recht überlege, begann sie mit einem handfesten Krach, einer lautstarken Auseinandersetzung, die überhaupt nichts mit mir zu tun hatte. Ernst Busch, mein lieber, verehrter Kollege, Volksschauspieler, genannt »Barrikaden-Tauber«, probte am Berliner Ensemble die Hauptrolle des Galilei im gleichnamigen Stück von Brecht. Der Autor selbst führte Regie und auf einer der Proben passierte es; Busch hatte sich in Vorbereitung auf seine Rolle so ausführlich mit Astronomie beschäftigt, sich so intensiv in diese, für ihn bis dahin völlig unbekannte Wissenschaft vertieft, dass sie zu einer Art Leidenschaft wurde. Brecht jedoch ging es in seinem Stück nicht so sehr um wissenschaftliche Genauigkeit. Ihm ging es um die hochaktuelle Frage, wie weit kann wissenschaftliche Verantwortung gehen, wann kann sie missbraucht werden, wann löst sie positive oder negative Prozesse aus. Die konkrete Textstelle, über die es zwischen Brecht und Busch zu einer unüberbrückbaren Auseinandersetzung kam, kann ich zwar nicht nennen, jedenfalls gipfelte der Streit darin, dass Busch mit lautem Knall die Tür des Zuschauerraums zuschmiss und nicht mehr gesehen ward. Jeder, der diesen komplizierten Schauspieler kannte, wusste, dass seine Wutausbrüche erschreckende Dimensionen annehmen konnten, die sowohl bekannt als auch gefürchtet waren. Busch überlegte nicht lange, wie er seiner Gekränktheit am besten

Ausdruck verlieh. Am besten wäre es, schien er gedacht zu haben, wenn er an einem anderen Theater auftreten würde. Genauer gesagt: er ging zur »Konkurrenz«, zum Deutschen Theater. Der Intendant Wolfgang Langhoff griff natürlich begeistert zu, als Busch ihm vorschlug, literarisch-musikalische Matineen zu veranstalten, mit ihm als Hauptperson. Gemeinsam mit einigen sangeskundigen Schauspielern des Theaters könne er viele seiner herrlichen Songs interpretieren. So entstand in kurzer Zeit eine umjubelte Tucholsky-Matinee und – noch provokanter gegen das Brecht-Theater gerichtet – eine Brecht-Matinee. Zu jener Zeit war das Werk des Dichters nur dem Berliner Ensemble vorbehalten. Das war Busch egal oder vielleicht gerade recht.

In beiden Programmen bekam ich nun die Chance, neben Ernst Busch auf der Bühne zu stehen und mich zum ersten Mal einem größeren Publikum nicht nur als Schauspielerin, sondern auch mit meinen musikalischen Fähigkeiten zu präsentieren.

Es dauerte gar nicht lange, bis die ersten Auslandsgastspielangebote vorlagen; aus Brüssel, aus Amsterdam kamen sie. Städte, in denen Busch noch aus der Zeit der Résistance als politischer Sänger bekannt und hoch geschätzt war. Aber auch eine Einladung aus Italien erreichte uns. Das Piccolo Teatro in Milano interessierte sich für den Brecht-Abend. Giorgio Strehler hatte durch seine großartige »Dreigroschenoper«-Inszenierung das italienische Publikum mit Brecht bekannt gemacht. Der Autor selbst hatte die Aufführungen gesehen und überließ begeistert davon alle Aufführungsrechte seiner Stücke für Italien dem Piccolo Teatro, Giorgio Strehler. Damit begann eine Brechtbegeisterung, die zum festen Bestandteil des italienischen Theaterlebens wurde und Mailand war die Stadt, in der meine internationale Karriere begann. Paolo Grassi, Direktor des Piccolo Teatros, der mich neben Ernst Busch auf der Bühne erlebt hatte, schien so von mir beeindruckt, dass einige Wochen nach unserem Gastspiel ein Brief von ihm kam, in dem er mich zu einem Solo-Brecht-Abend einlud.

Konzertankündigung in Rom, 1967.

Diese Einladung erschreckte mich ebenso, wie sie mich reizte. Mein Repertoire mit Brecht-Songs bestand zu jener Zeit allerdings nur aus vier bis fünf Titeln. Um einen ganzen Abend als Solistin zu absolvieren, brauchte ich ein Programm von ca. 20 Liedern. Wie sollte ich das schaffen? Aber der Ehrgeiz war geweckt, die Chance konnte ich mir nicht entgehen lassen. Also fing ich an, die gesamte komponierte Brecht-Literatur zu durchforsten. Ich versuchte alles zu ergattern, was es an Schallplatten-Veröffentlichungen gab. Dann begann ich auszuwählen, eine Konzeption zu erarbeiten und zusammenzubauen. Peter Fischer, bewährter musikalischer Leiter am Deutschen Theater, brachte seine Erfahrungen ein. Wir probten zusammen. Alles parallel zu meiner Schauspielarbeit am Theater, zur Arbeit bei Funk und Film. Es dauerte ungefähr ein halbes Jahr, dann war ich soweit. Das Programm stand. Ich schrieb

Erste Auslandsgastspiele

nach Mailand, wenn Grassi noch interessiert sei, ich käme gern. Umgehend kam die Antwort und mein erstes ausländisches Vertragsangebot. Was die Pass- und Reiseformalitäten anbetraf, wurden sie ziemlich unbürokratisch erledigt. In den politischen und ministeriellen Kreisen der DDR hatte man wohl bald erkannt, dass künstlerisch erfolgreiche Auftritte im Ausland – besonders im westlichen Ausland – durchaus zum Ansehen des Staates beitrugen, aus dem die Künstler kamen. So fand mein erster Soloabend in Milano statt. Es war sicher eine der aufregendsten Vorstellungen meines Lebens. Aber das italienische Publikum reagierte so wunderbar und spontan, dass ich in kürzester Zeit alle Nervosität beiseite schob. Und als am Ende des Abends lautstarke Rufe erklangen, lief ich rasch in die Garderobe, in der meine Dolmetscherin auf mich wartete. Außer Atem fragte ich, was diese bedeuteten. Ich hätte so etwas wie »Biest« verstanden. Marietta beruhigte mich, »bis« bedeutet Zugabe, da capo, erklärte sie. Mit Vergnügen erfüllte ich diese Wünsche. Paolo Grassi empfing mich erleichtert hinter der Bühne. Immerhin war er ein Risiko eingegangen, diesen Abend zu veranstalten. Mit seiner Entdeckung Recht gehabt zu haben, machte ihn stolz und glücklich. Auch mir fiel ein Stein vom Herzen und ich war sehr froh.

Aus dem einen Abend wurden regelmäßige Auftritte in Milano und anderen italienischen Städten. Auch für weitere literarisch-musikalische Programme interessierte man sich. Der Erfolg sprach sich herum. Die Presse nahm Notiz davon. Angebote aus anderen europäischen Ländern kamen – London, Paris, Amsterdam, Stockholm. Ich lernte Europa kennen, wenn auch oft nur Zeit blieb für die Flugplätze, die Auftrittsorte, die Hotels und vielleicht ein paar Stunden zur flüchtigen Stadterkundung. Die Klavierbegleitung der Programme wurde allmählich durch ein prächtiges Instrumentalisten-Ensemble ergänzt. Aber die Vorbereitungen einer Reise kosteten manchmal mehr Nerven als die Tournee selbst. Als Künstler der DDR hatten wir nicht nur die Ausreise zu beantragen,

Paolo Grassi, 1956.

sondern auch die Einreise in die vor allem westlichen Länder. Diese Visa bereiteten uns oft mehr Sorgen. Die Beantragungen erledigte für uns die staatliche Künstleragentur. Oft wussten wir bis zum Tag vor Beginn der Konzerttournee nicht, ob es rechtzeitig mit unseren Pässen klappen würde. Manchmal hatte ich den Eindruck, dass man gar nicht besonders daran interessiert war, uns aus-, aber auch uns einreisen zu lassen. Verunsicherungen gab es auf beiden Seiten, sowohl bei denen, die uns rausließen, als auch bei denen, die den Mut hatten, uns einzuladen. In westlichen Ländern gehörte durchaus Risikobereitschaft und Mut dazu, denn, dass wir nicht mit unpolitischen Programmen auftreten würden, wurde einerseits begrüßt, andererseits aber massiv angegriffen. Damit mussten wir leben. Dem mussten wir uns stellen, mussten Haltung zeigen. Wir wurden nie von einem Agenten oder einer Art Aufpasser begleitet. Das hatte natürlich Vor-, aber auch Nachteile. Die ganze Verantwortung lag bei mir. Unser Boss ist eine »Lady«, meinten meine Musiker scherzhaft. So war ich Reiseleiterin, diplomatisch und finanziell verantwortlich, Beleuchtungs- und Tonmeisterin und Kindermädchen für meine Musiker – alles in einem. Wenn ich dann als Star auf der Bühne stand, war ich meist zu Beginn der Vorstellung schon so genervt und angestrengt, dass ich alle Kräfte zusammennehmen musste, um die über mehr als zwei Stunden dauernde Vorstellung mit Bravour zu bewältigen.

Lotte Lenya und die sieben Todsünden

Prolog

Meine Schwester und ich stammen aus Louisiana
Wo die Wasser des Mississippi unter dem Mond fließen
Wie sie aus den Liedern erfahren können
Und wir wollen einmal dorthin zurückkehren
Lieber heute als morgen.

Wir sind aufgebrochen vor vier Wochen
Nach den großen Städten, unser Glück zu versuchen
Und in sieben Jahren denken wir haben wir es geschafft
Dann gehen wir zurück
Aber lieber schon in sechs Jahren.

Denn auf uns warten unsere Eltern und zwei Brüder in Louisiana
Ihnen schicken wir alles Geld, das wir verdienen
Und von diesem Geld soll gebaut werden
Ein kleines Haus am Mississippifluß in Louisiana
Nicht wahr, Anna?
Ja, Anna.

Meine Schwester ist schön, ich bin praktisch.
Meine Schwester ist ein bißchen verrückt, ich bin bei Verstand.
Wir sind eigentlich nicht zwei Personen
Sondern nur eine einzige.
Wir heißen beide Anna
Wir haben eine Vergangenheit und eine Zukunft
Ein Herz und ein Sparkassenbuch
Und jede macht nur, was für die andere gut ist
Nicht wahr, Anna?
Ja, Anna.

(Aus: »Die sieben Todsünden der Kleinbürger« von Bertolt Brecht)

Die Rolle, über die ich mit Helene Weigel in eine heftige Auseinandersetzung geriet, weil mein Argument, mein ganzes »Lebensglück« hänge an dieser Aufgabe, von ihr mit dem Gegenargument vom Tisch gefegt wurde: Wer hätte in der Emigration an ihr Lebensglück gedacht. Diese Rolle war die Anna im Ballett mit Gesang »Die sieben Todsünden der Kleinbürger«. Um diese Figur an der Deutschen Staatsoper zu spielen, brauchte ich den Urlaub vom Berliner Ensemble. Ich bekam ihn trotz unseres Streits.

Es wurde eine meiner beglückendsten Arbeiten, nicht weil sie so leicht, sondern weil sie so schwer war. Weill hatte eine hinreißende Musik für großes Orchester komponiert. Brechts Libretto war ein genialer Wurf. Diesem musikalischen Anspruch gerecht zu werden, aber ebenso die schauspielerischen Höhen und Tiefen dieser Anna, die Widersprüche der Figur auszuloten, und in der Choreografie, im tänzerischen Geschehen aktiv zu agieren, war eine immense Aufgabe. Hinzukam, dass ich zum ersten Mal mit einem großen Orchester singen würde. Erstmalig waren meine Partner nicht Schauspieler, sondern Tänzer und Opernsänger. Brecht hatte der Anna eine Familie hinzugefügt und Weill hatte sich den Spaß erlaubt, die Mutter für einen Bass zu komponieren. Der Vater erhielt einen Bariton. Da natürlich ein Tenor in der Besetzung nicht fehlen durfte, wurden in der Staatsoperninszenierung Peter Schreier und ein weiterer Bariton meine Brüder. Zusammen mit Vater und Mutter gaben sie eine prächtige Familie ab, die als köstliches Gesangsquartett den Weg ihrer in die Welt geschickten Töchter kommentierten.

Als wir mit den Orchesterproben begannen, war ich in der Musik schon »zu Hause«.

Ich hatte das Glück, Lotte Lenya als Anna bei einem Gastspiel zu erleben. Für sie hatte Weill das Werk geschrieben. Sie, als seine

Lebensgefährtin, war die ideale Interpretin seiner Song-Kompositionen. Vielen davon verhalf die Lenya zu populärem Erfolg. Nach der umjubelten Vorstellung an jenem Abend besuchte ich sie in ihrer Garderobe, und obwohl wir beide uns bis dahin noch nicht persönlich kannten, kam es gleich zu einem lebhaften Gespräch. Das funktionierte besonders gut, weil ich zunächst mit einem großen Kompliment begann. Dass ich inzwischen den noch in keinem Verlag erschienenen Klavierauszug, eine Kostbarkeit, besaß, sagte ich nicht. Ich war mir nicht sicher, wie sie darauf reagieren würde. Wollte sie am Ende die Exklusivität dieser Partie der Anna nur für sich beanspruchen? Aber das Gegenteil geschah. Schon bald sagte sie völlig umkompliziert: »Die Anna, das wäre doch auch eine großartige Aufgabe für Sie.« Nun konnte ich damit herausrücken, dass Paolo Grassi mir anlässlich eines Gastspiels in Mailand die Noten überlassen und hinzugefügt hatte, die Lenya habe ihm die Komposition der »Todsünden« persönlich mit der Bemerkung überreicht, wenn er einmal jemanden wüsste, der die Partie singen könnte, solle er die Noten weitergeben. Die Lenya erinnerte sich an diese Begegnung mit Grassi, war sehr erfreut, und wir versicherten uns, weiter miteinander in Kontakt zu bleiben.

Jahre später kam es dazu. In New York! Und zwar saß sie nun in meiner Vorstellung im Zuschauerraum. Die amerikanischen Musiker, die mich begleiteten, hatten mir verraten, dass sie, die Lenya, am Vortag Geburtstag gehabt hätte. So gratulierte ich ihr von der Bühne herab. Sie erhob sich, genoss die Würdigung ihrer Person und den großen Applaus des Publikums und nach Beendigung meines Recitals besuchte sie mich nun in der Garderobe. Problemlos setzten wir unser Gespräch fort und redeten und redeten, als lägen keine Jahre zwischen unserer letzten Begegnung in Frankfurt und unserem Wiedersehen in New York.

Die Rolle – oder besser gesagt, die Partie der Anna – begegnete mir mehrmals. Zunächst als Schallplattenproduktion. Das Leipziger Rundfunksymphonieorchester hatte sich, vor allem was die moderne Musik betraf, einen erstklassigen Namen gemacht. Herbert Kegel, der Chefdirigent dieses Klangkörpers besaß eine Vorliebe für dieses Repertoire und beherrschte es souverän. Er bestand darauf, das Werk als Gesamtaufnahme einzuspielen. Die bequemere Variante für uns Sänger wäre gewesen, zuerst nur das Orchester aufzunehmen, um uns Gesangssolisten dann die Gelegenheit zu geben, mit dem fertigen Musikband zu arbeiten und später unsere Stimmen einzufügen. Das lehnte Kegel ab, die Dynamik des Gesamtwerks ginge dann verloren. So bestand nicht die Möglichkeit in aller Ruhe auszuprobieren, zu unterbrechen, so oft zu wiederholen, bis wir die beste Fassung erreichten. Nach vier Aufnahmetagen waren wir alle erschöpft, aber einigermaßen zufrieden. Kaum eine Stelle musste wiederholt werden. Wir gratulierten uns gegenseitig.

Drei Tage später kam eine Schreckensmeldung. Das ganze Band sei unbrauchbar. Ein technischer Fehler! Niemand wusste wieso und woher: Wir hatten im »weißen« Saal im Zoo produziert. Im Leipziger Rundfunkgebäude stand damals kein geeigneter Konzertsaal für die Größe des Orchesters zur Verfügung. Die technischen Bedingungen waren sowieso nicht optimal. An den Sauerkrautgeruch aus den Betriebsküchen hatten wir uns schon gewöhnt.

Nur noch zwei Aufnahmetermine blieben uns. Wieder standen wir Solisten unter dem Druck, uns bloß keine Fehler zu erlauben, sonst hätte das ganze Orchester abbrechen und größere Passagen wiederholen müssen. Dass Musiker das gar nicht mögen und den entsprechenden Unmut darüber auch gelegentlich nicht verbergen, ist bekannt. Peter Schreier, wunderbarer Mozarttenor, einer meiner »Brüder«, gab mir noch einen Tipp, was einen für mich extrem hohen und daher gefürchteten Ton anbetraf.

Mit Maurice Chevalier bei der Verleihung des »Grand prix du disque« in Paris.

Wir schafften es! Die Aufnahme, unter so schwierigen Bedingungen entstanden, erhielt eine hohe internationale Auszeichnung: den »Grand prix du disque« in Paris. In einem Telegramm wurde ich eingeladen, den Preis in Empfang zu nehmen. Bis zu diesem Augenblick hatte ich nicht einmal gewusst, dass es diese renommierte Auszeichnung überhaupt gab. Auch für unsere Schallplattenfirma war es eine hohe Wertschätzung. Ich fuhr nach Paris. Die Zustimmung zur Reise wurde für diesen Anlass schnell erteilt. Wieder einmal war ich in einer extrem ungewohnten Situation. Ich fühlte mich sehr allein, niemand betreute mich. Im Palais d'Orsay fand der Empfang statt. Damals wurde zwar noch nicht so ein Rummel wie heute um die Preisverleihung gemacht, aber feierlich war es schon, obwohl kein Couvert geöffnet wurde und kein Laudator sagte: »The winner is …«. Man überreichte mir ein Stück Pappe, auf dem mit Ausziehtusche in Schönschrift alles Wesentliche deutlich zu lesen war. Viel aufregender fand ich, dass neben mir auch der große französische Schauspieler Maurice Chevalier, charmanter und populärer Film- und Bühnenstar, den Preis erhielt und sich riesig darüber freute. Da freute ich mich dann auch richtig. Ein Couvert mit etwas drin, gab's nicht … Reisekosten mit Hotel wurden übernommen, die Ehre gab's umsonst.

Als dann die Deutsche Staatsoper in Berlin das Werk auf die Bühne brachte – die Zustimmung von Helene Weigel hatte ich schon in der Tasche – folgte der musikalischen Umsetzung nun die Bühnenversion.

Die Choreographin Grita Krätke brachte eine außerordentlich eindrucksvolle Ballettversion auf die Bühne. Gerade der Anfang des Werkes war von großer Intensität. Ich erinnere mich, dass wir beiden Annas, die singende und die tanzende, tief im Hintergrund der Bühne Aufstellung genommen hatten. Gleich gekleidet, gleich geschminkt und frisiert, von einem großen schwarzen Umhang eingehüllt, legten wir den Arm umeinander. Mit dem ersten Ton des Orchesters öffnete sich langsam der Vorhang. Im Spot der Scheinwerfer bewegten wir uns im Rhythmus der Musik, im Gleichklang unserer Körper über die 20 Meter der gesamten Bühnentiefe bis an die Rampe. Genau mit dem ersten Gesangston hatten wir den Punkt erreicht, von wo aus wir in den riesigen Zuschauerraum sahen. Der Dirigent gab den Einsatz und der Prolog begann. Hochspannung auf der Bühne, Hochspannung im Orchester und im Zuschauerraum: Höhepunkte, die man im Leben nicht vergisst. In einer konzertanten Fassung der »Sieben Todsünden« konnte ich die Musik dann noch auf vielen Stationen, die im Werk von Brecht Erwähnung finden, interpretieren.

Auf diese Weise lernte ich diverse internationale Orchester und deren Dirigenten kennen: New Orleans, Philadelphia, Boston, Stationen auf der Reise der Anna. Todsünden waren es sicher nicht, die ich dabei beging, sondern viel eher erlebte ich vielfältige Genüsse, so wie sie von Brecht gemeint sind, wenn er den religiösen Sünden auf den Grund geht und sie zu menschlichen Bedürfnissen umkehrt.

Brecht auf der Piazza

Spätestens als wir in Forli, der kleinen mittelitalienischen Bahnstation, aus dem vollklimatisierten kühlen Rapido stiegen, wussten wir, dass wir, soweit es das Wetter betraf, jetzt eine Woche lang für unsere verregneten Ferien entschädigt würden. Die mittäglich dahin brütende Hitze auf dem Bahnsteig verschlug uns den Atem. Freilich, Ferien würden es nicht werden. Eine harte Tournee stand uns bevor mit einer Reihe von Non-Stop-Konzerten. Nun, wir waren gut vorbereitet und freuten uns darauf.

Walter K. schulterte seinen Kontrabass, den noch Stunden zuvor ein Knirps auf dem Flugplatz von Wien mit dem entzückten Ausruf kommentiert hatte: »Mein Gott, was für eine riesige Gitarre!« Trompete, Klarinette und Schlagzeug waren unkompliziertes Reisegepäck. Ich trug die kleine Trommel, die sich an meinem Arm wie eine aus der Mode gekommene Hutschachtel ausnahm. Am besten hatte es Henry, unser »Maestro« und Pianist. Sein Instrument wurde jeweils am Ort geliefert. Der erste hieß Ravenna. Ein Auto vom Typ Lancia, das für die gesamte Dauer der Tournee zur Verfügung stehen sollte, brachte uns in mäßigem Tempo in diese an kulturgeschichtlichen Denkmälern überreiche Stadt.

»Wir gaben uns die Ehre im Freien«, in einer »Freilustvorstellung«, wie unser italienischer Konzertagent versehentlich in seinen spärlichen Deutschkenntnissen sagte. Wir fanden das gar nicht so unrichtig, denn Lust auf die Begegnung mit dem italienischen Publikum hatten wir auf jeden Fall. Die Dekoration für unsere Vorstellung bildete ein historisches Kastell mit einem riesigen quadratischen Innenhof in vollendeter architektonischer Schönheit aus dem 6. Jahrhundert. Aus dem 20. stammte die Verstärkeranlage, die besten Ton garantierte. Das Publikum sorgte für die nötige Aufregung. Als ich die Bühne betrat, dachte ich: Wie aufmerksam, man hat den Bühnenboden noch einmal feucht gewischt. Als ich den Flügel sah, dachte ich: Warum auch den? Seine schwarze Politur schimmerte nass. Ich schaute Henry an, er mich – und dann entdeckte ich den Irrtum. Nicht übertriebene Reinlichkeit hatte hier gewaltet, sondern Luftfeuchtigkeit! Sie hatte alles mit Nässe durchtränkt. Die Noten wellten sich vor Feuchtigkeit, die Tasten mussten erst trockengespielt werden. Die Klappen am Saxophon klemmten, und das Mundstück der Klarinette bekam einen Riss. Meine Frisur war in Kürze keine mehr, die Haare hingen in Strähnen herunter. Aber die Naturtücken wurden hinweggefegt von der Begeisterungsfähigkeit des Publikums. Es hörte die Lieder und Texte von Brecht, nahm begierig deren politisch revolutionäre Inhalte auf. Künstlerisches Interesse mischte sich mit politischer Wachheit.

Als ich nach der Vorstellung in meine Garderobe kam – ein Wellblechverschlag hinter der Bühne –, wurde ich von einem Schwarm Mücken empfangen, der vom Licht angezogen worden war. Doch das störte mich wenig nach solch einem Abend! Noch tief in der Nacht führte uns unser italienischer Freund zu den alten Kirchen der Stadt, zum Mausoleum Theoderichs, und natürlich ließ er es sich nicht nehmen, uns zu zeigen, wo Dante »gegraben« ist. Ich brachte es nicht übers Herz, diese lustige sprachliche Verwechslung zu korrigieren.

Lange nach Mitternacht saßen wir noch im Vorgarten einer kleinen Pizzeria, genossen die warme Nachtluft. Eine Dame des käuflichen Gewerbes wechselte an der Bar den 100 000-Lire-Schein ihres Kunden und eilte mit dem Wechselgeld zurück zu ihrem Kleinstbetrieb, dem Auto.

Am nächsten Morgen konnten wir uns am Strand davon überzeugen, dass die von Dante besungene Beatrice viele Nachfolgerinnen bekommen hatte. Allerdings sind die jungen Damen mit ihren Reizen heute freigebiger. Die knapp geschnittenen Bikinis enthüllen mehr, als sie verdecken. Aber italienische Mädchen können es sich leisten. Man fragt sich, wo all die Spaghettis und Makkaronis bleiben, die so pro Tag verspeist werden.

Modena, die reichste Stadt Emiliens, war unsere nächste Station. Vom Reichtum merkt man zwar nicht viel. Wie in den meisten italienischen Städten ist das Zentrum noch nicht durch Stahlbeton-Hochhausriesen entstellt. Diesmal findet unser Auftritt auf der Grande Piazza statt. Schmale Gassen aus mehreren Jahrhunderten öffnen sich zu weiten Plätzen. Eindrucksvolle Palazzi und barocke Kathedralen bieten schönste Kontraste. Hier bilden der Dom auf der einen und das Rathaus auf der anderen Seite ein weites Dreieck, in das unser Auftrittspodest hineinpasste. Vor dieser traumhaften Kulisse finden fast täglich künstlerische Programme statt. Theatergastspiele, Konzerte, Auftritte von Solisten. Das Publikum nutzt die Gelegenheit, kommt oft schon Stunden vor Vorstellungsbeginn, genießt das geruhsame Sitzen auf den Holzbänken, plaudert lautstark und temperamentvoll, schaut interessiert der technischen Probe zu. Ein Novum für uns. Vor aller Augen mussten die Scheinwerfer gerichtet, musste die Lautstärke der Mikrofone ausprobiert werden. Die geheimnisvolle Vorbereitung hinter verschlossenem Vorhang entfiel.

Gegen 21.30 Uhr begannen wir Ernst zu machen. Neben den etwa 2 000 Zuschauern, die sich eingefunden hatten, schaute uns auch Santa Maria zu. In einer Nische des Rathauses stand sie in kitschig himmelblauer Schönheit; Zutat des 20. Jahrhunderts: Ihr Heiligenschein, bestehend aus lauter kleinen, elektrisch leuchtenden Sternchen glühte unverdrossen, was immer ich sang und vieles war, weiß Gott, nicht für ihre Ohren bestimmt. Die Domglocken setzten dröhnend und just im richtigen Moment ein, als ich aus »Mutter Courage« sang: »Hier seht ihr gottesfürcht'ge Leut, haltend die zehn Gebot'.« Zehnmal bekräftigten es die Glockenschläge und brachten mich fast aus dem Rhythmus. Auf andere, weltlichere Weise gelang es einer Platzanweiserin, meine Musiker ins Schwanken zu bringen. In unglaublich engen Hosen, die allerhand sehen und noch mehr ahnen ließen, zog sie die Blicke auf sich. Die Frage, wie sie in die Dinger hineingekommen war, beschäftigte uns noch lange. Offenbar konnte sie in ihnen nicht sitzen, sondern nur stehen. Jedenfalls spazierte sie den ganzen Abend mit leicht schaukelndem Hinterteil über den Platz. Beim »Moon of Alabama« ging dann tatsächlich noch der Mond auf. Die Luft war mild und weich. Der »Canto di pace« erklang bis in die äußersten Ecken der Piazza und verlor sich im nächtlichen Himmel. In wie vielen Städten der Welt hatte ich das Lied schon gesungen! Noch nie vor solcher Kulisse, in solcher Sternennacht.

Den Höhepunkt dieser ungewöhnlichen Tournee bildete unser Auftritt in Bologna, der »roten Stadt«, nicht nur der politischen Haltung ihrer Bewohner wegen so genannt, die in breiten Schichten links denken – der brutale faschistische Bombenanschlag vor Jahren zündete nicht zufällig in Bolognas Hauptbahnhof –, sondern auch, weil die Häuser der Stadt seit Jahrhunderten in allen Schattierungen von leuchtendem Rot bis zu warmem Gelborange getönt sind.

Hier, im Inneren des Landes, weitab vom Meer, war die Hitze am größten. Im Hotel wurde ein Airconditioner ins Zimmer geschoben, ein Apparat in der Größe eines Fernsehgeräts. Das Ding verursachte zwar den gewaltigen Lärm eines mittleren Düsenflugzeuges, aber der Krach war weitaus beeindruckender als die Kühle, auf die man vergeblich wartete.

In Bologna nun stand das bedenklichste Wagnis bevor. Auf der größten Piazza der Stadt, in den Dimensionen etwa dem Berliner Alexanderplatz vergleichbar, war unser Spielpodest errichtet worden. Zum Umkleiden hatte man uns dreist und gottesfürchtig die Prunkräume des Schlosses zu Verfügung gestellt. Nachdem wir 60 ausgewaschene Sandsteinstufen hinaufgestiegen waren, erreichten wir den reizendsten kleinen, von blühenden Oleanderbäumen umsäumten Terrassenhof, den man sich denken kann. Wir schauten durch die hohen Fenster des Prunksaales. Mir wurde schwindlig. Ich sah die in Scharen wimmelnden Menschen auf dem Platz, die schon unser zu harren schienen. Tausende. Viele hatten sich bereits auf den breiten Stufen des Doms niedergelassen, der wieder mit seinem Glockengeläut auf mich wartete, oder hatten sich einfach auf den Steinboden gesetzt – in der nächtlichen, nicht nachlassenden Wärme gar kein so unangenehmer Platz. Ein junger Mann hatte es sich besonders bequem gemacht. Den Kopf in den Schoß seines Mädchens gebettet, lag er lang ausgestreckt in völliger Gelöstheit. Ein Zustand, den Brecht für seine Zuschauer sicher als begrüßenswert empfunden hätte. Sogar ein Schäferhund war unter die Menge geraten, gleich vorn am Podest – seine spitzen Ohren spielten nervös.

Auch hier wieder technische Probe vor aller Augen. Als ich in das Mikrofon hineinhauchte, erschrak ich. So ungefähr stellte ich mir das Atmen eines Dinosauriers vor. Unsere Songs wurden durch elf Lautsprecherboxen bis in die entlegensten Seitenstraßen ausgestrahlt. Es stellte sich bald heraus, dass durch die riesigen Dimensionen dieser Veranstaltung eine neue oder jedenfalls andere künstlerische Qualität entstand. Brecht wurde nicht von einem kleinen Kreis kunstverständiger Leute genossen. Es gab Brecht für alle. Die Veranstalter hatten für richtig empfunden, keine Eintrittspreise zu erheben, und jedem freigestellt, zu kommen oder auch zu gehen. Unsere anfängliche Befürchtung, dies könne sich nachteilig auf die Aufmerksamkeit auswirken, zerstreute sich schnell. Die

Schar der Zuhörer nahm ständig zu, und als wir am Ende des Programms mit dem »Canto di solidarieta del proletariat« einsetzten, mögen es 6 000 gewesen sein, die in lautstarke Zustimmung ausbrachen. Umarmungen, Händeschütteln, Unterschriften zum Schluss der Vorstellung. Umlagert von Wissbegierigen, bahnten wir uns den Weg zu unserem 500 Meter weiter gelegenen Stadtschloss.

Und dann kam der Augenblick, auf den wir uns den ganzen heißen Tag lang gefreut hatten. Wir saßen in unserer Pizzeria unter freiem Himmel bis tief nach Mitternacht. Langsam wurde es kühler. Die unerträgliche Hitze auf jenem Platz, der schattenlos die Sonne des Tages gespeichert hatte, um sie dann nachts – von den Scheinwerfern verstärkt – wiederzugeben, war vergessen. Vergessen der Schweiß, der mir den Rücken heruntergelaufen war, als bei den Liedern der »Courage« Kopf und Schultern in einem dicken, grauen Wolltuch steckten. Nun schütteten wir »aqua minerale« flaschenweise in unsere ausgedürsteten Kehlen. »Vino rosso« floss hinterher.

Zum Abschied überreichte der Wirt, mit dem wir uns in den wenigen Tagen angefreundet hatten, jedem von uns einen Esslöffel, auf dem ein Stück Zucker in einer bräunlichen Flüssigkeit schwamm. Ahnungslos schluckte ich als erste. Binnen Bruchteil von Sekunden glaubte ich zu explodieren. Henry, an einiges gewöhnt, bekam einen Hustenanfall. Meinen Musikern, harten Männern, traten Tränen in die Augen. Ich sah es nicht ohne Genugtuung. Das Teufelszeug bestand aus 80-prozentigem Alkohol. Der Name der Essenz blieb das Geheimnis des Wirts.

Am nächsten Tag in der Mittagsglut mit Taxis zum Flugplatz. In den Autos staute sich die Hitze bis zur Unerträglichkeit. Am schlimmsten war es, wenn es an einer Verkehrsampel zu Stauungen kam und die Fahrzeuge ohne den geringsten Fahrtwind im grellen Sonnenlicht warteten. An einer Ampel auf unserer Fahrt zum Flugplatz schienen die haltenden Autos das stoppende Rot nicht mehr aushalten zu können.

Wütende Hupkonzerte setzten ein. Einem Fahrer in einem kleinen roten Fiat gingen die Nerven durch. Blitzschnell sprang er aus seinem winzigen Gefährt, sauste zu dem hinter ihm infernalisch hupenden Wagen, stukte dessen Schnauze mehrmals kräftig auf den Asphalt, hatte gerade noch Zeit, wieder in sein rotes Minimobil zu springen, schon schaltete die Ampel auf grün. Im Nu löste sich das Tohuwabohu auf, und auch für uns hieß es grünes Licht für die Heimreise in unsere kühleren, heimatlichen Gefilde.

Der Hut

Bei einem der ersten Auftritte in Rom gastierte ich in einem Theater, das in dem Ruf stand, etwas versnobt zu sein. Jedenfalls, was die Ausstattung anbetraf, schien es zu stimmen. Der Zuschauerraum, die Sitze, die Gobelins, die Wände, alles war mit hellgrauem Seidenmoiré bespannt. Das ganze Haus, direkt gegenüber dem Forum Romanum gelegen, glänzte in grauer Seide. Und noch etwas glänzte: meine Nase. Ein mordsmäßiger Schnupfen hatte mich erwischt und verlieh meiner Stimme einen nasalen Klang, wie er eher für französische Chansons geeignet gewesen wäre als für Brecht. Zur Vorsicht hatte ich mir an vielen Orten auf der Bühne Taschentücher deponiert, für alle Fälle. Im Publikum erlauchte Gäste. Prominentester Zuschauer: der große Schauspieler und Filmregisseur Vittorio de Sica.

Neugierig, ob er wirklich so schön sei, wie er mir aus Filmen im Gedächtnis geblieben war, konnte ich mir nicht verkneifen, vor der Vorstellung einen Blick durch das in »richtigen« Theatern vorhandene Guckloch im Vorhang zu werfen. Den berühmten Mann zu entdecken und mich davon zu überzeugen, dass die Filme nicht gelogen hatten, war nicht schwer. Aber noch etwas entdeckte ich im Zuschauerraum: einen Hut, einen traumhaft schönen lila Hut! Ich liebe Hüte. Während der ganzen Vorstellung sah ich immer wieder die silberweißen Haare von de Sica und diesen Hut! Ansonsten hatte ich, vom Licht geblendet, vor allem mit meinem Schnupfen zu kämpfen. Ich kam jedoch ohne Zuhilfenahme der Taschentücher über die Runden. Lampenfieber scheint eine gute Medizin zu sein.

Nach Beendigung des Programms wie üblich heilloses Gedränge in der Garderobe. Besucher über Besucher, vom Manager spendierte Cocktails, Händeschütteln, Komplimente, Floskeln. Und unter all den illustren Gratulanten der Hut, der schöne lila Hut, zugehörig zu einer aparten Frau, die sich alsbald als Kollegin zu erkennen gab. Natürlich! Wer sonst hat den Mut, solch auffälliges Traumgebilde auf dem Kopf zu tragen? Wir kamen ins Gespräch, sie stellte mir ihren Begleiter vor, einen etwas zerknitterten kleinen Mann. Während wir noch plauderten, öffnete er dezent das Smokingjackett – warm genug war es in der kleinen Garderobe mit den vielen Leuten – und ließ auf blütenweißer Hemdbrust eine eingestickte mehrzackige Krone sehen. Ehe ich auf die Idee hätte kommen können, es handele sich um das Firmenzeichen einer Wäschefirma, erwähnte meine lilabehütete Kollegin in gekonnter Bescheidenheit, ihr Mann sei ein Conte, aus altem Adelsgeschlecht. Mir ging ein Licht auf! Hätte ich sie jetzt etwa mit Contessa ansprechen müssen? Offensichtlich war ihr bei dieser Verbindung weniger an dem Mann als an seinem Geld und Titel gelegen. Immerhin hatte sie, um beider Vorzüge teilhaftig zu werden, ihre Karriere aufgegeben. Ich konnte mich entsinnen, sie vor einiger Zeit einmal auf einer Bühne in Hamburg gesehen zu haben. Sie war mir als vorzügliche Schauspielerin in Erinnerung geblieben.

Um noch ein bisschen miteinander zu plaudern, beschlossen wir, gemeinsam zu essen. Das Restaurant, welches der Conte ausgewählt hatte, machte, wie vorauszusehen, einen genauso versnobten Eindruck wie davor das Theater. Mir war's recht. Wir aßen exzellent. Bald steckten meine Kollegin und ich tief in der Fachsimpelei. Der adlige Gemahl verharrte in Schweigen. Plötzlich versteinerte das fröhliche Gesicht meiner Tischnachbarin. Ihrem Blick folgend, entdeckte ich eine Dame, die soeben das Lokal betreten hatte, einen Kaninchenfellmantel locker um die Schulter gelegt. Jedenfalls dachte ich das. Ich sollte mich täuschen. In dem heftigen Wortwechsel, der zwischen meiner Begleiterin und ihrem Mann ausbrach, konnte ich gerade noch die Worte aufschnappen: »Ich habe es dir immer gesagt! Warum habe ich noch keinen Chinchillamantel? So eine Blamage!« Lieber Gott, wie hatte ich das nur verwechseln können!

Für meine Kollegin war der Abend verdorben. Ich aber hatte endlich gelernt, einen Chinchilla- von einem Kaninchenmantel zu unterscheiden. Außer dem Preis stellte ich keinen wesentlichen Unterschied fest.

Island-Saga 1976

»Herzlich willkommen in Iceland!« sagte die schlanke junge Frau, die genauso aussah, wie ich mir eine Isländerin vorgestellt hatte: blond, blauäugig, mit kräftigen, großen Zähnen. Ich bedankte mich für den Blumenstrauß und zog die Baskenmütze tiefer ins Gesicht. Der Flugkapitän hatte uns zwar auf die Temperatur in Island vorbereitet: 15 Grad (im Juni!). Der scharfe Wind aber, der uns auf dem Rollfeld um die Ohren pfiff, machte die Luft um etliche Grade kälter. Da half auch die Sonne nicht, die bei unserer Ankunft so hell schien, dass es den Augen weh tat. Sie wärmte nicht; ungebrochen von Staub, teilte sie Licht und Schatten in harte Kontraste und machte aus der Natur ein überbelichtetes Schwarzweißfoto. Ich fragte mich, ob die prächtigen orangefarbenen Rosen, die ich zur Begrüßung erhalten hatte, wirklich in dem Lande gewachsen sein mochten, von dem wir bis eben aus 8 000 Meter Höhe nichts anderes gesehen hatten als Schnee- und Eisberge, die dann kurz vor der Landung düsterem, schwarzem Gestein gewichen waren. Die Blumen sprachen dafür, dass es die Natur mit dem Namen der Insel Iceland (Eisland) jedenfalls im Sommer nicht wörtlich zu nehmen schien. Später sollten wir erfahren, dass in dortigen Treibhäusern nicht nur Rosen, sondern sogar Bananen gezüchtet werden.

Vom Flugplatz Keflavik, wohl dem einzigen Flughafen Europas, der Passagierflugzeuge und Militärmaschinen (amerikanische, versteht sich!) nebeneinander beherbergt, brachte uns ein bequemer Wagen nach Reykjavik. Diese Fahrt von einer Stunde glich einem Ausflug in eine Mondlandschaft. Beidseitig der Autobahn erstreckte sich jene Steinwüste, die wir bereits von oben gesehen hatten, ohne einen Wald, ohne einen einzigen Baum oder auch nur ein Fleckchen Wiese als chaotisches Meer aus Lava und Stein bis zum Horizont. Felsbrocken hatten sich zu wallähnlichen Mauern zusammengeschoben, andere klafften in tiefen Rissen auseinander. An einigen Stellen wuchs Moos. Doch brachte auch das keine Farbe in die Natur. Grau, ohne Spur von Grün umkrallten die Gewächse wie geschmeidige alte Pelztiere das schwarze Gestein.

Was wir dann über scharfkantige Lavabrocken in großen geschickten Sätzen flüchten sahen, waren tatsächlich Tiere. »Das sind unsere Islandschafe«, erklärte uns Thorwaldsdotter (was »die Tochter von Thorwald« heißt). »Wir haben dreimal soviel Schafe wie Menschen in unserem Land«, ergänzte sie. Mit dieser bemerkenswerten Mitteilung begann unser erstes typisch isländisches Gespräch. Noch oft während unseres Aufenthaltes sollten wir über Schafe sprechen, ihnen begegnen und – sie verspeisen. »Das Fleisch schmeckt sehr gut«, fuhr sie fort, »weil die Tiere die meiste Zeit des Jahres im Freien sind. Auch die Lämmer werden draußen geboren. Im Herbst sammelt der Bauer seine Herde ein, die sich über viele Kilometer verstreut hat, und zählt den Nachwuchs.« Dann empfahl die junge Dame uns noch, unbedingt das Schaffleisch zu versuchen, denn es sei sehr »geschund«.

Bei Thorwaldsdotter war alles sehr »geschund«. Das Baden in den heißen Quellen, was wir mit Vergnügen ausprobierten, das Trinken des klaren isländischen Wassers auf nüchternen Magen, was wir lieber bleiben ließen. Am »geschündesten« erschien uns die Tochter Thorwalds selbst. Mit ihrem Deutsch hatte sie keine Schwierigkeiten, bis auf die s-Laute. Erstaunlicherweise versprach sie sich bei einem der markantesten Worte der deutschen Sprache, das sich durch das »Sch« am Anfang trefflich zum Fluchen eignete, niemals.

Schon am ersten Abend konnten wir uns davon überzeugen, dass das raffiniert zubereitete Hammelfleisch wirklich ausgezeichnet schmeckte. Was allerdings den »Abend« anbetraf, ließ er sich nur durch die Uhrzeit nachweisen. Die Natur präsentierte auch nach Mitternacht noch schönsten Sonnenschein. Bis in die ersten Morgenstunden sahen wir Kinder, die von Ende Mai bis Anfang September Ferien haben (das ist ein Land!), mit ihren Fahrrädern durch die Straßen kurven. Auf dem Baum vor unserem Hotel, das im Windschatten hoher Häuser liegt, findet sich hin und wieder ein seltenes Exemplar: die Amsel.

Das war eine lustige Stadt, auf die ich vom Balkon meines Zimmers mitten in der Nacht im Tageslicht herabschaute. Die Dächer leuchteten in knalligem Rot, in Grün, sogar in Rosa und Violett. Was die Natur dem Land an Farben vorenthält, schienen die Isländer durch die Buntheit ihrer Häuser ausgleichen zu wollen. Die Außenwände der älteren Gebäude sind nicht gemauert, sondern mit Wellblech verkleidet. Das wirkt nicht sehr stabil und macht Lust, im Vorübergehen daran zu klopfen und dann schnell wegzulaufen. Schwer vorstellbar, wie in diesen leichten Behausungen die strengen Winter zu ertragen sind. Kohle gibt es nicht. Holz gibt es nicht. Öl ist teuer und krisengefährdet, muss per

Schiff importiert werden. Aber Wasser gibt es! Heißes Wasser. In Hülle und Fülle. Kostenlos wird dieses Heizmaterial jedem isländischen Haushalt von der Natur geliefert.

Um jenes Phänomen an der Quelle zu sehen, unternahmen wir eine Fahrt ins Innere des Landes mit einem Fahrzeug, das sofort unser helles Entzücken fand. Mittelding zwischen Personenwagen und Lastauto, ausgestattet mit mindestens 120 Pferdestärken, hielt es die schlimmsten Schlaglöcher aus, fraß sich aus verschlammten Wiesen heraus und preschte notfalls auch durch Bäche. Mit derartigen Hindernissen muss der Isländer auf seinen Fahrten rechnen. Die Diplomatengattin, die sich liebenswürdigerweise für unseren Ausflug als Fahrerin zur Verfügung gestellt hatte, wusste mit diesem Riesenvehikel so souverän umzugehen wie ein Fernlastfahrer nach 30-jähriger Berufserfahrung.

An dieser Stelle sei mir eine kleine Abschweifung gestattet – ein Kompliment, gerichtet an die Frauen unserer diplomatischen Vertretungen. Gerade bei kleineren Vertretungen ist eine Diplomatenfrau unter Umständen zugleich Schreibkraft, Einkäuferin, Finanz»mann«, Köchin, kalte Mamsell, Gesellschaftsdame, Reisebegleiterin, Politikerin, Chauffeurin und was weiß ich noch alles. Hin und wieder ist sie auch noch Mutter. Das bringt, zumal wenn die Kinder klein sind, zusätzliche Probleme mit sich. Im fremdsprachigen Ausland fehlen oft Spielgefährten, die Kinder fühlen sich zwangsläufig isoliert. Ihnen muss mehr Zeit gewidmet werden als Zuhause, in der Heimat. Dass diese Aufgaben gelöst werden – und meist mit viel Spaß –, findet meine Hochachtung und scheint mir des Erwähnens wert.

Für das große Interesse an unseren Konzerten sprachen die ausverkauften Vorstellungen als auch die Anwesenheit des isländischen Staatspräsidenten bei einem unserer Festival-Konzerte. Dass er sich obendrein als exzellenter Brecht-Kenner erwies, machte unser Pausengeplauder fast zu einem Gespräch unter Fachleuten.

Zurück zu unserem Ausflug. Wir waren fast zwei Stunden unterwegs. Gleich außerhalb von Reykjavik hatten die asphaltierten Straßen aufgehört. Lavasplitt, breit gefahren, wurde nun als Fahrweg benutzt. Die wenigen Autos, die uns begegneten, kündigten sich lange vor ihrem Auftauchen durch riesige gelbe Staubwolken an. Verkehrsschilder sahen wir kaum. Höchstens einmal den Hinweis: Bru (Brücke) oder: Blindheat (Unübersichtlichkeit)! Ähnlichkeiten zur deutschen Sprache finden sich allenthalben. Unverkennbar der gemeinsame germanische Ursprung.

Die Natur ist unberührt, wirkt leblos, steinern. Der Horizont erscheint in allen Richtungen gleich weit entfernt, nirgends verstellt durch Wälder, kaum durch Häuser, Ortschaften. Erst ganz fern, schwer sichtbar durch Nebel und Dunst, begrenzen Gletscher, Berge mit ewigem Schnee den Blick. Der Sturm hat freie Bahn. Ungehindert tobt er über nackte Felsgebirge, über die Ebenen. Kein Baum bietet Widerstand. Die Steine liegen unbeweglich. Das einzige, was in dieser Landschaft lebendig erscheint, sind die Wolken. Am Himmel ist immer etwas los. Er wechselt minütlich sein Gesicht. Als wir das erste Mal halt machten, waren wir froh über die handgestrickten Socken, über die Gummistiefel im Diplomatengepäck. Die Autotür ließ sich kaum öffnen. Der Sturm stemmte sich dagegen. Endlich hatte er einen Gegner gefunden. Das ließ er uns spüren. Trotzdem wollten wir die Geysire von nahem besehen. Allerdings wären wir an der Attraktion fast vorbeigefahren, hätten wir nicht unsere kundige Begleiterin gehabt. Weder Hinweis- noch Verbotsschilder. Der Tourist, falls einer kommt, wird nicht durch Vorschriften gegängelt. Das Naturereignis zu sehen kostet keinen Pfennig. Vorsichtig begaben wir uns auf das Gelände, das einer gigantischen Bühnendekoration der Faust'schen Walpurgisnacht glich. Überall dampfte und brodelte es in größeren und kleineren Erdlöchern. Nirgends Ummauerungen, welche die wilde Kraft des Wassers zähmen oder regulieren würden. Wo sich eine kleine Pfütze gebildet hatte, tauchte ich meine Hand hinein. Immer noch war das Wasser so heiß, dass ich Henry, meinen Pianisten, warnte, den Versuch zu wiederholen. Seine Finger wurden am Abend noch gebraucht! An den größten Geysir heranzutreten, hätte allerdings bei ungünstigem Wind eine üble heiße Dusche bedeutet. In Abständen von 10 bis 15 Minuten stieg hier ein Berg Wasser hoch, wirklich, das Wasser hob sich wie ein richtiger Berg zu einer durchsichtigen grünen Blase etwa 20 Meter hoch, bis es in einer gewaltigen Fontäne kochend explodierte. Dieses beeindruckende Schauspiel bewunderten wir dreimal. Dann war uns so kalt, dass wir ins Auto flüchteten, die Heizung auf Hochtouren stellten und zum nächsten Ziel, einem berühmten Wasserfall, weiter fuhren. Wieder trafen wir an die zwei Stunden keine anderen Lebewesen als die sattsam bekannten Schafe. Und wenn wir sie nicht selbst sahen, so hingen doch immer wieder an scharfkantigen Steinen oder Stacheldrahtumzäunungen Fetzen ihres zottigen, verfilzt-fettigen Fells. Überall wehten die Wollbüschel im Wind. Hätten wir sie alle eingesammelt, wäre sicher genug für einige Pullover zusammen gekommen.

Nächste Naturattraktion: die Güllfoss (Goldfuß), der Wasserfall. Unser Wagen fuhr dicht an die Böschung heran. Direkt vor uns brach das Flussufer ab. In 30 Meter Tiefe lag das breite Flussbett vor uns. Aufgewühlte Wassermassen drängten in schneller Strömung durch die Schlucht, die das ebene Land tief und breit in bizarren Windungen spaltet. Auch hier kein Schild, das uns gewarnt hätte. Der Tourist wird für mündig befunden, wird der eigenen Vernunft überlassen – natürlich auch der eigenen Gefahr.

Wieder schlüpften wir in die Gummistiefel und stapften etwas schwerfällig den primitiven Trampelpfad entlang. Mit Riesengetöse schoss die gigantische Gischt in mehreren Absätzen und Stufen schwer und schäumend in den Strom. Unmöglich zu erkennen, wann und wo die Wassermassen bei ihrem Sturz aufprallten. Aus der Tiefe quoll eine einzige weiße Wolke zerstäubter Tropfen, die der Sturm erfasste. Eiskalt trieb er sie uns ins Gesicht.

Lange hielten wir das nicht aus, so gewaltig es auch anzuschauen war. Was Wasserfälle anging, so waren Henry und ich Fachleute. Als Weitgereiste hatten wir immerhin die Niagarafälle zum Vergleich. Der legendäre Wasserfall in der Sächsischen Schweiz, der an der Kette liegt, die wie eine Klosettspülung immer dann gezogen wird, wenn sich genug Menschen angesammelt haben, wurde ebenfalls in die Debatte geworfen. Wie dumm, dass der Mensch stets Vergleiche anstellt, wo er Einmaligkeit bewundern sollte. So auch wir. Schreiend, das Gebrüll der Gischt übertönend, kamen wir überein: dieser Wasserfall ist der schönste, den wir gesehen haben, der gewaltigste. Dass er der größte Europas ist, spielte dabei weniger eine Rolle als vielmehr der Umstand, dass hier keinerlei touristische Vermarktung der Natur stattgefunden hatte. Keine Verkaufsbuden hielten Andenken feil, kein Restaurant, nicht einmal eine Eisbude lenkten den Blick auf Speisekarten und Preisschilder ab. Lediglich eine Toilette markierte den Ausflugsort. Das fand ich beachtlich. Im Hinblick auf die Einsamkeit wäre jenes Bedürfnis wohl noch am ehesten ohne zivilisatorischen Komfort zu befriedigen gewesen. Mit dem Hunger schien mir das weitaus schwieriger. Aber die einheimischen Naturfreunde wissen Bescheid. Da macht man eben eine Island-Safari. Unsere bestand aus belegten Brötchen und heißem Tee, den die diplomateneigene Thermosflasche spendete.

Auf der Rückfahrt besichtigten wir noch einen Thingplatz aus dem 8. oder 12. Jahrhundert – auf ein paar Jährchen Unterschied kam es uns Unkundigen nicht an. Da war nichts zu sehen als ein leerer Platz. Lediglich das Wissen um seine Historie entrang uns ein »Oh« und »Aha«. Einen Vergleich mit der Rosstrappe im Harz verkniff ich mir. Er hätte auch nicht gestimmt, denn wo gab es hier den dazugehörigen Fichtenwald! Der Existenz von Wäldern hatten wir uns längst entwöhnt.

Später am Hafen sahen wir Fangschiffe ihre Fracht entladen. Tief griffen die Bagger in die Schiffsbäuche hinein. Die glitschige

Beute an den Zähnen, schwenkten sie über die Ladeflächen der bereitstehenden LKWs und ließen gesäuberte, nach Arten sortierte Fische aus ihren Mäulern rutschen. In Minuten war ein Lastwagen voll, und der nächste rollte heran. Das ging blitzschnell, mit reibungsloser Routine. Glitt bei dem eiligen Geschäft ein fetter Dreipfünder herunter, blieb er liegen. Wir, die wir uns an frühere Notzeiten erinnerten, hätten solch verlorengegangenen Fisch gern mitgenommen. Aber damit wären wir beim Küchenchef unseres vornehmen Hotels schwerlich auf Verständnis gestoßen. Dort standen die delikatesten Fischgerichte täglich zur Auswahl. Bis auf eine Spezialität, die wir nicht auf der Speisekarte fanden, und wir waren froh, dass dem so war: Bei diesem Rezept wird der Fisch drei Wochen in der Erde vergraben, ehe er verspeist wird.

Zurückgekehrt in die bunte Stadt, tranken wir das isländische Bier. Mit seinen zwei Prozent konnten wir es getrost in größeren Mengen konsumieren. Meine Musiker, die unsere Auslandsgastspiele weniger nach dem Erfolg der Konzerte als nach der Qualität des jeweiligen Bieres im Gedächtnis behielten, konnten keinen Kommentar zum isländischen Gebräu abgeben. Sie hatten diesmal zu Hause bleiben müssen. Die Reisekosten, die zwar für ganze Fußballmannschaften und deren zahlreiche Begleiter reichten, standen uns nicht zur Verfügung. Uns traute man offenbar zu, auch mit weit kleinerer Besetzung einen Erfolg zu erzielen. So brachte nur Henry, mein mit allen Cognacs der Welt gewaschener Begleiter, dem Bier die nötige Verachtung entgegen. In drei staatlichen Läden gab es auch Höherprozentiges.

Bei unserem Abschlusskonzert überreichte mir am Ende eine kleine Isländerin in Nationaltracht einen Blumenstrauß. Gerade in dem Augenblick hielt sie ihn mir unter die Nase, als ich mich mit einer tiefen Verbeugung für den Beifall des Publikums bedankte. Das Grünzeug direkt vorm Mund, wurde ich fatal an eines der Islandschafe erinnert. Das Kind musste mich verwechselt haben.

Am letzten Morgen erzählte uns unsere Begleiterin auf der Fahrt zum Flugplatz nebenbei noch von einer Reihe isländischer Kuriositäten und Besonderheiten. Unter anderem erfuhren wir, dass in Reykjavik Hunde verboten sind; dass man keine Trinkgelder gibt und nimmt. Dass 50 Prozent der Kinder unehelich geboren werden, die Inselbevölkerung wirke wohl gern den Folgen denkbarer Inzucht entgegen. Ein Ausländer, der solch »Andenken« zurücklässt, sei nicht unerwünscht, meinte Thorwaldsdotter lachend. Uns schienen für derartige Unternehmungen die Nächte im Winter entschieden zu kalt und im Sommer zu hell.

Doch nahm mit diesem Thema unser Gespräch am frühen Morgen eine Wendung, die jedenfalls Henry schnell munter machte. »Die besten Sachen erfährt man immer erst, wenn es zu spät ist!« sagte er zu Thorwaldsdotter – galant und direkt, wie es seine Art ist, nicht ohne ihr beim Abschied nachdenklich in die blauen Augen zu sehen.

Die Holzperlenkette

Meine erste Vorstellung im Moskauer Wachtangow-Theater geht zu Ende. Das letzte Lied ist gesungen. Aber Schluss ist noch lange nicht. Bitten um Zugaben werden lautstark geäußert. Auf die Bühne werden Zettelchen gereicht, auf die man in kyrillischer oder lateinischer Schrift schnell die Titel der Lieder gekritzelt hat, die ich noch singen soll. Die Gepflogenheit mit den Zettelchen ist neu für mich. Übrigens spricht eine erstaunliche Kenntnis des Dichters Brecht aus diesen Wünschen. Alle zu erfüllen ist unmöglich. Der Abend wird länger und länger. Die Kluft zwischen Bühne und Zuschauerraum ist aufgehoben. Dann schalten wir die Scheinwerfer aus, rigoroses Zeichen für das Publikum, nun wirklich mit keinen weiteren Zugaben mehr zu rechnen. Es folgt das unüberhörbare Geräusch des Stühleklapperns, Signal für mich, in die Garderobe verschwinden zu dürfen.

Dort empfängt mich die Ankleiderin des Moskauer Theaters. Die ganze Vorstellung über hatte sie in den Kulissen gestanden und zugehört, obwohl sie kein Wort Deutsch versteht. Sie umarmt mich, nimmt eine wunderschöne Holzperlenkette von ihrem Hals und streift sie mir über den Kopf.

Nach all dem Jubel überwältigt mich diese spontane Geste der Herzlichkeit, mit der jene Frau, die sich nicht mit Worten ausdrücken konnte, mir solch ein persönliches Geschenk macht, das mir mehr bedeutet als manches kostbare Präsent.

Olga

In Moskau lernte ich Olga kennen. Eine Journalistin, die bereits einige Artikel über mich geschrieben hatte, noch ehe wir uns persönlich begegnet waren. Daher begrüßte sie mich bei unserem ersten Zusammentreffen wie eine liebe, alte Bekannte. Wir speisten in einem romantischen armenischen Restaurant. Sie erzählte von ihrem Töchterchen. Mit Erstaunen hörte ich, dass dieses Mädchen alle meine Chansons genau kannte und sie nach meinen Schallplatten in deutscher Sprache auswendig gelernt hatte. Ich erzählte von meinem Mann, und da wir gerade Tee tranken, erwähnte ich beiläufig seine Vorliebe dafür.

Am nächsten Tag besuchte mich Olga im Hotel und überreichte mir ein riesiges Paket. Darin waren die verschiedensten Sorten des würzigen Getränks enthalten, und damit nicht genug, auch noch ein Büchlein mit wissenswerten Hinweisen über diverse Zubereitungsmöglichkeiten lag bei. Ein großes Dankeschön von meiner Seite.

Man wagte kaum, einen Wunsch auszusprechen, schon war er erfüllt. Dann plauderten wir, schauten uns Fotos an. Olga zeigte ein Bild ihres Töchterchens Nina. Ich hatte zufällig ein Foto von meinem kleinen Wochenendgrundstück bei mir. Andeutungsweise erwähnte ich, wie sehr ich mich schon auf ein paar ruhige Stunden dort draußen in der Stille freute. Sie fragte, wo dieses bezaubernde Fleckchen liegt. »Ach«, antwortete ich, »das kennen Sie bestimmt nicht. In der Nähe von Berlin, bei Bernau.« Da wurde ihr rundes so gutmütiges Gesicht plötzlich traurig. »Ich kenne Bernau«, sagte Olga, »dort ist meine jüngere Schwester als Soldat gefallen. Im April 1945. Sie war gerade einundzwanzig. Es soll eine wunderbare Frühlingsnacht gewesen sein, als Irina starb. Sie war immer ein bisschen romantisch, liebte die Sterne. Während ihre Kameraden die Nacht in einem Unterstand verbrachten, wollte sie unter freiem Himmel schlafen. Das war ihr Tod. Gerade vor einigen Wochen bin ich zum ersten Mal im Kreis Bernau gewesen, um das Grab meiner kleinen Schwester zu suchen. Ich habe es nicht gefunden.«

Als wir uns trennten, war unsere Umarmung heftiger als sonst, und mir schien, als spürte ich zwischen uns die Gestalt jenes jungen Mädchens. Sie wäre jetzt so alt wie ich ...

Spaziergang

An einem Nachmittag bummle ich mit einem russischen Freund des Berliner Ensembles durch Moskau. Wir plaudern über das Theater. Nicht nur, dass dieser Mann hervorragend deutsch spricht, es stellt sich heraus, dass er auch ein ausgezeichneter Kenner unseres Kulturlebens, insbesondere des Theaters ist. Selbst an kleineren Bühnen kennt er sich aus, nennt die Namen von Schauspielern, Regisseuren, Bühnenbildnern. Über manche Einzelheit weiß er besser Bescheid als ich.

Wir spazieren durch die Straßen. Es wird Abend. Die Lichter gehen an. Zufällig entdecke ich beim Betrachten der Häuser im ersten Stock eines Gebäudes die medizinischen Apparate einer zahnärztlichen Praxis. Scherzhaft seufzend deute ich hinauf und erwähne, dass auch ich mich bald solch einer Behandlung würde unterziehen müssen. Darauf mein Begleiter, ganz ruhig, ohne Bitterkeit, ohne Emotion: »Ich brauche keinen Zahnarzt mehr. 1941, im Krieg, haben Soldaten der Nazi-Armee mir die Zähne herausgeschlagen. Im Nahkampf.« Ich schweige betroffen. Dieser Mann hat seine ganze Arbeit dem deutschen Theater gewidmet. Er hat es sich zur Aufgabe gemacht, die Kostbarkeiten deutscher Dramatik wissenschaftlich zu erschließen. Er liebt die deutsche Kultur. Welch eine Haltung!

Das Geschenk

In Moskau wurde ich mit einem begabten Komponisten bekannt gemacht. Er hatte einen Liederzyklus nach Brecht-Texten geschrieben und mich gebeten, mit ihm gemeinsam auszuprobieren, wie seine Melodien sich mit dem deutschen Sprechrhythmus zu einer Einheit zusammenfügen ließen. Schnell wuchs auf der Grundlage der beruflichen Interessen die menschliche Beziehung. Schon nach ein paar Tagen lud er mich zu einer kleinen Geselligkeit in seine Wohnung ein. Einige Freunde der Familie waren da. Der Tisch bot einen festlichen Anblick mit Leckereien und Spezialitäten der russischen Küche. Kerzen brannten.

Am Ende des lang andauernden Mahls, das wir hin und wieder durch Musizieren unterbrachen, stellte die Hausfrau eine Torte auf den Tisch. Ein überwältigender Anblick: Kunstvoll geformte Blüten aus Buttercreme krönten die Köstlichkeit. Aber damit nicht genug. Zu dieser Schlemmerei gehöre, so erklärte Natascha, eine ganz besondere Marmelade, die sie nach alten Rezepten selbst zubereite. Eine Probe davon übertraf alle unsere Erwartungen. Aus Moosbeeren (nach langen Diskussionen einigten wir uns auf dieses Wort, unter dem wir uns nichts Rechtes vorstellen konnten) und Erdnüssen war, in Verbindung mit unendlich viel Zucker, diese süße Verführung zusammengebraut worden. Wir genossen stumm, mit geschlossenen Augen den Löffel im Mund umdrehend.

Als wir uns gegen Mitternacht trennten, verschwand Natascha für einen Augenblick in der Küche, kam mit einem Schraubglas zurück, füllte alles hinein, was von dieser himmlischen Marmelade noch übrig war, und drückte mir das volle Glas in die Hand. Wieder war ich tief gerührt über so viel Freundlichkeit und menschliche Wärme. Wir küssten uns auf beide Wangen, wie es bei Russen zu einem richtigen Abschied gehört. Dann kehrte ich, von etlichen Wodkas angenehm gewärmt – mein Marmeladentöpfchen im Arm –, vergnügt in mein Hotel zurück.

Noch viele Male tunkte ich an den nächsten Abenden vor dem Schlafengehen den Löffel in das zuckrige Mus. Allmählich begann der Wecker zu kleben, später auch der Nachttisch, aber immer gedachte ich dabei meiner Freundin Natascha, die übrigens diese hausfraulichen Tugenden nicht etwa »hauptberuflich« betrieb, sondern als angesehene Theaterwissenschaftlerin ein reiches und verantwortungsvolles Arbeitspensum bewältigte. Wo sie die Zeit zum Marmelade-Einkochen hernahm, blieb ihr Geheimnis.

Besuch in Leningrad

Meine Tournee durch das riesige Land führte mich auch nach Leningrad, heute St. Petersburg. Einer meiner Besuche galt einem namhaften sowjetischen Filmregisseur. Er war in der Vorstellung. Bei einem anschließenden Empfang hatten wir uns kennen gelernt und eine Verabredung für den nächsten Tag getroffen. Ich besuchte ihn in der bescheidenen Zweieinhalbzimmerwohnung, die er mit seiner Familie bewohnte. Seine Frau, Kostüm- und Bühnenbildnerin, machte schnell ein paar belegte Brote und verschwand bald wieder. Sie steckte tief in der Arbeit an einem Filmprojekt. Der Sohn – ein Riese von 1,95 Meter – setzte sich für ein halbes Stündchen zu uns. Gerade am Tage meines Besuches hatte er eine hohe Auszeichnung für die architektonische Planung einer neuen Stadt in Empfang nehmen können. Ich fragte seinen Vater, ob die Familie auch zur Zeit der Belagerung durch die Faschisten in der Stadt gewesen sei. »Oh ja, wir waren hier«, sagte er, »allerdings ohne unseren Sohn, das heißt, doch mit ihm, denn meine Frau war schwanger. Sie war im neunten Monat, als wir mit dem letzten Zug die Stadt unter Bomben- und Artilleriebeschuss gerade noch verlassen konnten. Die Menschen hingen auf den Trittbrettern, hockten auf den Dächern der Waggons. Ausgerechnet zu diesem Zeitpunkt begannen die Wehen bei meiner Frau. Wir mussten aussteigen, irgendwo in einer völlig unbekannten Gegend. Für alle Fälle hatte ich einen Kursus für Geburtshilfe absolviert, so konnte ich helfen, so gut es ging. Wie ein Wunder blieben Mutter und Kind am Leben.« Inzwischen ist der Säugling fast zwei Meter groß und entwirft ganze Städte.

Im Hotel »Rossija«

Noch einmal kehre ich nach Moskau zurück, in das riesige Hotel mit 6 000 Betten, drei großen Restaurants, Theatern – fast eine kleine Stadt für sich. Mein Zimmer liegt im 9. Stock. Ich fahre mit dem Fahrstuhl hinauf. Mit mir fährt eine Familie mit zwei Buben, ungefähr zehn und zwölf Jahre alt. Sie kommen vom Lande. Ich sehe es an ihrem bäuerlichen Gepäck. Ein Spankorb, ein mit dicken Stricken umwickelter Koffer. Ich schaue in die Gesichter der Jungen. Sie haben kurzgeschorene Haare. Ihre Stupsnasen glänzen, die Augen leuchten vor Freude. In jeder Etage, in der sich der Lift automatisch öffnet, stoßen sich Vater und Söhne an, zeigen aufgeregt auf die aufleuchtenden Zahlen, die die Stockwerke anzeigen, und lachen. In der 9. Etage sind wir am Ziel. Die Familie steigt aus. Ich auch. Unsicherheit und Ehrfurcht lassen die Erwachsenen flüstern. Ich sehe noch, wie die Jungen mit lautem Jubel eine Sesselgruppe ausprobieren, die in einer Nische steht. Erschrocken mahnen die Eltern zu Ruhe und Anstand. Dann schreiten sie vorsichtig auf den dicken Teppichen den Gang entlang, ohne dass dieses strahlende Staunen auch nur für einen Augenblick aus ihren Gesichtern verschwände. Die Mutter ein paar Schritte hinterher. Die Etagenfrau nimmt sie in Empfang, händigt ihnen freundlich den Zimmerschlüssel aus und geleitet sie in ihr Logis. Gern hätte ich noch gesehen, wie sie den Raum in Besitz nehmen, das Badezimmer besichtigen, die großen Fenster, die vielen Lampen, die Aussicht. Wie viel Tausende von Kilometern werden sie gereist sein? Aus welcher Ortschaft dieses riesigen Landes sind sie gekommen? Und für einen Moment denke ich, wie wäre wohl solch eine Familie in irgendeinem westlichen Land im feinsten Luxushotel aufgenommen worden, im Hamburger »Vier Jahreszeiten«, im Berliner »Hilton«, im »Ambassador« in Paris? Ich stelle es mir lieber nicht vor.

Das Titelfoto

Kurz vor Antritt einer Gastspielreise nach Finnland erkrankte mein Pianist. Man versprach mir in Helsinki erstklassigen Ersatz. Schweren Herzens ließ ich mich darauf ein. Ein Programm von zwei Stunden am Klavier zu begleiten, verlangt von einem erfahrenen Pianisten, auch wenn er die Lieder genau kennt, volle Konzentration und immenses Einfühlungsvermögen. Wollte ich die Tournee nicht ausfallen lassen, musste ich das Risiko eingehen.

Vormittags traf ich in der finnischen Hauptstadt ein. Am selben Abend sollte die Vorstellung stattfinden. Im Theater wurde ich mit einer reizende Dame bekannt gemacht, gute Pianistin, perfekte Blattspielerin, wie sich bei der Probe zu meiner Erleichterung herausstellte. Wir gingen das ganze Programm durch. Es lief einigermaßen. Nun, bis zum Abend war noch Zeit. Meine Begleiterin versprach, sich alles zu Hause noch einmal in Ruhe anzusehen. Die Zeit des Vorstellungsbeginns kam näher. Kurz vor Beginn klopfte es an meiner Garderobe. Einigermaßen verstört, steckte der Direktor seinen Kopf zur Tür herein. »Regen Sie sich bitte nicht auf«, sagte er, »aber wir können nicht beginnen. Die Noten sind weg! Die Pianistin hat sie im Taxi liegen gelassen!« Konsterniert starrte ich den Mann an. »Was machen wir nun?« »Beruhigen Sie sich«, fuhr er fort, »wir haben schon die Funkstreife alarmiert.« Gerade als ich zu einem Tobsuchtsanfall Luft holen wollte, schob sich die völlig aufgelöste Pianistin in den winzigen Raum herein und stammelte unter Schluchzen irgendeine Entschuldigung. Es blieb uns nichts anderes übrig, als das Publikum um Geduld zu bitten in der vagen Hoffnung auf die Findigkeit der finnischen Polizei. Im Foyer des Theaters konnten sich die Zuschauer mit Getränken trösten.

Nach einer Dreiviertelstunde brauste ein Blaulichtauto heran. Ein Polizist überreichte das Vermisste. Wir konnten beginnen. Durch einen langsam versiegenden Tränenschleier erkannte meine Begleiterin die Noten von Lied zu Lied besser. In der zweiten Hälfte des Programms hatten wir alle Aufregung vergessen.

Am nächsten Tag Titelaufmachung der Zeitung: ganzseitiger Bericht über das außergewöhnliche Ereignis. Mit Großfoto! Allerdings nicht von mir, sondern von dem Taxifahrer, der die Noten gefunden hatte.

Auf zwei Hochzeiten

Wir geben ein Gastspiel in Wien. Ein herrliches Barock-Palais ist der Auftrittsort. Während wir uns bei der Probe auf dem Podium einzurichten versuchen, eilt mit wehenden Rockschößen ein kleiner Mann herein. »Bitt' schön«, ruft er gewichtig, »ich bin der Herr Hausoberinspektor und stehe zu Diensten.« Er sieht, dass unser Bassist mit seinem Instrument bedenklich nahe an eine lebensgroße Gipsskulptur herangerückt ist, die im Hintergrund der Bühne im Wege steht, und erregt sich: »Meine Heeeeeeeerrschaft'n, geben 'S auf die Hand vom Mozart acht! Schon dreimal ist sie uns abgebrochen. Wenn's wieder passiert, muss ich's dem Veranstalter anrechnen.« Wir geben acht. Die Vorstellung ist ausverkauft.

Mitten in der Vorstellung schiebt sich plötzlich aus einer seitlichen Tür neben unserem Podest eine Hand heraus. Nicht die Hand vom Herrn Mozart, sondern vom Herrn Hausoberinspektor. Er tippt unserem erschrockenen Bassisten auf die Schulter und flüstert mit ihm. Was ist passiert? Die Hand vom Mozart ist doch noch dran.

Zehn Minuten später öffnet sich erneut die Tür. Wieder diese Hand, wieder dieses Flüstern. Das Publikum wird aufmerksam. Und wieder zehn Minuten später dasselbe, ein drittes Mal. Nun schiebt sich nicht nur die Hand, sondern auch der Kopf unseres Herrn Hausoberinspektors herein. Aufgeregtes Flüstern. Was mag nur passiert sein, denke ich beim Singen, was rechtfertigt diese vielen Störungen? Nichts war passiert! Der Hausoberinspektor wollte nur wissen, wann wir mit unserem Programm fertig wären, damit er die Blumen überreichen könne. Doch als wir fertig waren, war der Herr nicht da. Die Blumen welkten auf irgendeinem Fensterbrett.

Längst sind wir in der Garderobe und packen unsere Sachen zusammen. Da stürzt der Verschollene völlig aufgelöst herein: »Entschuldigen S' tausendmal! Das ist mir in 15 Jahren noch nie passiert. Die Blumen hätten doch coram publico überreicht werden müssen. Aber ich hatt' heute Abend zwei Veranstaltungen, und ich kann mich doch net zerreiß'n. Glauben S' mir, ich bin völlig nass!« Dass wir uns bei der Vorstellung auch ein bisschen angestrengt hatten, schien ihm nicht in den Sinn zu kommen. Hauptsache, die Hand vom Mozart war noch dran.

Amerikanische Impressionen

Mit dem 11. September 2001 verursachten die Flugzeug-Kamikaze-Angriffe, die das World-Trade-Center zum Einsturz brachten, eine derartige Erschütterung, die nicht nur New York, sondern ganz Amerika veränderten. Der Patriotismus nahm extreme Formen an. Jede Äußerung über dieses Land beziehungsweise seine Regierung wird unter diesem Gesichtspunkt gemessen und leicht als Antiamerikanismus bezeichnet. Dem Verdacht möchte auch ich mich nicht aussetzen. Alles, was ich im Folgenden über Amerika schreibe, wurde vor dem 11. September 2001 notiert.

Als mein erstes Gastspiel nach New York und in andere amerikanische Städte vereinbart wurde, nahm ich mir vor, nicht daran zu glauben, bis ich im Flugzeug auf dem Kennedy-Airport gelandet sein würde. Nun, da Tourneen nach Amerika in meinen ausländischen Verpflichtungen einen ebenso festen Platz einnehmen wie andere Auftritte auch, haben sich zu den ersten Eindrücken auf diesem Kontinent viele neue hinzugesellt. Der Schock, der meine früheste Begegnung mit der 8-Millionen-Stadt New York auslöste, wurde gemildert durch genaue Beobachtungen. Trotzdem will ich im Folgenden von den ersten spontanen Impressionen ausgehen, weil sie die Kontraste am kräftigsten wiedergeben. Im übrigen muss bei der Schilderung dieser Stadt der Umstand in

Kauf genommen werden, dass sie ständig Veränderungen unterworfen ist, schwerste Krisen durchmacht und sich in fieberhafter Hektik, in einem nicht enden wollenden Amoklauf befindet. Ich kenne keine Metropole, die so oft ihr Gesicht verändert, ihre Struktur, ihren Leumund.

Somit bleibt alles Wahrgenommene im Grunde ein Eindruck des Augenblicks.

Nach acht Stunden Non-Stop-Flug betrete ich zum ersten Mal amerikanischen Boden, zunächst den des Zollgebäudes. Menschenschlangen an etwa zehn Schaltern, ein nicht abreißender Strom. Dementsprechend überbeansprucht und gleichgültig, um nicht zu sagen unfreundlich, die Beamten von Pass und Zoll. Gepäck zu Bergen getürmt. Aus Europa heimkehrende Touristen mit schrankkofferähnlichen Gebilden, Geschäftsreisende mit tresorartig verschlossenen Aktenkoffern, auch arme Leute, ihre ganze Habe in Kartons und Körbchen verschnürt.

Der Zoll durchwühlt alles. Oft kommen armselige Inhalte zutage: Fleisch in Einweckgläsern, Früchte von den Feldern irgendwoher, wo die Verwandten leben. Wegen Seuchengefahr ist die Einfuhr von Lebensmitteln verboten. Selbst ein angebissener Apfel in unserem Handgepäck wird entdeckt und requiriert, übrigens nicht, ohne dass man uns eine korrekte Zollerklärung über die Beschlagnahmung des Apfels aushändigt. In Brieftaschen und Portemonnaies wird nach verstecktem Rauschgift gefahndet. Wir bleiben davon verschont. Offenbar befürchtet man aus dem Land, aus dem wir kommen, in dieser Hinsicht nichts.

Die Angehörigen der Ankommenden warten hinter dicken Glasscheiben. Wild gestikulierend, wummern sie dagegen und machen auf sich aufmerksam. Auf diese Weise entdecken wir auch unsere Konzertagentin. Schneller, als bei dem chaotischen Menschengewimmel anzunehmen war, sind wir in einem Straßenkreuzer verfrachtet – hier haben alle Autos Großformat – und fahren zuerst durch den New Yorker Stadtteil Brooklyn. Noch vor einigen Jahren galt er als gute Wohngegend. Heute sind viele Häuser fast unbewohnt und völlig verwahrlost. Die ehemaligen Einwohner sind nach draußen gezogen, den nachkommenden fehlt das Geld, etwas reparieren zu lassen; sie haben andere Sorgen als Wohnkomfort. Auch die Straßen sind in miserablem Zustand.

Unser Taxi haut durch die Schlaglöcher. Henry und ich schauen uns erstaunt, beinahe erleichtert an. Also, auch nicht alles Gold, was glänzt, denken wir im selben Augenblick. Wir fahren über die Brooklyn Bridge, über den East River, vorbei an dem Wolkenkratzer-Steinmeer der Wall Street, über Hoch- und Schnellstraßen. Nun biegen wir in den Broadway ein, Traumvorstellung von Luxus und Eleganz. Es ist Abend. Lichterfülle, Menschengewimmel und Autoverkehr sind überwältigend.

Unser Hotel, ein 24-stöckiges mittleres Hochhaus, liegt in einer schmalen Seitenstraße, der 45. Es gehört zu den älteren Gebäuden der Stadt und wird hauptsächlich von Künstlern und Artisten bewohnt, die in den unzähligen Theatern am Broadway arbeiten. Das Zimmer ist in grellbuntem Blumenmuster tapeziert. Die Tür besitzt zusätzlich zum Sicherheitsschloss noch eine Sicherheitskette, wie in allen amerikanischen Hotels. Auf dem Tisch ein Fernsehapparat. Tag und Nacht hält er auf unzähligen Kanälen Mord- und Totschlagserien bereit, schwankhafte Familiensendungen, endlose Talkshows, politische Kommentare, alles in regelmäßigen Abständen von Werbespots unterbrochen. Selbst an den spannendsten Stellen im Krimi und in die Nachrichten werden Reklamefilme eingeblendet. Heute unterscheidet sich unser Fernsehen nicht mehr von dem amerikanischen. Dass ich vor Jahren so ausführlich mein Erstaunen über diese amerikanische Tag- und Nachtberieselung artikulierte, zeigt nur wie schnell sich Verhältnisse verändern, wie stark wir amerikanisiert sind und wie rasch man sich an Kulturverlust gewöhnt.

Amerikanische Impressionen I. Programmheft 2. November 1971.

Das Fenster in meinem Hotel lässt sich nicht öffnen. Es ist so schmutzig, dass man kaum die Farbe des Himmels erkennt. Frische Luft wird künstlich hergestellt: Ein Airconditioner filtert und kühlt den Großstadtsmog. Bei eingeschaltetem Ventilator zieht es abscheulich. Anscheinend einer der Gründe, warum in den Drugstores Aspirintabletten in Behältern, groß wie Einweckgläser, verkauft werden.

Merkwürdigerweise gibt es in New York kaum Apotheken. Die meisten Arzneien erhält man in speziellen Abteilungen der Warenhäuser oder – wie gesagt – in Drugstores. Diese Geschäfte führen so ziemlich alles, was man braucht und was man nicht braucht. Kugelschreiber und Kosmetika, Strümpfe, Wäsche, Medikamente, Süßigkeiten, Schallplatten, Uhren, Glücksspiele, Zeitschriften, Fotoapparate, Poster, Liliput-Fernseher, Tigerfelle und tausend weitere unnütze oder auch nützliche Waren.

Am Broadway sind die Geschäfte in erster Linie auf Touristen eingestellt. Das heißt vor allem auf Souvenir-Verkauf. Der Einfallsreichtum der Industrie kennt auf diesem Gebiet keine Grenzen, am wenigsten Grenzen des Geschmacks. Beliebter Geschenkartikel zum Beispiel: Aschenbecher in Plastik in der Form eines menschlichen Totenschädels. Für einen Dollar kann man seine Zigarette in die kleinen kupfernen Halbschalen legen, die in die Augenhöhlen eingeschraubt sind, und die Asche in den Schädel abstreifen. Auch das Empire State Building ist in unendlichen Abwandlungen zu haben: als Briefbeschwerer, als Flaschenöffner oder um es nur so in die Vitrine zu stellen. Krawatten mit dem Porträt des jeweiligen Präsidenten – damals war es gerade Nixon – gehören ins Angebot. Und sogar den Herrn Jesus hat man nicht vergessen. Nachdem er als Superstar erfolgreich ins Showbusiness eingestiegen ist, schmückt sein Konterfei nun auf grellbunten Stereobildern die Schaufenster. Ein dreidimensionaler Effekt bewirkt, dass er sogar die Augen auf- und zumachen kann, ein makaberer Anblick, der einen im Vorübergehen unversehens erschreckt.

Wer etwas noch Ausgefalleneres sucht, kann sich an kleinen Schrumpfköpfen erfreuen. An ihren schwarzen Haaren, groß wie mittlere Selleries, hängen sie gebündelt in jeder Auslage, mit naturalistisch verzerrten Zügen, in Gelb, Schwarz oder Braun. Aber auch elektrische Geräte zur Selbstbefriedigung der Frau stehen, in steriler Kunststoffausführung, wie die Zinnsoldaten der Größe nach abgestuft, in Beige und Schwarz bereit. All dies entdecken wir, als wir am nächsten Morgen – es war ein Sonntag – über den Broadway schlendern. Nun sieht die Straße anders aus als am Abend vorher. Um diese Zeit sind nur wenige Menschen unterwegs. Auch der Autoverkehr schläft noch. Die Straße ruht sich aus vom Wochenendtrubel. Als erstes beginnen die Schnellimbiss-Restaurants wieder zu arbeiten. Im ständigen Angebot: »Hamburger«, die der Stadt gleichen Namens keine Ehre machen, »Hot Dogs«, weder Hundefreunden noch -feinden zu empfehlen, und »Frankfurter«, fast ungewürzte, in weichliches Weißbrot geschobene Würstchen, mit einer Handvoll rohen Sauerkrauts garniert und nur mit Unmengen von Ketchup und süßsauren kleinen Gürkchen, genannt »Relishs«, zu ertragen. An jeder Ecke riecht es nach heißem Öl. Pommes frites in der Tüte sind billig und begehrt.

Die Einsamen der Stadt stehen an den Theken der Selfservice Buffets und schieben die Tabletts vor sich her. Alte, noch Ältere, Arme, noch Ärmere, Gesichter ohne Hoffnung. Dazwischen die schwarzen Amerikaner. Selbstbewusste Haltung, oft verwegene Kleidung mischen sich mit schlaksiger Unbekümmertheit.

Die Häuser wirken jetzt, ohne den abendlichen Lichterglanz, schäbig und nackt. Eiserne Gestänge, die den riesigen Reklamewänden Halt geben, ragen weit über die Gebäude hinaus, wie verrostete Gerippe. Niemand macht sich die Mühe, den hässlichen Anblick zu verkleiden. Airconditioners hängen vor den Fenstern wie Vogelkäfige. Aus den Gullys dampft warme, faule Feuchtigkeit. Wir gehen den Broadway hinauf, überqueren einige Seitenstraßen und kommen in die gepflegtere Gegend von Manhattan.

Hier wohnen die wohlhabenden Leute. In New York gehört es zum guten Stil, eine Wohnung im Zentrum zu besitzen, ebenso wie in Paris. In London dagegen wäre es »shocking«. Jede Großstadt hat da ihre eigene Tradition. In Berlin sind die Bewohner in der City stolz darauf, in der Mitte der Stadt zu leben. Ich gehöre dazu. In DDR-Zeiten konnte von Mitte keine Rede sein. Der Bahnhof war Grenz- und Endstation der S-, U- und Fernbahn. Das Brandenburger Tor trennte Ost- und Westberlin hermetisch voneinander. In New York wohnt man in der Nähe des Central Parks am exklusivsten. Dementsprechend hoch sind dort die Mieten. Bei vielen der 12- bis 15-stöckigen Häuser fällt ein über den Eingang gespannter Baldachin auf, der von der Haustür bis zum Fahrdamm reicht und die Bewohner beim Besteigen ihrer Wagen vor Regen schützt. In Europa kennt man solchen Luxus höchstens von ersten Hotels. In Berlin »kämpft« das Hotel »Adlon« schon seit Jahren um solch einen regengeschützten Eingang. Die Hausflure der Wohnpaläste gleichen Hotelhallen. Livrierte Hausmeister mit weißen Handschuhen nehmen die Wünsche der Besucher entgegen. Zu einem Wohnungsinhaber vorzudringen gelingt nur, wenn man durch das Haustelefon angemeldet wird. Dann erst darf der Lift bestiegen werden. Und selbst da gibt es noch Vorsichtsmaßregeln. In vielen Häusern sind in die Fahrstühle Fernsehkameras eingebaut, die dem Portier auch hier die Überwachung ermöglichen. Die Angst vor Einbrüchen und Überfällen, die zum Alltag des New Yorkers gehören, hat diese und viele weitere Sicherheitsvorkehrungen veranlasst.

Ist man Wolkenkratzerbesitzer, so baut man sich auf sein 20-stöckiges Appartementhaus noch ein Einfamilienhaus obendrauf, genannt Penthouse. Junge Bäume, in Kübeln gepflanzt, ersetzen in luftiger Höhe den Vorgarten. Und wenn man immer noch nicht weiß, wohin mit dem Geld, legt man sich auf der Terrasse noch einen Swimmingpool an. Der traumhafte Blick auf das Dächergewirr der Riesenstadt ist im Preis inbegriffen. So gesehen bei einem Millionär, der, mit Theaterleuten befreundet, für uns eine Party gab. Überhaupt die Partys!

Sie sind in Amerika an der Tagesordnung. Im Allgemeinen zeichnen sie sich durch angenehme Zwanglosigkeit aus, aber auch durch rechte Oberflächlichkeit. Ziel des Gastgebers ist es, viele prominente Leute zusammenzubringen, die einander oft gar nicht kennen. Selbst dem Hausherren fällt es mitunter schwer, sich zurechtzufinden. Man steht herum, ein Glas in der Hand, und sagt sich Höflichkeiten. Handelt sich es um Geselligkeiten, bei denen Studenten zugegen sind, hockt man sich zur Abwechslung auf den Boden. Sonst unterscheiden sich diese Partys weder im Essen noch im Trinken und schon gar nicht in den Gesprächen. Alles wird angetippt, was auf der Tagesordnung steht: die aktuellen politischen Ereignisse, das »Negerproblem«, die Verschmutzung der Städte, das Ersticken im Wohlstandsmüll, der gesundheitsbedrohende Smog, die Machtlosigkeit gegenüber ständig wachsender Drogenvergiftung, das Verkehrschaos, die letzten Premieren. Ja, auch das exotische Land DDR gehört an diesem Abend zum Themenkreis. Oft wird der Wunsch laut, dieses Land näher kennen zu lernen, und zu unserer Freude hören wir immer wieder die Meinung, unser Gastspiel habe neben den künstlerischen Eindrücken die begrüßenswerte Gelegenheit zu genauerer Information und zu erfreulichen Kontakten geboten.

Das amerikanische Publikum ist begeisterungsfähig und bereit, dies lautstark zu äußern. Im Ablehnen aber kann es brutal sein wie kein zweites.

In New York gastieren die Spitzenensembles und Solisten aus der ganzen Welt. Die Riesenstadt bietet ununterbrochen neue Vergleichsmöglichkeiten. Eine Erfolgsaufführung kann zehn Jahre lang jeden Abend ausverkauft auf dem Spielplan stehen, und eine mit ebenso viel Sorgfalt vorbereitete Inszenierung muss unter Umständen, wenn sie der Presse nicht gefällt, nach zwei

Vorstellungen abgesetzt werden. Die *Kritiker* entscheiden über Wohl und Weh. *Sie* haben die Macht. Man sagt übrigens, sie seien nicht bestechlich, was in Amerika besonderer Erwähnung bedarf. In den Rezensionen nimmt den wichtigsten Platz die Einschätzung des *Darstellers* ein. Regie, Bühnenbild, ja selbst der Autor treten hinter der Attraktion des Stars zurück.

Kein Wunder, dass ich die pfundschweren Tageszeitungen, zu Dreiviertel mit Reklame gefüllt, nach Besprechungen über unser Gastspiel durchstöbere. Meine Englischkenntnisse reichen einigermaßen aus, um zu verstehen, was die Kritiker meinen. Bekanntlich ist das nicht unbedingt an Sprachkenntnisse gebunden und sogar bei deutschen Rezensionen nicht immer einfach. Aber über »thrilling event« stolpere ich. Im Wörterbuch habe ich die Wahl zwischen »kriminell« und »sensationell«. Da ich mir keines Verbrechens bewusst bin, entscheide ich mich für die zweite Version.

Im amerikanischen Theaterleben ist es üblich, nach einer erfolgreichen Vorstellung prominente Besucher in der Künstlergarderobe zu empfangen. Da gibt es mit wildfremden Leuten temperamentvolle Begrüßungen, Küsse, Umarmungen, Bewunderung, Händeschütteln, Austausch von Telefonnummern und Adressen. Und weil sich viele für prominent halten (oder sogar sind), können diese Huldigungen bis zu einer Stunde dauern. Das ist sehr anstrengend, denn eigentlich würde man sich gerne erst einmal umziehen, vielleicht sogar den auf der Bühne vergossenen Schweiß abduschen. Aber die Schlangen vor der Garderobe drängen sich herein und oft geht es dann schon auf Mitternacht zu, bis der letzte Zuschauer sein Kompliment losgeworden ist.

In Amerika kennt man keine Litfaßsäulen. Für Theateranzeigen steht einzig der Inseratenteil der Presse zur Verfügung. Ein Erfolg aber spricht sich per Telefon herum. Telefonieren ist überhaupt eine Leidenschaft der Amerikaner. »I call you« gehört zu den meistgebrauchten Redewendungen. Trifft man unter genauer Zeit- und Ortsangabe eine Verabredung, so wird noch zwei- oder dreimal »gecallt«, um sich zu vergewissern, ob es dabei bleibt.

Es gibt überhaupt eine ganze Reihe von Merkwürdigkeiten, die beim ersten Besuch dieses Landes der unbegrenzten Möglichkeiten verwundern, befremden, amüsieren. Randerscheinungen zumeist, aber doch auffallend genug, um sich immer wieder daran zu erinnern. Zum Beispiel herrscht beim Einkauf eine recht unpraktische Regelung, was um so mehr erstaunt, als dort der Alltag sonst ganz von praktischen Erwägungen diktiert wird. Zum offiziellen Preis, mit dem eine Ware ausgezeichnet ist, kommt nämlich eine zweifache Taxspanne hinzu. Das macht das Bezahlen mühselig und umständlich. Im Lokal sagt man, wenn man die Rechnung wünscht, nicht, wie anzunehmen, »cash please«, sondern selbst wenn man beabsichtigt, bar zu bezahlen, »check please«. Und man spricht, wenn man ein gutes Essen lobt, von einem »good food«. Eine Formulierung, die unsereiner sich leicht merkt, weil er dabei leicht ans Futtern denkt.

Am Telefon, beim Warten auf den gewünschten Teilnehmer, hört man von der Vermittlung lakonisch: »Hold on«. Überhaupt besitzt die Sprache – jedenfalls für unser Empfinden – etwas Rüdes, weil es sich in den Umgangsfloskeln meist des Imperativs bedient. Das fängt damit an, dass man zu jeder Tageszeit und von ganz fremden Leuten den gut gemeinten »Befehl« erhält: »Have a nice day, have a nive evening!« Man hat es zu haben. Auch das haben wir Deutschen längst übernommen. Hundertmal am Tag höre ich »Einen schönen Tag«, auch wenn ich nur drei Apfelsinen kaufe, selbst wenn die Spätnachrichten im Fernsehen erst gegen 23 Uhr zu Ende gehen und ich eigentlich die Absicht habe, ins Bett zu gehen, wünscht mir der Moderator noch »Einen schönen Abend.«

Die Höflichkeitsredewendungen bieten noch weniger Variationsmöglichkeiten als in der deutschen Sprache. Wird man bei uns in einer Gesellschaft vorgestellt, so hat man doch immer noch die Wahl, ein »Freut mich sehr« oder »Sehr angenehm« oder »Ich freue mich, Sie zu sehen« herauszuquetschen. In Amerika habe ich bei derartigen Gelegenheiten stets nur eine einzige Redewendung gehört: »Nice to meet you«. Werden auf einer Party 40 Leute miteinander bekannt gemacht, kann man 40-mal »Nice to meet you« hören.

Die Begrüßungsformel ist derzeit im modischen Slang auf die Silbe »hi« zusammengeschrumpft. Das enthebt den grußfreudigen Amerikaner, sich nach irgendwelchen Tageszeiten zu orientieren. »Good morning«, »good evening«, wie wir es noch in der Schule gelernt haben, ist überholt. Auch wir Deutschen benutzen nur noch das unverbindliche »Hallo«! Überraschung und Anteilnahme äußern sich ebenfalls nur in einem »O«. Dieser Laut wird in erstaunlichen Abstufungen, oft durch mehrere Oktaven, variiert. Die Damen der besseren Gesellschaft vollbringen dabei ganze Gesangsarien – woraus sich allerdings keinerlei Rückschlüsse auf den Grad der Anteilnahme ziehen lassen. Angenehm aufgefallen ist mir die Kontaktfreudigkeit der Amerikaner, die leicht mit jedem ins Gespräch kommen. Vielleicht ist ein Grund hierfür die Tatsache, dass im Englischen das förmliche »Sie« wegfällt und man auch in der Anrede sehr bald zum Vornamen übergeht. Dieser Umstand erleichtert die Kontaktaufnahme.

Eines der »wichtigsten« Probleme, über das ich während meines letzten Aufenthaltes die Leute reden hörte, ist: Wie verliert man überflüssige Pfunde, wie wird man schlank? So konnte ich in einem Warenhaus miterleben, wie die Verkäuferinnen aufgeregt zusammenliefen, um eine ca. 180-pfündige Frau zu bestaunen. Sie war gerade dabei, in einer Umkleidekabine ein Kleid anzuprobieren. Um Diebstahl zu vermeiden, besitzen diese Kabinen oftmals keinen Vorhang. Man zieht sich vor aller Augen aus. Das tat auch jene Dame. In einem rosafarbenen Charmeuse-Unterkleid, unter dem sich beträchtliche Fettwülste abzeichneten, versuchte sie vergeblich, sich in ein geblümtes Minikleid zu zwängen.

Alle schauten ungeniert zu, und gleichzeitig ging von Mund zu Mund: »She lost 20 pounds.« Ich dachte, es ginge um verlorenes Geld und wollte gerade mein Bedauern aussprechen. Aber es ging nicht um Geld. Die fette Lady hatte ihr Gewicht um 20 Pfund reduziert – was ihr allerdings nicht anzusehen war. Ein andermal saß ich beim Friseur unter der Trockenhaube. Plötzlich hielt mir eine fremde Frau aufgeregt eine Illustrierte unter die Nase, deutete mit dem Finger auf das Foto eines hübschen Fräuleins und redete auf mich ein. Nachdem ich die Bildunterschrift gelesen hatte, wusste ich Bescheid und wunderte mich nicht mehr über die Aufregung, die inzwischen im ganzen Frisiersalon um sich gegriffen hatte: »She lost 60 pounds.«

Eine weitere Merkwürdigkeit: Aus unerfindlichen Gründen gibt es in dieser Riesenstadt, jedenfalls in Manhattan, nur einige wenige Restaurants, die »man« kennt und in die »man« geht. Und die zeichnen sich weder durch besonders delikates Essen noch durch großen Luxus aus. Die Gäste bestimmen den Status des Lokals. Gibt man zu Beispiel ein Interview im »Russian Tearoom«, ist bereits durch die Wahl des Lokals die Bedeutung des Gesprächs fixiert. In diesem exklusiven Restaurant stehen die Leute geduldig in Viererreihen Schlange, um einen Platz zu ergattern. Hat man ihn, sitzt man eng und unbequem. Meist legt man nicht einmal den Mantel ab. Eine sonderbare Sitte, übrigens auch beim Theaterpublikum: Zweieinhalb Stunden hält man seinen Mantel auf dem Schoß oder knautscht ihn sich in den Rücken. Dabei existieren Garderobenablagen. Niemand benutzt sie. Ich mag es nicht, wenn mir im Restaurant jemand auf den Teller stiert und wartet, bis ich das letzte Stück Fleisch auf die Gabel gespießt habe. Es gibt auch keine Gründe für ein derartiges Gedränge. Leere Restaurants finden sich genug. Aber es ist eben eine gesellschaftliche Frage, wo man isst und wenn es noch so unbequem ist. Man sieht »entscheidende« Leute und wird von ihnen gesehen, das ist Grund genug.

In einem berühmten Hippie-Restaurant war es nicht anders. Nachdem wir uns durch die herumstehenden Gäste gedrängelt hatten, um an einem vorbestellten Tisch Platz zu nehmen, hockten wir im Halbdunkel, aneinandergezwängt, kaum in der Lage, Messer und Gabel zu betätigen. Unsere Managerin hatte uns das Lokal besonders empfohlen, weil, wie sie meinte, die Atmosphäre dort so angenehm sei, denn nicht von Kellnern, sondern von Schauspielern und Tänzerinnen werde man dort bedient.

Eine gedankenlos hingeworfene Bemerkung. Ich sah die jungen Leute, wie sie riesige Tabletts durch das Menschengewühl balancierten, wusste, dass das Restaurant erst um 4 Uhr morgens schloss, und konnte mir vorstellen, wie das Balletttraining am anderen Tag aussehen würde, wie die erträumte Karriere einer Schauspielerin in Wirklichkeit verlief, deren jahrelanges, erhungertes Studium ihr nicht mehr eingebracht hatte, als in der Rolle der Servierin zur »angenehmen Atmosphäre« beizutragen. Und wie viele Tausend ähnlicher Künstlerschicksale gibt es allein in New York.

Eine Autofahrt mit Freunden durch Harlem, das schwarze Ghetto New Yorks, führte uns das Elend dieser Stadt konzentriert vor Augen. Wir wurden nicht freundlich angesehen. Wir waren gewarnt worden, weder auszusteigen, noch viel Geld bei uns zu haben. Diesen Rat, was das Geld anbetrifft, legte man uns übrigens immer wieder ans Herz. Ja, man beschwor mich, mein Geld in einem Brustbeutel zu tragen, bloß nicht im Portemonnaie. Aber auch im Hotelzimmer sollte ich kein Geld lassen. Da mir die Sache mit dem Brustbeutel zu blöd war, tat ich etwas noch Blöderes: Ich versteckte meine Gage im Kopfkissenbezug. Da dachte ich, kann es mir niemand stehlen. Allerdings hatte ich nicht mit meiner Vergesslichkeit gerechnet. Erst nach drei Tagen, irgendwo in der Stadt, als ich mir eine Kleinigkeit kaufen wollte, erinnerte ich mich an das Versteck. Ich bekam einen Heidenschreck. Nach all den Warnungen stand für mich fest: Das Geld ist weg. Jeden dritten Tag wurden im Hotel die Betten frisch überzogen, das wusste ich, und natürlich hatten die Zimmermädchen meine Dollar gefunden. Umso gerührter war ich, als die schwarze Mammie, die auf unserer Etage die Zimmer säuberte, zwar wütend, dass ich sie in so eine Lage gebracht hatte, aber mir auf Heller und Pfennig das Gefundene übergab.

Im New Yorker Theaterleben dominiert das Musical, namentlich am Broadway, wo sich in jedem zehnten Haus, in die Straßenfront eingegliedert, ein großes Theater oder Kino befindet, mit riesigen, im überladenen Gründerstil ausgestatteten Zuschauerräumen und Foyers.

Wären nicht die bunt glitzernden, riesigen Leuchtreklamen über den Eingängen, man würde die Theater von draußen kaum erkennen. Die Werbung propagierte fast jedes Musical als das beste des Jahres oder der Saison. Ich sah nur einige – mehr zufällig ausgewählt – unter Berücksichtigung meiner wenigen spielfreien Abende. So unterschiedlich die Stücke auch waren, in einem Punkt stellte ich in allen Aufführungen Übereinstimmung fest: Die Darsteller beherrschen in enormer Perfektion alle künstlerischen Gebiete, die dieses Genre verlangt. Sie spielen, singen, tanzen. Keine der drei so unterschiedlichen Fähigkeiten ist schwächer ausgebildet als die andere. Und jede Vorstellung, ob es die 398. oder eine Matinee ist, läuft mit der gleichen Intensität und Präzision ab wie die Premiere.

Ich sah Ann Baxter, die berühmte Film- und Bühnenschauspielerin, in einer Nachmittagsvorstellung. Sie spielte eine Riesenrolle mit Tanz, Gesangsnummern usw., und ich wusste, dass am Abend dieselbe Aufführung noch einmal lief. Ferner hatte man mir gesagt, dass das Stück bereits seit einem dreiviertel Jahr siebenmal in der Woche über die Bretter ging. Trotzdem wurde vom ersten Auftritt bis zur letzten Szene Premierenperfektion geboten. Weder die Baxter noch die anderen Schauspieler schonten sich

Amerikanische Impressionen II. Ankündigung für einen Brecht-Abend am 19. November 1971.

auch nur einen Augenblick. Sie gaben sich voll aus. So sehr ich diese Haltung bewundere, bin ich mir gleichzeitig doch der äußerst harten Bedingungen bewusst, denen Künstler im Konkurrenzkampf, und besonders in den USA, ausgesetzt sind.

Ein weiteres Musical, das ich mir ansah, besitzt eine Geschichte, aus der etwas zu machen gewesen wäre. Ein Theater soll abgerissen werden. Alle Künstler, die dort einmal gespielt haben, versammeln sich, um von ihrem Haus Abschied zu nehmen. 60-jährige Revuestars singen noch einmal ihre großen Nummern. Eine korpulente Sängerin erscheint mit Krückstock. Ein Stepptänzer klappert in schneeweißem Haar über die Bühne. Leider wird der Ansatz zu einer realistischen Fabel verschenkt. Eine sentimentale, zum Teil peinliche Angelegenheit entsteht, denn bei den Darstellern handelt es sich wirklich um altgewordene Stars von einst. Für unseren Geschmack wäre das Ganze mit ein wenig Ironie zu retten gewesen. Das Broadway-Publikum konsumierte es mit tränenreichem Jubel.

Interessantester Theaterbesuch: ein Musical, nur von Schwarzen geschrieben, inszeniert und gespielt. Tritt ein Weißer im Stück auf, wird (ihm?) eine Maske aufgesetzt. Auch im Publikum fast nur »black people«. Von der Bühne kommen ungeheure Direktheit, Ursprünglichkeit und expressive Kraft. Hier wird die Bilanz der jahrhundertelangen sozialen Unterdrückungen durch das Vorzeigen negativer, krankhafter Gestalten demonstriert: Prostituierte, Zuhälter, Betrüger, Bettler, Rauschgiftsüchtige, Diebe, Transvestiten, Masochisten – ein trübes Bild aus Absonderlichkeit, Elend und Verkommenheit. Wenig Handlung, schockierende Zustandsschilderung. Am Ende erschießen zwei Polizisten, ein schwarzer und ein weißer, einen kleinen Dieb. Daraufhin nimmt ein junger Schwarzer das Gewehr und tötet den weißen Polizisten. An dieser Stelle kennt der Szenenapplaus keine Grenzen. Zum Schluss verflucht ein altes, völlig verwahrlostes Weib alles: die Weißen, die Juden, die

Reichen, die Kommunisten, alle, alle, alle Menschen. Unter ihrem immer wiederkehrenden Schrei: »Ich hasse, ich hasse, ich hasse!« schließt sich der Vorhang. Hat der Rassismus hier einen Gegenrassismus hervorgetrieben? Und wird der in dem Stück kritisiert oder verherrlicht? Ratlos, fassungslos verlässt man das Haus.

Draußen patrouillieren, wie jeden Abend, zwei berittene Polizisten in blankgeputzter Galauniform auf prächtigen Rössern. Von hoher Warte blicken sie auf das aus den Theatern strömende Menschengewimmel herab. Law and Order, makaber kontrastierend mit der brutalen Wirklichkeit.

Bei meiner ersten Amerika-Tournee kam eine besondere Erschwernis hinzu. Die dortigen Gewerkschaftsvertreter bestanden darauf, dass mich bei meinen Konzerten amerikanische Musiker begleiten. Wollten wir die Tournee nicht ausfallen lassen, mussten wir uns in die Bedingung fügen, vor allem weil von den Veranstaltern erstklassige Instrumentalisten zugesagt wurden. Dass dem so war, entschied schon die erste musikalische Probe in New York. Und zur ersten Vorstellung in »Village Gate« steigerte sich noch die Präzision und Souveränität der neuen Truppe.

Nach drei Wochen, an denen wir täglich unsere »Brecht-Performance« mit Musik von Weill und Eisler mit Erfolg absolviert hatten, fand sich endlich Gelegenheit für ein paar private Gespräche. Bis dahin unterlagen Zeit, Stress, Anspannung dem Rhythmus der künstlerischen Arbeit. Auch die amerikanischen Kollegen kamen aus verschiedenen Klangkörpern und lernten sich gegenseitig erst durch mein Gastspiel kennen. Wir mochten uns, jeder respektierte die Leistung des anderen. Bis dahin wussten sie nur, dass wir aus »Germany« kamen. Als wir nun damit rausrückten, aus welchem Teil dieses Staates wir kämen, blieb ihnen, wie man so schön sagt, zunächst »die Spucke weg«. Sie hatten sich wohl Bürger aus dem sowjetischen Osten anders vorgestellt. Von einer geteilten Stadt Berlin hatten sie, wenn überhaupt, nur entfernt eine Ahnung. So mussten wir ihnen ein wenig historische Nachhilfe erteilen. Unsere gemeinsamen abendlichen Erfolge, die Professionalität vom ostdeutschen »director« Henry und meiner Leistung ließen den politischen Schock bald überwinden. Spätestens nach unserer letzten Vorstellung waren wir ein Team geworden, dass sich ungern trennte. Die Gewerkschaften hatten wieder darauf bestanden, dass bei der Aufzeichnung eines Brecht-Programms im dritten Programm des TV eine andere Musikergruppe begeistern würde, da im Fernsehen wieder eine andere Gewerkschaft das Sagen hatte. So mussten wir von neuem alle Lieder mit neuen Musikern einstudieren und so blieb es auf jeder Station der ganzen Tournee. San Francisco, Los Angeles, Chicago, Boston – jedes Mal neue Musiker, jedes Mal erneutes Probieren des gesamten Programms. Es wurde richtig spannend, denn bei jedem Wechsel überraschte uns einer der Musiker, der sich durch besondere Ahnungslosigkeit oder besondere Perfektion auszeichnete. Henry übte mit Engelsgeduld alle Lieder aufs Neue ein und wusste schon genau, bei welchem Titel jedes Mal dieselben Irritationen geklärt werden mussten. Am meisten überraschte uns bei einem Konzert eine Trompete. Sie wurde von einer jungen Musikerin geblasen, die bereits von der Stilistik her eine Qualität besaß, die uns begeisterte, und auch sonst eine sehr attraktive Erscheinung war. Leider mussten wir uns auch von ihr wieder trennen. Aber was wir am Ende dieser USA-Tournee beglückt empfanden, war die Erfahrung, wie stark Musik verbinden kann. Die Musik ist international, da gibt es keine Sprachschwierigkeiten.

Nach 14 Tagen Arbeit auf dem Theater und vor der Kamera in New York setzte sich unsere Tournee in San Francisco fort. Beim Flug zur Pazifikküste rückten wir unsere Uhren, die wir zwischen Berlin und New York bereits sechs Stunden vorgestellt hatten, wieder drei Stunden weiter. Als wir gelandet waren, fragte der Taxifahrer, der uns ins Hotel brachte, ob wir auch wegen »oil« kämen.

In der Berkely-University of California, berühmt durch studentische Protestaktionen, befand sich das Theater. Hier waren hauptsächlich Studenten ein sachkundiges, schnell reagierendes und begeisterungsfähiges Publikum. Nach dem letzten Lied mischten sich in den Applaus Zurufe von Liedertiteln, die als Zugabe gewünscht wurden. Dabei fiel uns eine erstaunliche Kenntnis von Brecht-Texten auf.

Zwei Tage später Los Angeles.

Schon vom Flugzeug aus sieht man die schwefelgelbe Dunstglocke über der Stadt, die ja eigentlich keine richtige Stadt ist. Die City besteht nur aus Büro- und Geschäftshäusern. Sie wird von vielen kleineren Zentren umschlossen, die sich an die hundert Kilometer in alle vier Himmelsrichtungen auseinanderziehen. Eins davon ist Hollywood, das wir uns natürlich nicht verkneifen konnten. Auf einer Chaussee mit fünf Fahrzeugspuren in jeder Richtung, ein Fahrzeug hinter dem anderen, krochen wir mit einer Durchschnittgeschwindigkeit von 20 Stundenkilometern in Richtung Filmstadt. Alles stöhnte: Wo soll das noch hinführen! Wir lasen an Markierungstafeln »Santa Monica« und dachten, wie so oft, an Brecht, an die Manns, an die Weigel, an Dessau, an Eisler, an die vielen, die hier in der Emigration hatten leben müssen, bangend um ihr Schicksal, bangend um Deutschland.

Hollywood überraschte uns, wie so vieles Unerwartete in diesem Land. Der Ort besteht aus einigen nicht enden wollenden Boulevards, umsäumt von ein- und zweistöckigen Häusern, Kinos, Tankstellen, Geschäften und natürlich Filmstudios. Die Straßen sind menschenleer. Man lebt im Auto. Wir fuhren den Sunset-Boulevard hinunter. Wir hörten die Namen vergessener Filmgrößen, sahen ihre überdimensionalen Villenpaläste hinter Hecken und Mauern hervorlugen und ahnten den Glanz einer vergehenden Zeit.

Die Werbung macht ein Geschäft daraus. An den Straßenecken werden Stadtpläne verkauft. Auf ihnen ist jede Villa, in der ein berühmter Künstler wohnt, mit Namen und Hausnummer markiert. Zum Wochenende kommen die Touristen, starren aufdringlich durch die Zäune und Gitter und versuchen, einen Blick auf die Stars von gestern und heute zu werfen. Viele von diesen leiden an fixen Ideen, unter Verfolgungswahn, ziehen sich in die Einsamkeit zurück, um die Öffentlichkeit nicht sehen zu lassen, wie alt sie geworden sind. Von Claudette Colbert erzählt man sich – ich will mich nicht dafür verbürgen –, dass sie, wenn sie zu einem Interview aufgefordert wird, die Reporter zwar in ihre Villa einlädt, sich dann aber nur telefonisch mit ihnen unterhält. Niemand soll ihr verwelktes Gesicht sehen. Dass sich Marlene Dietrich ebenso verhalten hat, ist hinlänglich bekannt.

Wir fuhren an dem Friedhof vorbei, auf dem Marilyn Monroe begraben liegt, und kehrten zurück in die pulsierende junge Welt der Universität von Los Angeles. Wieder Probe, wieder neues Publikum, wieder großes Glücksgefühl, wieder tiefe Erschöpfung, wieder Party, wieder Kofferpacken …

Ein Flug von sechs Stunden nach Washington. Unter uns stundenlang nackte Felsen, rotglühendes Gestein, gelbe Wüste – bis wir über Kansas flogen –, da endlich Ansiedlungen, Felder. In Washington derselbe Arbeitsrhythmus mit Proben, Interviews für Zeitungen, Fotografen, Vorstellungen. Eine ehrgeizige Germanistikprofessorin hatte uns zu Beginn des Abends begrüßt und in einer einführenden Rede Brecht interpretierend, das Publikum zum Rauchen aufgefordert. Für meine strapazierten Stimmbänder eine Zumutung, zumal am nächsten Abend noch eine Vorstellung in New York bevorstand.

Als wir dorthin zurückkehrten, erschien uns alles schon recht vertraut, wenn auch nicht schöner. Die Hotelboys nahmen die Dollars fürs Gepäcktragen mit größerer Liebenswürdigkeit entgegen. Die Mammie auf unserer Etage begrüßte uns wie alte Bekannte.

Die Nachtvorstellung in »Village Gate«, dem berühmten Theaterkabarett im Herzen des Künstlerviertels von Manhattan, setzte den künstlerischen Schlusspunkt unserer ersten USA-Tournee. Am Ende des Programms wurden wir von einer Beifallskundgebung besonderer Art überrascht. Anstelle eines von der Direktion überreichten Blumenstraußes warfen die Zuschauer ungezählte Blüten auf die Bühne, bis der ganze Boden bedeckt war und ich – um es poetisch auszudrücken – wie über einen Blumenteppich schritt.

Weit nach Mitternacht ließen wir uns erschöpft in die durchgesessenen Polster eines Taxis fallen. Zum letzten Mal riefen wir durch die schusssichere Scheibe dem Driver »Picadilly-Hotel« zu. Mit achtzig Sachen brauste der Wagen über die nächtlich leeren Straßen. Der Fahrer machte sich nicht die Mühe, den Schlaglöchern auszuweichen. Es waren zu viele. Die sanfte Federung des amerikanischen Straßenkreuzers warf uns bis zum Wagendach. Wir hatten uns daran gewöhnt. Wir fuhren den Broadway hinauf. Selbst hier war es jetzt still. Nur die überfüllten Müllsäcke auf dem Trottoir warteten bis auf den nächsten Morgen und aus den Gullys dampfte die verbrauchte warm-feuchte Luft.

Ein zusätzliches Brecht-Programm vor den UNO-Delegierten im Hauptquartier der Vereinten Nationen bildete den politischen Höhepunkt des Gastspieles, denn zu diesem Zeitpunkt gehörte die DDR noch nicht zu den Mitgliedsstaaten der UNO und so fühlten wir uns tatsächlich so ein bisschen wie diplomatische Vorboten.

Das Friedenslied, das in der englischen Übersetzung auch die Kinder Vietnams einschließt, wurde von einem ergriffenen Auditorium mit demonstrativem Beifall bedacht. Selten spürte ich eine solche Übereinstimmung zwischen politisch-künstlerischer Absicht und unmittelbarer Wirkung, wie in dieser Vorstellung.

Am Abend setzten wir uns wieder in den Riesenvogel, der uns nach Europa zurückbringen sollte. Um zwei Uhr nachts New Yorker Zeit sahen wir am Horizont über den weißen Wolken die Sonne aufgehen. In Europa war es jetzt 7 Uhr. Wir flogen in die Morgendämmerung hinein.

Rohrbruch in New York

In New York passierte in einer unseren ersten Vorstellungen etwas Ungewöhnliches. Wir hatten kaum begonnen. Ich sang mein Auftrittslied. Die Konzentration im Zuschauerraum war groß. Es »knisterte«, wie man so sagt. Plötzlich, in die Musik hinein, hörte ich ein leises Wassertröpfeln. Seltsam, dachte ich, während ich weitersang, in dem Riesengebäude befinden sich noch viele Stockwerke über dem Theater, wieso ist der Regen so deutlich zu vernehmen? Das Tröpfeln wurde lauter – ich auch. Seltsam, dachte ich. Vor einer Stunde, als ich ins Theater kam, schien der Himmel noch heiter. Es muss ein Wolkenbruch sein.

Meine Stimme hatte Mühe, über das Geräusch hinwegzukommen. Jetzt wurde es auch im Parkett unruhig. Ich war gerade bis an die Textstelle gekommen: »... und das Wasser, das steigt und das Schiff, das versinkt!« – da sah ich die Bescherung. Ein Rohrbruch war's! Das Nass troff in großen Rinnsalen aus der Decke und hatte bereits die hinteren Parkettsessel erreicht.

Wir mussten abbrechen. Ein Hausmeister war zur Stelle. Offenbar war er an ähnliche Pannen gewöhnt und behob den Schaden. Die Zuschauer putzten sich heiter die Schuhe ab und wichen auf trockene Notsitze aus. Meine Musiker intonierten noch einmal das Motiv des Matrosen-Tangos. Aber als ich wieder an die Stelle kam: » ... und das Wasser, das steigt« – ging Gelächter los. Ich unterbrach, um in meinem Schulenglisch die Situation zu erklären: »It wasn't Verfremdungseffekt of the direction. It was« (die englische Vokabel für Rohrbruch fiel mir nun wirklich nicht ein) »really water. But it was perfect at the right moment!« Donnernder Applaus! Von »trockener« Atmosphäre konnte bis zum Schluss der Vorstellung keine Rede mehr sein.

Die Feindin

Jeden Abend, wenn ich die Szene, genau um 19.30 Uhr New Yorker Zeit betrat, war sie da. Sie saß irgendwo in einer Ecke des Zuschauerraums und lauerte auf mich. Ich ahnte es. Ich spürte es über alle Wellen der Sympathie hinweg, die mir das Publikum entgegenbrachte. Nicht dass ich Lampenfieber gehabt hätte. Ich wusste, was ich zu sagen hatte, auch in Englisch, und ich wusste, wie ich es sagen beziehungsweise singen würde. Henry, mein »musikalischer Direktor«, gab in bewährter Präzision den Auftakt für die amerikanischen Musiker zum Einleitungsmotiv. Diese Musik brauche ich. Sie gibt mir Halt, treibt mich voran. Es konnte nichts passieren. Aber – ich hatte eine Feindin, und das war sie!

Dabei erschien sie immer erst, wenn die Scheinwerfer aufflammten, wenn die Wärme der Lampen sich auszubreiten begann, und jeden Abend saß sie auf einem anderen Platz. Ich konnte ihr nicht einmal eine gewisse Anerkennung versagen, denn sie war mutig. Sie scheute nicht das Aufsehen. Im Gegenteil, sie liebte es, bemerkt zu werden. Sie hatte keine Angst vor dem Publikum.

Solange sie sich im Parkett aufhielt oder sich mit den Musikern amüsierte, hatte ich nichts dagegen. Tauchte sie aber in meiner Nähe auf, wurde ich nervös. Ich spürte, wie sie anfing, mir die Aufmerksamkeit der Zuschauer zu stehlen. Ich versuchte, so zu tun, als sei sie nicht vorhanden. Ich ignorierte sie. Ich bemühte mich, sie wegzuscheuchen, aber sie war unempfindlich gegen meine Angriffe. Meine Gestik, oft von der Presse als sparsam gerühmt, wurde ausladender, fahriger. Beim Bilbao-Song schwang ich meinen Arm im Rhythmus der Musik derart heftig hin und her, dass ich immerhin erreichte, sie eine Zeitlang von mir fernzuhalten. Aber kurze Zeit später war sie wieder da. Beim »Schiff mit acht Segeln« riss ich meinen Arm mit einem Ruck so plötzlich nach oben, dass sie erschrocken davon stob. Doch spätestens beim »Surabaya-Johnny« kehrte sie zurück. Dieses Lied liebte sie besonders. Ich stand so schön still dabei. Das mochte sie. Meine Atemtechnik wurde flacher. Ich wagte nicht, die Luft tief in mich hineinzusaugen, wie bei längeren Gesangspassagen erforderlich, fürchtete ich doch, ich könne sie mit einatmen.

Nur wenn sie müde wurde – das waren für mich die schönsten Augenblicke –, ließ sie sich auf dem Mikrofon nieder. Die leichten Schallschwingungen des Geräts schienen eine Art sexuelle Vibration bei ihr hervorzurufen. Wie sollte es anders sein, da der Sex allenthalben auf dem Vormarsch ist.

Nun hatte ich die Aufmerksamkeit wieder ungeteilt. Jetzt bemühte ich mich, meine Gesten auf ein Minimum zu reduzieren, um meine Rivalin recht lange auf ihrem Ruheplätzchen festzuhalten. Aber das Glück währte nur kurz. Spätestens, wenn ich das Tuch der »Courage« um den Kopf schlang, schoss sie wieder los. Sie genoss das Scheinwerferlicht, die Musik, die Menschen, am meisten aber meine schweißnasse Stirn, mein nach Honig duftendes Haar. So war sie immer gegenwärtig, die ganze Vorstellung über. Sie muss eine Brecht-Liebhaberin gewesen sein!

Dann, eines Abends war es anders. Wie immer wartete ich, dass sie aus irgendeiner Ecke anschwirren würde, aber sie kam nicht. Unbemerkt hielt ich nach ihr Ausschau, wünschte, dass sie kommen möge, wurde nervös, fast traurig. Was war das? Hatte ich mich an sie gewöhnt? Ich merkte, dass mir etwas fehlte.

Endlich, beim Surabaya-Song, sah ich wieder ihren silbernen Leib auf mich zuschießen. Diesem Lied konnte sie nicht widerstehen. So wurde sie mir allmählich immer vertrauter. Ich kannte ihre Vorlieben, ihren Punkt, müde zu werden, ihre Eitelkeiten. Sie liebte das Bühnenlicht. Ich auch. Wir hatten Gemeinsames. Das Publikum war jeden Abend neu, anders. Wir kannten uns. Wenn sie sich in meinem Haar verfing, glaubte ich, zweistimmig zu singen. Ihr Summen dicht an meinem Ohr mischte sich mit meiner dunklen Stimme. Niemand hörte es, nur wir beide. Wir hatten Geheimnisse miteinander.

Dann kam der letzte Abend unseres Auftritts in New York. Nun hieß es Abschied nehmen nach 14 langen, herrlichen, anstrengenden, beglückenden Abenden an diesem Theater. Da hatte sich meine Freundin eine Überraschung ausgedacht: Sie erschien mit zwei anderen! Ich war fassungslos. Das ging zu weit. Das nahm ich ihr übel. Während ich schwer arbeitete, hatte sie sich bei der Erzeugung von Nachwuchs amüsiert! Schnell und unvermittelt wurde sie wieder meine Feindin, inklusive ihrer Familie. Ich nahm den Kampf auf und – ein Fliegenfänger, viel zu spät aufgehängt – siegte.

Die Geste aber, die ich gefunden hatte beim »Schiff mit acht Segeln«, dieses plötzliche Hochreißen des Arms, diese Bewegung, die noch manchen Kritiker zu tiefsinnigen Erörterungen veranlassen würde, ist gar nicht so schlecht. Ich werde sie beibehalten …

Stippvisite beim Théâtre des Nations 1972

Mehr als eine Stippvisite war es wirklich nicht. Das muss vorausgeschickt werden. Einen vollständigen Bericht über alle Veranstaltungen, die anlässlich des Theaterkongresses in Paris (Mai 1972) geboten wurden, muss ich schuldig bleiben, da ich wegen einer Italien-Tournee nur in den letzten Tagen an dem Treffen teilnehmen konnte.

Ich hatte, wie immer, in dem kleinen Hotel in der Rue des Beaux Arts ein Zimmer genommen. Ich liebe diese Straße, dieses ganze Viertel. Das Studentenquartier mit dem berühmten Boulevard Saint Michel liegt gleich um die Ecke. In fünf Minuten erreicht man das Ufer der Seine und schaut von einer der schönsten Brücken, der Pont Neuf, weit über die Stadt bis zu den weißen Türmen der Kirche von Notre-Dame.

Vom Hotel aus stößt man nach ein paar hundert Metern auf eine der herrlichsten »Fress«meilen von Paris. Dort verkaufen die Geschäftsleute ihre Waren in den Läden, die sich weit zur Straßenmitte vorschieben und zwischen all den kulinarischen Herrlichkeiten gerade so viel Platz lassen, dass die altersschwachen, knatternden Dreiradautomobile den Nachschub an Obst und Gemüse liefern können.

Sonst gehört dem Fußgänger das Trottoir. Hausfrauen, Studenten, junge Väter, berufstätige Mademoiselles, erfahrene Gourmets pendeln von einer Seite der Rue zur anderen und wählen sorgsam und mit Kennerschaft aus. Gewichtig wird der Camembert zwischen Daumen und Mittelfinger auf seine Reife hin befühlt. Kundige Hände wenden jeden Pfirsich, jeden Apfel hin und her. Preisvergleiche werden vorgenommen. Ein paar Sous weniger auszugeben gebieten Ehrgeiz und Notwendigkeit. Die ständigen Teuerungen lösen oft temperamentvolle Auseinandersetzungen aus, die, selbst als Streit ausgetragen, in der klangvollen Sprache noch melodisch klingen.

Mein Hotel ist eine der typischen Pariser Herbergen, gezwängt in ein schmalbrüstiges, altes Haus in einer engen Seitenstraße. Charakteristisch für Paris die bis zum Boden der Räume reichenden Fenster, »portes fenêtres« genannt. Von außen durch kunstvolle schmiedeeiserne Geländer zugleich geschmückt und gesichert, verleihen sie den Gebäuden Würde in symmetrisch strenger Schönheit. Die steil gewundenen Treppen des »Hôtel de Nice« sind ausgetreten, den Gästen von heute nicht mehr zumutbar. So wurde der Komfort des Hauses durch einen Lift bereichert, einen winzigen Käfig – ebenfalls kunstgeschmiedet –, der ächzend Stockwerk um Stockwerk erklimmt. Sein Fassungsvermögen: zwei Personen, wenn sie sich eng aneinander pressen (was unter Umständen ganz angenehm sein kann).

Ehe der Fahrstuhl aber bestiegen werden darf, unterzieht die Patronin, eine gestrenge Dame in den Sechzigern, tadellos frisiert und geschminkt, jeden Ankommenden einer strengen Prüfung. Als Hotelbesitzerin taxiert sie ungeniert im vollem Bewusstsein ihrer Bedeutung die Gäste. Sie nimmt nur auf, wen sie mag, wer eine Empfehlung aufzuweisen hat oder eben, wie ich, bereits zu den Stammgästen gehört, und – jedoch nur widerwillig – Amerikaner. Der Dollar ist als Währung nicht zu unterschätzen.

Vom Fenster meines Zimmers schaue ich in drei winzige, fast quadratische Hinterhöfe hinein. Auf armseligen, umsäumten Grasflecken kümmern ein paar dünne Bäumchen dahin, von verwilderten Sträuchern bedrängt. Gärtnerische Pflege waltet hier schon seit Jahren nicht mehr. Auf den umliegenden Dächern könnte ich, wenn ich Lust und Zeit dazu hätte, an die 50 Schornsteine zählen.

Der Fußboden in meinem Gemach hat sich im Laufe eines guten Jahrhunderts in beängstigender Weise zur Zimmermitte hin gesenkt. Das große französische Bett, das fast den ganzen Raum einnimmt, steht in einer Schräge von ca. sechs Grad, und man müsste die Kopfkissen eigentlich unter die Füße legen, um den Höhenunterschied einigermaßen auszugleichen. In der ersten Zeit träumte ich jede Nacht von Erdbeben und hatte bereits Bedenken, wenn das Zimmermädchen den Staubsauger etwas heftig auf den Boden setzte. Auch vermied ich jede heftige Bewegung. Ich konnte nur hoffen, dass die Gäste über mir von den gleichen Besorgnissen erfüllt sein und den Betten nicht zuviel zumuten würden. Der Kronleuchter klirrte sowieso bei jedem Schritt. Für stürmische Liebesnächte schien mir das Haus entschieden zu alt. Da es aber schon einige Generationen überdauert hat, habe ich mir allmählich meine Ängste abgewöhnt.

Auch dieses Mal nahm ich hier meine Wohnung, um an jenem Theaterkongress teilzunehmen, der Fachleute aus vielen Ländern für eine Woche zusammenführte. Unter verschiedensten Aspekten sollten Wirkung und Funktion des Theaters untersucht und diskutiert werden, von Demonstrationen und Übungsbeispielen unterschiedlichster Art unterstützt. Ich will versuchen, das Dargebotene der letzten beiden Kongresstage, so gut wie es geht, zu schildern, um dem Leser vielleicht ein eigenes Urteil zu ermöglichen.

Unter der Leitung von Jean-Louis Barrault (unvergessen seine Schauspielkunst in dem herrlichen Film »Kinder des Olymp«) hatten sich im »Théâtre Racamier«, das für die Demonstration zur Verfügung stand, Tausende von Zuschauern, Studenten, Theaterleute und Kritiker (Eintritt frei) zusammengefunden. Um recht vielen Interessierten Einlass zu ermöglichen, war der Zuschauerraum durch einfache, praktikable Umbauten verändert worden. Über die Parkettreihen hatte man aus riesigen Planken einen provisorischen Fußboden gezimmert und um die so gewonnene große Mittelspielfläche, ähnlich wie in einem Boxring, stufenartig Sitzbretter montiert. So hockte man, die Knie des Hintermannes im Rücken, seine Füße links und rechts neben sich, einer neben den anderen gequetscht. Unvorstellbar, wenn hier etwas passiert wäre. Unsere wackeren Feuerwehrleute zu Hause, die jeden Abend in den Theaterkulissen sitzen, hätten beim Anblick dieses Gewimmels die Hände über dem Kopf zusammengeschlagen.

Die Luft war zum Schneiden, die Neugier gewaltig, die Unbequemlichkeit groß. Nachdem sich das Fassungsvermögen des

Atmosphäre im Théâtre des Nations, Paris, 1972.

Theaters durch Ausnutzung auch des allerletzten Stehplatzes vervierfacht hatte, wurden die Türen abgeschlossen, und es ging endlich los. Peter Brook, dem bekannten englischen, seit Jahren in Paris ansässigen Regisseur, gehörte die Szene. Er, der sich sowohl mit Shakespeare-Inszenierungen als auch mit Brecht einen Namen gemacht hat – in einer seiner letzten Inszenierungen bestand die Attraktion in einem an die drei Meter hohen vergoldeten Penis, um den die Schauspieler auf der Bühne herumtanzten –, bot hier einen »Arbeitstag im Theater«. Eine Million Dollar war ihm – wie mir Eingeweihte zuflüsterten – zur Verfügung gestellt worden, um zu experimentieren und auszuprobieren. Nun legte er das Ergebnis vor.

Eine Gruppe von zwölf jungen Leuten betrat das scheinwerferbeleuchtete Geviert, gekleidet in sorgfältig ausgewählte Gewänder, barfuß, versteht sich. Die Kostümierung reichte von nachthemdähnlichen Kitteln bis zu ausgebeulten langen Flanellunterhosen. Als letzter schritt Brook selbst herein, in Schuhen, in der Art eines nach innen, ganz auf das Wesentliche gerichteten Wissenschaftlers. Mit leiser Stimme erläuterte er auf Französisch das zu Erwartende, was mir das Verständnis leider erschwerte.

Zunächst nahm die Gruppe junger Leute lange Bambusstäbe in die Hand und schwang sie hin und her. Dagegen war nichts zu sagen. Die ernst dreinschauenden Frauen und Männer schwangen sich auf und ab, drehten sich mit ihnen im Kreis, hüpften darüber hinweg und mühten sich redlich ab. In einer Übung prügelten alle auf einen in der Mitte stehenden Schauspieler ein, allerdings gingen die Schläge immer haarscharf an ihm vorbei, wozu sicherlich auf beiden Seiten Mut erforderlich war. Sollte diese Übung helfen, die Angst auf der Bühne zu überwinden? Vielleicht. Allerdings kommt solch eine Situation in der Dramatik nur sehr selten vor. Man zittert aus ganz anderen Gründen.

Auf eine Dreiviertelstunde Bambusgymnastik ohne ein Wort folgten Übungen mit Text. Text ist wohl nicht das richtige Wort, denn Brook hatte in jahrelanger Arbeit eine eigene Sprache entwickelt, die nun dem atemlos lauschenden Auditorium vorgeführt wurde. Diese Sprache zu beschreiben, stößt auf echte Schwierigkeiten. Sie besteht aus einzelnen Vokalen, Konsonanten, Zischlauten, Spucklauten, Nasallauten, Schreien, Stöhnen, Kreischen, Jaulen, Ächzen, alles wohl abgewogen in sinnvollem Wechsel. Uns wurde das Erlebnis zuteil, dem Monolog einer Frau zuzuhören. Eine Schauspielerin trat vor das Mikrofon. Konzentriert, tiefernst, fast möchte ich sagen: religiös versunken, begann sie zu sprechen – verzeihen Sie das Wort »sprechen«. Ungefähr so: »sssssstttttrrrrrrenmmmmmmhhhllllllllllllll-schschschschsch ... Schrei ... mmmmmmmrrrrrrooooooooo ... Schrei ... siiiiiiiiiiiirrrrrr ... Stöhnlaut ... ekekekek ... Atemgeräusch ... mmmmmmsssss rrrroooooooaaaaaaaaaa ... Hecheln ... ttttttssssssssssrrrrrrrrrr.«

Danach sprach die ganze Truppe ähnlich ergreifende Texte dieser Art. Welche Mühe, den Irrsinn auswendig zu lernen! Dann wurde ein Duett vorgetragen. Irgend etwas von »orgas ...« hatte Brook zuvor mit leiser Stimme gesagt. Sollte es sich wirklich um einen Orgasmus handeln, um dieses auf den heutigen Bühnen so abgegriffene Thema? Jedenfalls knieten die Partner nebeneinander auf den Boden, ohne sich anzusehen oder zu berühren, und vertieften sich, offenbar nur verbunden durch das Geheimnis jener neuen Sprache, ineinander. Fein, dachte ich, wenigstens keine Pornographie. Im Duett fingen sie an zu zwitschern, zu zischen, immer abgehackter in präziser Genauigkeit. Dann hörte das Zwitschern plötzlich auf – das war's wohl! – dann tsitsten sie noch ein wenig vor sich hin. Ende. Atemloses Staunen, Applaus im Publikum.

In der nächsten Szene hörten die Darsteller gänzlich auf, sich menschenähnlicher Geräusche zu bedienen. Zunächst wurde ein Pappkarton bemüht, der in Bewegung geriet, zu atmen, zu laufen begann. Ein »Schauspieler« hatte sich hineingezwängt und wurde ob dieser Leistung heftig beklatscht. Kurz darauf schob sich ein zweiter Pappkarton herein. In ihm hatte eine Mitwirkende Platz genommen, die genüsslich eine rote Papierblume verspeiste. Der Hauptdarsteller spielte einen Hahn oder eine Katze, ich konnte es nicht genau erkennen, und stieß artverwandte Laute aus. Nun begann eine aufregende Handlung. In einem dritten Pappkarton von der Größe eines Sarges lag ein Toter, der einen Fuß weit herausstreckte. Sogleich biss der Hahn-Katz seinem Kollegen kräftig in die große Zehe. Der Darsteller der Leiche hatte riesige Füße.

Er war mit der Rolle gut besetzt. Dann kam ein Nebenbuhler auf den Plan. Dem biss der Hahn-Katz in den Hintern. Um an diesen zu gelangen, riss er zuerst seinem Rivalen mit den Zähnen eine zwei Meter lange Gardinenschnur aus dem Bund der Hose, damit dieselbe falle. Das wiederum veranlasste die Schauspielerin im Pappkarton, die nach dem Verspeisen der Papierblume keine Aktion mehr gehabt hatte, sich mit dem Ausdruck höchsten Entzückens die Gardinenschnur in den Mund zu stopfen. Nach einer Weile zog sie die, Gott sei Dank, aber wieder heraus. Sie hätte sie ja auch aufessen können. Für die Kunst ist kein Opfer zu groß. Mir waren für diese Art Kunst schon die spitzen Knie meines Hintermannes zuviel.

Die letzte Szene des erbaulichen Abends ging auf Szenisches von Peter Handke zurück. Ein junger Mann betrat das Geviert. An zwei Krücken, mit denen er nicht umzugehen verstand, taumelte er in die Arena. Er konnte einem leid tun, wie er sich, immer kurz vor dem Hinstürzen, mit den Dingern abmühte. Offenbar empfanden das seine Kollegen auch. Denn einer schob ihm endlich einen Stuhl hin. Nun begann eine Art Unterhaltung, ähnlich, wie sie Irre im Zustand geistiger Umnachtung miteinander führen mögen. Dann nahm der Krückenmann – auch das noch – ein Mikrofon in die Hand und schrie, ohne an seine armen Stimmbänder zu denken, in das wehrlose Ding hinein. Schrie und schrie. Beifall, Ende.

Kein Protest, kein Ablehnen im Zuschauerraum. Im Gegenteil, nach der Vorstellung wurde im Bistro an der Ecke bei Wein und Käse lebhaft diskutiert, welcher von den »Schauspielern« der beste gewesen sei. Der Hahn-Katz hatte besonders gefallen. Überhaupt wurde die Ansicht laut, dass der Intellekt auf der Bühne passé sei. Jetzt gelte es, die Instinkte zu entdecken und bloßzulegen, und da die menschlichen Instinkte verschüttet seien, müsse man sich an die tierischen halten. Aha, nun hatte ich Peter Brook verstanden.

Was dann am nächsten Abend auf die Bühne sprang, war weder in der Lage, einen Menschen noch ein Tier darzustellen, das war für meine Begriffe einfach ein hochstapelnder Dilettant. Natürlich barfuß auch er – seit diesem Kongress bin ich allergisch gegen nackte Füße –, bekleidet mit einer verwaschenen Badehose, einer Gasmaske vor dem Gesicht. Angestrahlt von roten Scheinwerfern, trug er in jeder Hand zwei Räucherstäbchen, welche die Luft im Auditorium noch unerträglicher machten. Ansonsten herrschte Dunkelheit – in seinem Kopf ganz gewiss und ebenfalls im Zuschauerraum, in dem das Publikum diesmal auf der Erde Platz nehmen musste.

Zunächst schnaufte der Mime zehn Minuten lang unter der Maske, dann riss er sie ab, dann fiel er platt hin und wälzte sich in konvulsivischen Zuckungen, dann schrie er – wie gehabt –, dann fing er an zu zittern, dann setzte er sich einen Stahlhelm auf, dann schmierte er sich rote Farbe in den Mund und ließ sie wieder herausfließen, dann biss er eine Zuschauerin in den Oberschenkel und stieg mit seinen nackten Füßen schwitzend über uns hinweg.

Auch hier anfänglich gespannte Aufmerksamkeit des Publikums. Erst als der Mime diesen dilettantischen Irrsinn bis zu einer geschlagenen Stunde ausgedehnt hatte, kamen Protestrufe, wurde er ausgelacht, ausgepfiffen, ohne dass dieser wackere Darsteller sich indes auch nur im mindesten irritiert gefühlt hätte. Im Gegenteil, es spornte ihn an, nur noch intensiver zu schreien, zu röcheln, sich zu wälzen und den Leuten seine nackten Füße unter die Nasen zu halten.

Nach dieser qualvollen Stunde gehörte die Szene einer Pantomimengruppe aus Paris, die in nicht uninteressanten Etüden zeigte, wie clowneske Situationen entstehen, wobei die aufgestülpten, rot lackierten Pappnasen einen merkwürdigen Kontrast zur Ernsthaftigkeit und Gewichtigkeit des Anliegens der Gruppe bildeten.

Mit Jean-Louis Barrault.

Dann war ich dran. Barrault hatte mich gebeten, nicht länger als eine halbe Stunde zu agieren. Offenbar fürchtete er einen langweiligen Vortrag noch langweiligerer Lieder. In charmant französischer Höflichkeit stellte er mich dem Publikum vor, nicht ohne bei dem Wort DDR ein klein bisschen aus dem Gleichgewicht zu geraten. Mir war elend zumute. Nach allem, was vorher gezeigt worden war, würde ich es mit meinen Demonstrationen schwer haben. Hatte ich doch keineswegs die Absicht, Instinkte hervorzukramen, sondern wollte versuchen, an die intellektuellen, bis dahin brachliegenden Reserven der Zuhörer heranzukommen, um über die Arbeit am Song, vor allem am Brecht-Song zu sprechen und Beispiele vorzustellen.

Doch es war erstaunlich, in welch kurzer Zeit sich Intelligenz und kritisches Reaktionsvermögen beim Publikum wieder einstellten. Spätestens, als ich von der Politik auf dem Theater sprach, von der wachsenden Politisierung besonders des jugendlichen Publikums, die wiederum dem Interpreten noch größere Genauigkeit abverlange, ihn zwinge, durchschaubare Antworten und Anregungen zu geben, dass es darauf ankomme, das Vergnügen am Denken zu produzieren, zum Mittler zwischen Autor und Publikum zu werden, spätestens da waren die Zuhörer wie ausgewechselt. Nun reagierten sie intelligent, politisch, aktiv.

Nach 30 Minuten, an die ich mich präzis gehalten hatte, wollten sie nicht aufhören, weitere Beispiele aus meiner Arbeit zu hören. Erst das Eingreifen Barraults als Moderator, der sein leichtes Irritiertsein über die Wirkung meiner Demonstration geschickt verbarg, beendete den strapaziösen Abend. Offenbar überraschte ihn die Entdeckung, dass mit konkreter Aussage über gesellschaftliche Prozesse in gestischer Darstellung doch noch das meiste zu gewinnen ist.

Der Trost nach den zwei Tagen? Ich denke, ja, denn auch in der Kritik wurden die Darbietungen Marcel Marceaus, die gleichfalls auf realistischen Beobachtungen basieren, und mein »Werkstattgespräch« als die wesentlichsten Ereignisse des Kongresses herausgestellt. Und trotzdem – wie ziellos – wie richtungslos das alles! Wie leicht lässt sich das Publikum bluffen von modernistischen Neuheiten, eben nur, weil sie neu sind. Nicht von ungefähr kommt mir Brechts Forderung vom »Erlernen der Zuschaukunst« in den Sinn.

Ein neuer Kontinent

Als ich das erste Mal das Angebot für eine Tournee nach Australien erhielt, schaute ich auf den Globus. Als ich feststellte, dass es links- wie rechtsherum genauso weit war, schob ich die Sache beiseite. Reale berufliche Verhinderungen kamen wie gerufen, die Entscheidung über eine Zusage hinauszuzögern. Zwar brachten mir meine Musiker die Angelegenheit immer wieder ins Gedächtnis, denn sie reizte die weite Reise; aber außer Kängurus hatten sie an Argumenten nichts zu bieten, und dass ich mir diese Tiere mit viel geringerem Aufwand im Berliner Tierpark ansehen konnte, war unwiderlegbar. Trotzdem, der australische Partner ließ nicht locker, und nach längerem Debattieren wurde ein Termin vereinbart. Immer noch in der stillen Hoffnung, dass die diversen Theater unseren Beurlaubungen nicht entsprechen würden, stimmte ich der Terminkonkretisierung zu. Wider Erwarten vertraten jedoch unsere Berliner Kunstbetriebe den Standpunkt, einer solchen Chance nicht im Weg stehen zu können. Sie richteten die Spielpläne so ein, dass alle Freistellungen zum Reiseantritt vorlagen. Somit gab's kein Zurück mehr. Die Verträge wurden unterschrieben, und langsam begann ich mich mit der Tatsache abzufinden.

An einem kühlen Märzmorgen ging's los. Erste Etappe: London: Als ich dort – einen Katzensprung von Berlin entfernt im Vergleich zu der Strecke, die noch vor uns lag – in die vor Erregung geröteten Gesichter meiner Kollegen schaute, begann sich auch bei mir eine leise, vorsichtige Freude bemerkbar zu machen, und ich beschloss, das Abenteuer anzunehmen, wie es auch kommen werde.

Eine Boeing 747 der englischen Fluggesellschaft sollte uns weiterbefördern. So hatte es die australische Agentur vereinbart, denn Großbritannien gilt auch heute noch als eine Art Mutterland für Australien, was sich z. B. auch in Flugpreisvergünstigungen ausdrückt. Die Strecke zwischen Europa und Australien wird meist mit Nachtflügen absolviert. An jenem Abend drängten sich Menschen der verschiedensten Nationalitäten und Hautfarben in der für diesen Flug bestimmten Wartehalle, darunter Greise, Kinder und nicht wenige Babys. Hinzu kamen Berge von Handgepäck. Unser »baggage« wirkte dagegen bescheiden, denn weder eine aufwendige elektro-akustische Anlage noch ein Kontrabass waren zu transportieren. Diese Gegenstände sowie natürlich auch das Piano sollten an jedem Auftrittsort für uns bereitstehen. Lange vor Beginn der Tournee waren in einem zehn Seiten langen Fragebogen des australischen Partners diese Voraussetzungen genauestens geklärt worden, wie überhaupt die gesamte Konzertreise vorzüglich organisiert worden war. Am Ende der Reise – drei Wochen später – konnten wir das ohne Einschränkungen konstatieren.

Zu unserem Gepäck gehörten unter anderem eine Klarinette und eine Trompete, die in eleganten schmalen Futteralen steckten. Der Schlagzeuger transportierte seine Geräte in zwei Koffern, und was ich beizusteuern hatte, erschien mir nicht der Rede wert. Dass meine Herren darüber anderer Meinung waren, wiederholt sich bei jeder Reise und ist nicht verwunderlich, denn Männer werden nie verstehen, dass alles, was da in zwei mittelgroßen Koffern verstaut war, zum Reisegepäck einer Frau gehört. Immerhin musste ich für drei unterschiedliche Programme auch unterschiedliche Bühnengarderobe mitnehmen und hatte gewisse Repräsentationspflichten zu erfüllen.

Nachdem Formalitäten und Sicherheitskontrollen sowie das Einchecken, erledigt waren, durften wir mit unseren »boardingcards« endlich die »gangway« unseres »clippers« betreten. Trotz der Platzreservierungen kam es zu Gedränge, denn allein das Finden der entsprechenden Sitze ist für viele Reisende schon Anlass zu Hektik und Tumult. Dazu kommt das Problem: Wohin mit dem »handbaggage«? Das viel zu zahlreiche Handgepäck in den viel zu kleinen Fächern unter der Decke unterzubringen – wenn man im Flugzeug überhaupt von »Decke« sprechen kann – misslingt meist, weil die schon mit Mänteln und Jacken vollgestopft sind. So bugsiert man Taschen und sonstiges Gepäck unter die Sitze oder schiebt sie sich gottergeben zwischen die Füße, was die Bequemlichkeit beträchtlich einschränkt, vor allem, wenn die Maschine bis auf den letzten Platz ausgebucht ist wie in unserem Fall. Bis Bombay hatten wir uns also erst einmal auf neun Flugstunden in recht beengter Sitzerei einzurichten, denn Erste-Klasse-Flüge waren in unseren Verträgen nicht vorgesehen. Es dauerte aber immer noch etwa 30 Minuten bis zum Start, und dann geschah, was ich jedes Mal wieder für kaum begreiflich halte: Der Riesenvogel hob sich in die Luft, beladen mit 340 Passagieren, mit dem ganzen Gepäck, der Mannschaft, der Verpflegung und – nicht zu vergessen – mit einer riesigen Menge Sprit, die für eine solche Ozeanüberquerung benötigt wird. Der Inhalt eines Hochhauses steigt da in den Himmel! Später verwandelte sich das Hochhaus sogar noch in zwei Kinos, denn während des Flugs wird als Service auf zwei Leinwänden ein Spielfilm gezeigt. Wir flogen mit einer indischen Crew. Von Stewardessen dieser Nationalität waren wir noch nie betreut worden. In bodenlangen, raffiniert geschlungenen Gewändern, deren leuchtende Farben einen seltsamen Kontrast zur funktionellen Nüchternheit des Flugzeugs bildeten, bewegten sich die Damen graziös in den engen Gängen. Die Stirn schmückten schwarze und rote Punkte – irgendwelche Kastenzeichen, versicherten uns Indienkundige. Vor allem aber die zwei Hand breite nackte braunsamtene Haut zwischen Rock und Oberteil gefiel meinen Musikern. Leider waren die Speisen, die uns serviert wurden, weniger reizvoll und nicht von indischer Art, sondern verrieten eher das englische Commonwealth. In festgelegten Zeitabständen schob man sie in sich hinein und Orangensaft zum Nachspülen gab's genug.

Nach neun Stunden – endlich Landung in Bombay. Hier war es bereits 10.30 Uhr, bei uns zu Hause war es 5 Uhr morgens. Erfreut über die Verschnaufpause in Bombay waren wir sehr enttäuscht, als wir hörten, dass wir auf Anweisung des Flugpersonals diese Stunde im Flugzeug verbringen mussten. Wir hätten gern einmal indischen Boden betreten. Wenig später begriffen wir die Maßnahme, denn durch die geöffneten Türen schlug uns solch heiße Luft entgegen, dass unsere Kreislaufsysteme sicher nicht freundlich reagiert hätten. So war uns unser klimatisiertes Flugzeug schon lieber. Um die steifen Gelenke wieder beweglich zu machen, versuchten es viele Passagiere mit ein wenig Gymnastik oder Hin- und Herwandern in der Maschine, was bei über 300 Menschen ein rechtes Durcheinander auslöste. Dazwischen wuselte ein indischer »Ameisenhaufen« herum, Bodenpersonal aus Bombay, das mit Staubsaugern und anderen Geräten eine Schnellsäuberung der Innenräume des Flugzeuges vornahm, Riesenkisten hinaus- und andere wieder hineintransportierte, ohne von den für uns unerträglichen Außentemperaturen beeinträchtigt zu sein. Nachdem die alten Sandwichs gegen neue ausgewechselt worden waren, verließ uns alles Indische. Mit einer neuen britischen Besatzung starteten wir um 12 Uhr Bombayer Zeit erneut.

Was wir beim Abflug unter uns erkennen konnten, war erschütternd und schien kaum fassbar: Auf nackter, vertrockneter Erde breitete sich, eng an den Boden gedrückt, ein endloses Gewirr schlimmster Elendshütten aus, notdürftig mit Blech oder Pappe überdacht. Dazwischen nicht ein Baum, kein einziger Strauch, die in dieser Sonnenglut den geringsten Schatten spendeten. Die Farbe Grün schien aus der Natur gestrichen. Mit dem Höhersteigen der Maschine verschwamm das bestürzende Panorama, bis endlich nur noch Wasser unter uns zu sehen war. Wasser auf Stunden und Stunden – der Indische Ozean! Gottergeben knickten wir in die bereits trainierte Sitzhaltung zurück und überließen uns dem Service der British Airways. Wieder wurde ein Film gezeigt, diesmal eine rührselige Schnulze über eine Eislaufprinzessin, die uns offenbar Kühle suggerieren sollte. Dann gab's wieder Säfte und Dinner. Um 12 Uhr MEZ begann der Sonnenuntergang und brachte unser Zeitempfinden vollends durcheinander. Endlich gegen 23 Uhr Ortszeit landeten wir auf dem neuen Kontinent: Australien! Und zwar auf dem westlichen Zipfel. In Perth, der Hauptstadt von Westaustralien. Hier sollte unsere Tournee beginnen. Jetzt wurde es endgültig Zeit, die Uhren umzustellen. Von nun an lebten wir der Heimat sieben Stunden voraus.

Zunächst erwartete uns eine langwierige Passkontrolle. Wie ich es schon bei Reisen in die USA erlebt hatte, wurden die Gründe für den Besuch des Landes genau überprüft. Zu viele versuchen als Einwanderer ihr Glück, und der Staat fürchtet, für die eines Tages arbeitslos Gewordenen zahlen zu müssen. Unsere Arbeitserlaubnis, im Pass eingetragen, wurde akzeptiert. Dabei fiel mir ein, dass ein englischer Zollbeamter bei der Zwischenlandung in London ebenfalls nach unseren Reisegründen gefragt hatte. Als er von unserem Brecht-Programm erfuhr, lächelte er vielsagend und begann ohne zu zögern, den Mackie-Messer-Song zu singen. Immerhin, für einen Zöllner eine originelle Reaktion! Hier in Perth geschah so etwas nicht, dafür trat der seltene Fall ein, dass das Gepäck schon lange vor uns abgefertigt war und auf dem Laufband unser harrte. Nichts als einen Apfel und ein noch übrig gebliebenes belegtes Brot aus Berlin hatten die Beamten beschlagnahmt. Die Angst vor Krankheitserregern ist groß und sicher auch begründet.

Der Transport ins Hotel war unkompliziert. Unsere Konzertmanager akzeptierten unsere Müdigkeit. Sie kennen das zur Genüge von Europareisenden und verließen uns bald. Als ich endlich im ersehnten Bett lag, spürte ich noch immer das Vibrieren des Flugzeugs, und das Gefühl des Fliegens wurde ich selbst im Traum nicht los.

Am nächsten Morgen entdeckten wir die Stadt. Dass es da nicht viel zu entdecken gab, merkten wir bald. Die Mainstreet mit ihren zweistöckigen alten Häusern neben Hochhausriesen bot Hässliches neben Lustigem, denn lustig sehen sie aus, diese in den verschiedensten Baustilen zusammengewürfelten, grellbemalten Gebäude. Nur das Festivalzentrum hob sich in großzügiger, klarer Architektur als imponierender weißer Bau aus dem Stadtbild heraus und gewährte von seiner breiten Terrasse aus einen wunderbaren Blick auf den palmenumsäumten meerähnlich breiten Strom Swanriver. Was uns bei erster Bekanntschaft mit dem fremden Kontinent am meisten faszinierte, war die tropische Vegetation: Palmen verschiedenster Art, Kakteen – baumgroß –, Agaven, Eukalyptusbäume, Vögel, die in exotisch leuchtenden Farben – groß wie Papageien – durch die Lüfte segelten und dabei merkwürdige Laute von sich geben, ähnlich als ob eine Harfensaite angeschlagen würde.

Viel Zeit zum Stadtbummel konnten wir uns wie immer nicht leisten. Schon wurden wir von unserer Inspizientin erwartet. Sie sollte unsere Vorstellung an drei verschiedenen Auftrittsorten in Perth betreuen. Wir bemerkten erleichtert, dass Wendy ihr Metier glänzend beherrschte und überhaupt fabelhaft war. Im Nu hatte dieses zierliche Persönchen verstanden, welche technischen Bedingungen wir benötigten, und erfüllte sachlich und ohne viel Umstände unsere Wünsche. Auch bei der Pressekonferenz lief das Gespräch locker, unkonventionell, allerdings auch ohne besonderen Tiefgang. Immerhin bestätigte uns das Interview, dass Brecht hier durchaus kein Unbekannter ist und große Wertschätzung genießt. Sogar über unser Land gab es bei dem einen oder anderen Pressevertreter ein paar Kenntnisse. So sah man unseren Aufführungen mit gespanntem Interesse entgegen.

Unser erstes Konzert lief im Play-House, ausverkauft schon seit Wochen, wie man uns sagte, und dank unserer Inspizientin ging die Vorstellung technisch so vorzüglich über die Bretter, als hätten wir sie schon oft gemeinsam absolviert. Der Erfolg erfreute nicht nur uns, sondern auch den Direktor des Theaters. Mit ihm und anderen prominenten Theater- und Kulturleuten der Stadt feierten wir noch tief bis nach Mitternacht in einem romantischen Lokal am Fluss die Premiere. Wir stießen mit australischem Rheinwein an, einer etwas merkwürdigen Kreation: Reben, als kleine Pflänzchen aus dem Rheinland importiert, aber auf australischem Boden gewachsen. Den Abschluss unseres nächtlichen Mahls bildete eine Eisköstlichkeit, die uns mit Recht von allen Seiten angepriesen wurde und sich »Pawlowa« nennt. Angeblich hatte die große russische Tänzerin vor einem guten Jahrhundert diese Eisspezialität aus ihrer Heimat mitgebracht. Weit nach Mitternacht traten wir aus dem verrauchten Lokal in die milde, saubere Nachtluft hinaus. Die Sterne funkelten geradezu unverschämt und schienen der australischen Erde viel näher zu sein als bei uns zu Hause im alten Europa. Auch die Sichel des Mondes wanderte den umgekehrten Weg. Das irritierte uns sehr und ließ uns erst richtig gewahr werden, wie weit wir von der Heimat entfernt waren. Tief in der Nacht fuhren wir die breiten Boulevards entlang, an den großen Schiffen vorbei, die im Hafen vor Anker lagen. Palmen schaukelten sich im warmen Wind. Von Scheinwerfern angestrahlt, wirkten sie noch höher und schlanker. Kakteen warfen mit ihren nackten unförmigen Buckeln bizarre Schatten. Eukalyptusbäume verströmten einen scharfen Geruch. Diesen prächtigen Bäumen begegneten wir auf der Reise noch oft. In Perth gibt es davon eine berühmte Allee, deren Besonderheit darin besteht, dass am Fuß jeden Baumes eine beschriftete Metalltafel über den Namen des Spenders Auskunft gibt und die Jahreszahl der Pflanzung, nämlich 1929, enthält. Eine bemerkenswerte Bürgerinitiative schon zu Zeiten, als von Umweltbewusstsein noch nicht die Rede war.

Was uns im australischen Straßenverkehr auffiel, waren große gitterartige Gestänge, mit denen viele Autos noch zusätzlich zu den Stoßstangen ausgerüstet sind. Wir konnten uns den Zweck nicht erklären und erfuhren, dass diese Vorrichtungen zum Schutz gegen Kängurus gedacht sind, die bei Nacht oft in hohen Sätzen plötzlich über die Straße springen. Aha! Zum ersten Mal kamen wir auf diese Tiere zu sprechen, von denen der Europäer gemeinhin annimmt, dass sie hauptsächlich diesen Kontinent bevölkern. Gesehen hatten wir noch keinen dieser Ureinwohner des Landes. Nicht einmal als Wappentier fungiert das Känguru. Hier in Perth ist ein schwarzer Schwan Wahrzeichen der Stadt.

Die Autofahrten in diesem Land sind irritierend, denn es wird, englischer Tradition folgend, links gefahren. Es ist überhaupt erstaunlich, wie stark England hier noch präsent ist. Die meisten wichtigen Posten sind mit Engländern besetzt. Die englische Flagge ist vielerorts nicht zu übersehen. Der Fahrstil ist nicht so aggressiv und hektisch wie in unseren Gefilden. Im Durchschnitt sind die Autofahrer auffallend fröhlich, so wie die Leute überhaupt einen freundlichen Eindruck machen. Man fährt gemächlich. Wir sahen übrigens auch wenig Betrunkene oder randalierende Jugendliche. (In Sydney war dann alles anders.) Hier in Perth wurden wir durch Zufall Zeuge und sahen nicht ohne Schmunzeln, wie die Polizei mit einem der wenigen Alkoholisierten verfuhr. Der Streifenwagen stoppte neben dem schwankenden Mann. Ohne ein Wort oder brutales Zufassen nahm der Polizist dem Saufbold die Schnapsflasche aus der Hand, goss den Inhalt bis zum letzten Tropfen in den Gully und gab sie freundlich zurück. Ohne Kommentar von beiden Seiten war die Sache erledigt. Der Streifenwagen setzte seine Kontrollfahrt fort, unser Angeheiterter trottete weiter, ohne etwas von seiner Heiterkeit verloren zu haben.

In der Zeit in Perth, die jeden Abend Höchstleistungen von uns erforderte, blieben uns, nachdem Pressegespräche und Proben stattgefunden hatten, tagsüber doch ein paar Stunden zu Erkundungen, Ausflügen und sogar zu einem Bad im Indischen Ozean.

Dass die offizielle Badesaison schon zu Ende war, störte uns nicht. Australien rüstete sich im März auf den Winter. Und die einheimischen Badeenthusiasten hatten sich in eine stillere Bucht zurückgezogen. Uns konnte es nicht schnell genug gehen, ins kühle Nass zu kommen. Wir stürzten uns in die hohen Wellen, ohne von der Kraft der Brandung und dem Sog ins Meer eine Ahnung zu haben. Das hätte bei mir fast ein schlimmes Ende genommen. Nur mit größten Anstrengungen und in großer Angst schaffte ich es wieder an Land zu schwimmen. Warum die Ortskundigen die ruhige Bucht gewählt hatten, war uns, als wir erschöpft und etwas bleich wieder sicheren Grund erreicht hatten, klar. Auch dass an diesem, unserem einzigen freien Tag die Sonne nicht schien, empfanden wir, zunächst enttäuscht, rückblickend eher als Glück. Denn die Sonnenstrahlen, hier nicht durch Staub gefiltert, hätten uns böse Verbrennungen beigebracht.

Wir verließen Perth mit dem guten Gefühl, anständige Arbeit geleistet zu haben. Sogar das Nachtprogramm, in dem wir Kabarettchansons der 20er und 30er Jahre interpretierten, war mit derartigem Interesse erwartet worden, dass sich die Leute, die keinen Platz mehr fanden, einfach auf den Fußboden hockten, rings um die Bühne herum, und wir bei den Auftritten gezwungen waren, über ihre Arme und Beine hinwegzuklettern.

Beim Abflug kam zu unserem Gepäck ein Packen Zeitungen hinzu, in denen unsere Aufführungen ausführliche Würdigungen erfuhren, sowie Broschüren über das Festival und die Stadt.

Unser nächstes Tourneeziel war Sydney. Wir flogen über Melbourne. Bei der Zwischenlandung dort erfuhren wir vom Streik des Bodenpersonals. Trübe Aussichten für unseren Weiterflug! Schon sahen wir unser nächstes Konzert in Gefahr. Doch es hörte sich schlimmer an, als es sich dann praktisch abwickelte. Der befristete Streik wurde, um das Chaos nicht zu groß werden zu lassen, für Stunden ausgesetzt. So startete auch unsere Maschine schneller, als wir erwartet hatten; allerdings ohne unser Gepäck,

Born in 1943, he began his career at Cambridge as a Choral Scholar and a Footlight, along with the future Goodies and Monty Python teams. He then appeared in cabaret at the Blue Angel, played the piano at a south London pub and appeared in four musical revues. This led to the first of more than 200 appearances singing his topical songs on radio and television, to appearances in a West End musical and many television plays. He has also found time for occasional forays into classical music: he has sung in three operas for Radio 3, narrated *Façade, Peter and the Wolf* and *The Soldier's Tale*, and given a recital at the Wigmore Hall.

Richard Stilgoe was eventually invited by the Belfast Festival to combine all these activities into a one-man show which proved an instant success and has now been seen at many major arts festivals. In an evening of wit and musical satire he outrageously sends up everything from counter tenors to the Swingles and the Red Army Choir. Not even Lillee and Thomson escape his bouncers.

By arrangement with the Arts Council of South Australia.

Dolphin Theatre
23 February-4 March 8pm

Gisela May

SPONSORED BY ALCOA OF
AUSTRALIA LIMITED
AUSTRALIAN PREMIÈRE

Widely regarded as the greatest living interpreter of the songs of Brecht and Weill, Gisela May has become a legend in her own time. Like Brecht, she stands on the border between songs and theatre. She has been the leading actress of the Berliner Ensemble (founded by Brecht himself) for the last fifteen years, and her parallel career as a singing actress has been acclaimed throughout the world. She is making her first visit to Australia.

In company with actor Alfred Müller and an instrumental ensemble of five virtuoso musicians from East Germany, Gisela May will present three programmes during the Festival. At the Playhouse Theatre on 3 March a look at Berlin drama of the 30's and 40's entitled 'What Keeps Mankind Alive'. At the Festival Club late-night on 4 March her renowned German cabaret 'Hoppla wir Leben!' – a highly charged evocation of decadent pre-war Berlin. Her final programme at the Perth Concert Hall on 5 March, 'Brecht Through Four Decades', provides an evening of excerpts and songs from Brecht's most famous stage works *Happy End, Mahagonny, Mother Courage, The Private Life of the Master Race, The Threepenny Opera* and *Schweyck*.

By arrangement with the Adelaide Festival.

Playhouse Theatre
3 March 8.15pm
Festival Club, Perth Concert Hall
4 March 10.30pm
Perth Concert Hall
5 March 8pm

Gisela May

Festival in Perth. Ankündigung im Programmheft des Festivals.

Festival in Perth, 1980.

das erst mit der nächsten Maschine befördert wurde. Dass sich niemand der betroffenen Fluggäste sonderlich aufregte, registrierten wir überrascht, wie schon öfter bei derartigen Zwischenfällen. Offenbar gehört dergleichen Unbill hier bereits zum Alltag.

In Sydney kommen wir in der Dunkelheit an. Wir sind in unmittelbarer Nähe des Vergnügungsviertels untergebracht. Da wir nichts auszupacken haben, unternehmen wir als erstes einen kurzen Informationsbummel. Was wir bei dieser abendlichen Stippvisite auf den Straßen zu sehen bekommen, hätten wir uns, aus dem braven Perth kommend, nicht träumen lassen. Wie sich hier der Ausverkauf menschlicher Werte zur Schau stellt, hatten wir in solch unverblümter Direktheit noch nicht erlebt. Wer uns da über den Weg gelaufen ist, war auf der sozialen Leiter zum Wohlstand über die unterste Stufe nicht hinausgekommen. Die käuflichen Damen, grellgeschminkt, in einer Kleidung, die alles sehen läßt, was ihrem Geschäft nützt. Die südlichen Temperaturen gestatten spärliches Angezogen- oder besser Ausgezogensein. Manche der Mädchen sind noch jung und attraktiv gewachsen, doch die Härte des Gewerbes hat in vielen Gesichtern schon unübersehbare Spuren hinterlassen. Bettler, Outcasts, menschliche Wracks probieren ohne sonderlichen Nachdruck ihr Glück bei den wenigen Touristen, die auf der Suche nach Amüsement staunend und verunsichert durch die Welt des so genannten Vergnügens spazieren. In Hauseingängen oder auf dem Trottoir hocken diejenigen, für die Rauschgift Lebensinhalt geworden ist. Stumpfsinnig und teilnahmslos stieren sie vor sich hin. Die Momente des Glücks, die durch Drogen entstehen sollen, ihnen scheinen sie verwehrt. An Straßenecken finden sich Grüppchen zusammen, die, von einem Gitarristen angezogen, auf ein bisschen Spaß warten. Anhänger religiöser Sekten mit absurden Haartrachten singen, in fantastisch bodenlange Gewänder gehüllt, zur Erbauung der Passanten ernste Gesänge, was eher Belustigung auslöst und diese jungen Leute nur noch tiefer in die tänzelnde Trance ihrer Lieder treibt. Drei Leute prügeln sich um eine Brieftasche. Ein junger Mann, an eine Häuserwand gelehnt, rezitiert eigene Gedichte – oder ist es die Bibel? Wir ergründen es nicht. Von einer Walze, die er mit einiger Geschicklichkeit an einem Notenpult befestigt hat, rollt sich das meterlange Epos auf eng beschriebenem schmalem Papierstreifen im Rhythmus seines pathetischen Sprechens wie eine Klosettpapierrolle ab. Niemand hört zu.

Ein paar Meter weiter hat sich ein Musikant in eine lebendige Musikbox verwandelt. Es ist unglaublich, wie viele Instrumente zur Erzeugung von Geräuschen, bestenfalls von Tönen, er an seinem Körper montiert hat. Angefangen von einer Glocke, die an der Mütze festgenäht ist, bis zu Schlagzeugbecken und winzigen Trommeln, die an den Fußgelenken hängen. Um den Brustkorb trägt er ein Gestell, das ihm die Mundharmonika im Wechsel mit einer Panflöte bereithält. Die Hände sind frei für die Gitarre oder die Geige. Dazu kommt das Mikrofon um den Hals, der Sender in der Hosentasche und mit mehreren Verstärkern, durch einen Wust von Drähten und Kabeln miteinander verbunden, schafft er es, dass seine Lieder in Discolautstärke weit über die Straße dröhnen. Als wir uns nähern, legt er noch einmal mächtig los, entledigt sich dann all der Schnüre und Strippen, die seinen ganzen Körper umspannen, und packt seinen Musikladen ein. Ein paar Cents und Dollarscheine, die auch wir in seine auf dem Boden liegende Mütze warfen, scheinen ihm für ein Nachtmahl zu genügen.

Auf der gegenüberliegenden Straßenseite hocken auf riesigen Motorrädern bedrohlich aussehende Burschen in militanter Lederbekleidung, acht bis zehn nebeneinander. Jede der monströsen Maschinen mit vierfach chromblitzenden Auspuffrohren, durch unzähliges »Zubehör« aufgeputzt, wird von den stolzen Besitzern wie eine Geliebte zwischen die Schenkel gepresst. Die jungen Männer reden, rauchen und lachen laut und provozierend. In Wirklichkeit achten sie, ohne dass es weiter auffällt, auf ihre Mädchen, die für sie »anschaffen«. Dass sie mit jenen nicht gerade sanft umgehen, ist im tränenverschmierten Gesicht eines der armseligen Dinger noch zu sehen. Die Spuren des brutalen Schlages werden so schnell nicht vergehen. Niemand schert sich darum. Ein Betrunkener, der ohne Hilfe nicht einen Schritt mehr zu gehen vermag, tastet sich wie ein Blinder vorwärts, indem er von einem parkenden Auto zum anderen zu gelangen versucht. Die wenigen Zentimeter zwischen einem Fahrzeug und dem nächsten werden zum schwankenden Balanceakt und nur mit letztem Aufgebot an Kräften überwunden. Ein armseliges Bemühen! Amüsante Abwechslung für die Zuschauer, die gespannt auf den Moment warten, wenn der Torkelnde das nächste Auto verfehlt. Als es geschieht, als der Mann auf die Straße stürzt und liegen bleibt, geht man befriedigt weiter. – Die Polizei lässt sich in dem Treiben nicht sehen. Ein Eingreifen ihrerseits könnte größere Krawalle auslösen, auch fürchtet sie wohl um die eigene Sicherheit.

Von all diesen Eindrücken betroffen, begeben wir uns in unser Hotel. Unterwegs treffen wir noch ein Mädchen, das uns schon vor Stunden aufgefallen war durch die dunkelgraue Farbe, mit der sie ihr Gesicht völlig bemalt hatte. An ihrem Gewand und ihren feuerroten Haaren erkennen wir sie wieder. Jetzt sehen wir sie abgeschminkt und erschrecken. Ihre Haut ist über und über von Narben entstellt. Verzweifelt zieht sie mit ihrer Gitarre noch immer von einer Straßenecke zur anderen und sucht Gesellschaft. Bunte Leuchtreklame und gleißende Lichterfülle, die diesem ganzen Elend Attraktivität und Glanz verleihen sollen, eine Kalkulation, die nicht aufgeht.

Am Tag präsentiert sich das Vergnügungsviertel müde und grau. Die grellen Illuminationen sind auf Sparstrom geschaltet, die Armseligkeit der Häuser, der Geschäfte und deren billige Auslagen locken keine Käufer. Man ruht sich aus bis zur nächsten Nacht.

Ankündigung des Auftritts in der Sydneyer Oper.

Wir streben unserem Auftrittsort, dem Sydneyer Opernhaus, zu, berühmtes architektonisches Denkmal der Stadt, ja des ganzen Landes. Dieser erstaunliche Bau übertrifft alles an Fantasie und Kühnheit, was ich bisher an moderner Architektur gesehen hatte. Kein Wunder, dass das Haus zum Wahrzeichen der Stadt wurde. Was bei der gestalterischen Konstruktion besonders beeindruckt, sind sechs hintereinander gestaffelte weiße Dächer, die sich wie riesige Segel weit ins Meer hinausschieben. Der Gebäudekomplex umfasst unter anderem eine Konzerthalle mit 2 700 Plätzen, ein Opernhaus mit 1 600 Plätzen, ein Dramentheater mit 600, einen Musikraum mit 450 Plätzen, hinzukommen sechs Theaterbars, zwei Restaurants, fünf Probensäle, Ausstellungshallen und entsprechende Räume für die Administration. Mehr als 2 200 Türen kommen dazu. Entworfen und ausgeführt wurde das Projekt von einem dänischen Architekten, der sich allerdings bei der Finanzierung des Unternehmens so übernommen hatte – viele der Baumaterialien, bis hin zu kostbaren weißen Mauersteinen, wurden mit Schiffen extra aus Skandinavien importiert –, dass die Fertigstellung des Hauses ernstlich in Frage gestellt war und in der letzten Bauphase, ehe der Stadt die Puste ausgegangen wäre, ein australischer, etwas bescheidenerer Architekt die Beendigung des Projekts übernahm.

Wie auch immer: Was hier entstanden ist, wurde zur touristischen Attraktion Nummer eins von Sydney. Auch die Olympiade benutzte es als Symbol. Bei der Hafenrundfahrt wird immer wieder gebührend nahe heran- und herumgefahren, bis der letzte fotogene Blickwinkel von den Kameras der fotografierwütigen Touristen erfasst ist. Natürlich hat sich auch die Industrie des architektonischen Glanzstücks bemächtigt: Als Schlüsselanhänger, Flaschenöffner, als Ohrclips, Briefbeschwerer und Dutzende weiterer Erfindungen kann man das weiße Opernhaus mit nach Hause nehmen.

Für unser Gastspiel hatte man die größte Auftrittsvariante gewählt: die Konzerthalle. Ausgerüstet mit raffinierten technischen und vor allem akustischen Neuheiten, brauchten wir uns von dieser Seite her keine Sorgen zu machen. Als ich einige Takte ohne Mikrofon sang, wurde der Ton tatsächlich ohne Mühe bis in die hintersten Parkettreihen getragen, allerdings mit einer Verzögerung um Bruchteile von Sekunden, bedingt durch die Ausmaße des Zuschauerraumes.

Zum Umkleiden stand mir neben der Garderobe ein weiteres luxuriöses Zimmer zur Verfügung. Hier sollte der Künstler entspannen und seine Gäste empfangen. Aber an Entspannen war vorläufig nicht zu denken. Der Gedanke, eine Vorstellung mit Brecht-Songs in diesen Dimensionen zu absolvieren, machte mich nervös. Als sich am Abend der Saal füllte, als die Lichter verlöschten und das gleichmäßige dumpfe Raunen im Zuschauerraum absoluter Stille wich, wusste ich, nun war es wieder einmal soweit! Der Mut, der mich den weiten Weg bis zur Bühnenmitte auf spiegelglattem Parkett bis vors Mikrofon begleitete, verließ mich auch diesmal nicht. Die automatisierte Gewohnheit funktionierte, und als die ersten Takte der Musik erklangen, war es dann eigentlich wie immer. Ob in Rostock oder Mailand, Leipzig oder Sydney, hier war Arbeit abzuliefern, so genau und präzise wie nur möglich. Die absolute Konzentration, die mir schon oft bei künstlerischen Anlässen geholfen hat, schob alle Nervosität beiseite. Die Angst, meine Stimme könnte versagen, eine Hysterie, die mich vor vielen Vorstellungen plagt, die mich ganze Krüge mit heißem Zuckerwasser oder Milch ausschlürfen lässt, sie war von einem Augenblick zum anderen wie weggewischt. Die Vorstellung als Erfolg zu erwähnen, verbietet mein Taktgefühl. Beim anschließenden Empfang mit Persönlichkeiten des Theaters und mit Honoratioren der Stadt war ich wie immer glücklich und erschöpft zugleich, und vor allem taten mir die Füße weh. Mit heiterem Verständnis wurde also »geduldet«, dass ich beim Stehbankett meine Sandwichs im Sitzen verzehrte.

Nach diesem aufregenden Abend trafen wir uns noch im Hotelzimmer von Henry zu einer gemütlichen Runde. Wir saßen auf dem Bett, auf dem Boden, alle schon in bequemer Kleidung, Pantoffeln an den schmerzenden Füßen. Wir schauten auf das Opernhaus, in dem wir eben noch gewirkt hatten. Vom Hotelfenster aus dem 12. Stock bot sich ein faszinierender Blick über die Millionenstadt. Nun waren wir unter uns. Wie viele Jahre reisten wir schon zusammen durch die Welt. Wir kannten einander lange und gut. Jeder respektierte die Arbeit des anderen, schätzte dessen künstlerische Qualitäten, menschliche Vorzüge und Schwächen. Allmählich entstand so etwas wie eine große Familie. Und wie sehr ich auch nach kräftemäßiger Anstrengung das Alleinsein brauchte, gute Freunde um mich zu haben, weiß ich besonders im Ausland zu schätzen.

Am folgenden Nachmittag wurden wir von den Veranstaltern des australischen Festivals zu einem Beisammensein abgeholt. Mit mehreren Autos fuhren wir bis an den Stadtrand. Das Treffen fand in malerischer Umgebung auf einem felsigen Hügel hoch über dem Hafengelände statt. Etwa 30 Leute erwarteten uns mit Kind und Kegel in einer Villa in ganz privatem Kreis. Als wir ankamen, waren alle schon mit Essen beschäftigt. Mit fettigen Händen wurden wir vergnügt kauend begrüßt. Dann kriegten wir auch unseren Teil: In großen Schüsseln schwamm Hühnerfleisch in pikanter Sauce, knuspriges Weißbrot dazu, auch knackig frischer Salat. Das Mahl vollzog sich ungezwungen. Das Treffen, zu dem viele interessante Leute erschienen waren, fand nicht nur unseretwegen statt, sondern weil gerade der »may-day« vorbereitet wurde. Das Wortspiel zwischen »May-day« und »may-day« war willkommener Anlass für Späße und wurde mächtig strapaziert. Zunächst gab es eine kurze Ansprache, dann den Austausch von Präsenten, und auf Wunsch der Anwesenden brachten wir als Gastgeschenk ein Kurzprogramm unserer Lieder. Henry begleitete uns, in Ermangelung eines Klaviers, auf einem den Gastgebern gehörenden

Harmonium. Brechtsche Gesänge zu Harmoniumklängen hatten wir noch nicht in unserem Repertoire. Eine musikalische Verfremdung, die dem Meister gefallen hätte. Als dann noch beim immer wieder gern gehörten Mackie-Messer-Song selbst die kleinen Knirpse angelockt wurden, die in ihren nassen Badehosen direkt aus dem Swimmingpool kommend, sich vor uns aufbauten, um uns von unten herauf in die Nasenlöcher zu gucken, wurden wir noch vergnügter.

Nach einem herzlichen Abschied lud uns ein Gewerkschaftsfunktionär, der unseren Rücktransport in die Stadt übernommen hat, noch in eine Nachtbar ein. Dass der Portier uns wegen der Jeanshosen meiner Musiker nicht einlassen würde, da diese offenbar den vornehmen Manieren nicht entsprachen, hätten wir in dieser Stadt am wenigsten erwartet. So fuhren wir in einen Gewerkschaftsklub, der allerdings eher einem Spielsalon glich, denn rings an den Wänden standen und klingelten Dutzende Spielautomaten, und es dauerte nicht lange, bis auch uns das Spielfieber an diese blödsinnigen Dinger trieb, die uns das Geld aus der Tasche zogen. In der ersten Stunde des neuen Tages erhielten wir dann noch eine Lektion über Gewerkschaftsarbeit. Bill erzählte von seiner Tätigkeit als Funktionär der Hafenarbeiter. Nachdem er selbst als Dockarbeiter 25 Jahre schwere körperliche Arbeit verrichtet hatte – man sieht's ihm an –, konzentriert er sich jetzt mit Verve auf die sozialpolitische Arbeit. Uns gefiel seine klassenbewusste Einstellung, sein Stolz, mit dem er davon berichtete, dass es ihm und seinen Kollegen endlich gelungen sei, für die Dockarbeiter, die auf 30 Arbeitsjahre zurückblicken, eine Rente durchzusetzen. Noch vor einigen Jahren gab es nach Beendigung eines 30-jährigen Arbeitsverhältnisses keinen Penny. Bill sprach aber auch von Rückschlägen. Durch die Arbeitsrationalisierung hatte sich die Gewerkschaft der Hafenarbeiter von 12 000 auf 3 000 dezimiert. Das verhindert die Schlagkraft der Organisation. Das Gespenst der Arbeitslosigkeit hat auch diesen

Berufszweig nicht verschont. Soziale Ungerechtigkeit tritt immer deutlicher zutage. Sie verschlechtert, politisiert aber auch zugleich das Klima und verschärft die Gegensätze. Wir bedankten uns für das beeindruckende Gespräch. Als wir von Sydney und unseren neuen Freunden Abschied nahmen, hatten wir eine Menge dazu gelernt.

Als Zwischenstation vor dem nächsten Festivalauftritt in Adelaide werden wir in einer kleineren College-Stadt zum Gastspiel erwartet. Günstige Gelegenheit, etwas mehr vom Land kennen zu lernen. Sei es auch nur aus der Vogelperspektive. Wir fliegen mit einer kleinen Propellermaschine, einem gemütlichen, altmodisch anmutenden Vogel, der höchstens 20 Fluggäste befördern kann. Meine üblichen Ängste sind schnell abgebaut, denn bei diesem Flug empfinde ich das Gefühl des Fliegens erstmalig als angenehm, vielleicht weil ich den Vorgang noch am ehesten begreifen kann. Die Maschine fliegt gemächlich und nicht allzu hoch. Zunächst geht es an der Küste entlang. Im Sonnenschein schimmert der Strand unter uns wie ein weißer Streifen, der das tiefblaue Meer umsäumt. Später, als wir ins Landesinnere fliegen, fallen uns auf dem endlosen, völlig ausgetrockneten Steppenland des öfteren kreisrunde weiße Flecken auf. Was es damit auf sich hat, erfahren wir im Nachhinein: Es handelt sich um Salzseen, die auf Grund der extremen Trockenheit ausgetrocknet sind. Später nehmen wir undeutlich, dann immer deutlicher eine Unmenge Tiere wahr, die in großen Sprüngen davonjagen. Ganz aufgeregt entdeckten wir Kängurus: »Da sind sie! In Massen! Kein Wunder, dass sich die Leute ihre Autos mit zusätzlichen Stoßgittern verbarrikadieren.« Doch als unsere Maschine tiefer geht und zur Landung ansetzt, erkennen wir enttäuscht, dass unsere Kängurus ganz gewöhnliche Schafe sind.

Das Flughafengebäude besteht aus einer mitten in unbesiedeltem Flachland errichteten Baracke. Keine Ansiedlung weit und breit. Erst nach vielen Meilen Autofahrt empfängt uns ein freundliches, sauberes Städtchen, im Kolonialstil gebaut, mit einer einzigen Hauptstraße. Die einstöckigen Häuser haben Balkone, die von Holzpfählen gestützt und von prächtigen geschnitzten Geländern umgeben sind. Die ganze Silhouette der kleinen City gäbe eine herrliche Kulisse für Wildfestfilme ab. Kein Hochhaus, keine Mietskasernen stören das kleinstädtische Idyll. Jede Familie hat ihr eigenes, wenn auch noch so kleines Häuschen.

Wir wohnen in einem Motel ebenerdig und einstöckig, das mit allem Komfort, vom Kühlschrank, Farbfernseher bis zum Heizkissen im Bett, ausgestattet ist. Letzteres erweist sich als höchst angenehm, denn wir merken schon am nächsten Tag, wie schnell hier die Temperaturen zwischen Tag und Nacht wechseln. Auch die Gasheizung können wir gut gebrauchen, so eisig ist die Nacht, während uns die Tage mit hochsommerlichen Temperaturen erfreuen.

Hier in Mount Gambier werden wir von einem Deutschen betreut, der schon seit Jahrzehnten in Australien ansässig ist. Als Musiklehrer am College leitet er ebenfalls das Schulorchester. Wir hören von seinen Ausbildungsmethoden, die er mit Enthusiasmus vorträgt. Wir spüren, dass er seinen Beruf leidenschaftlich liebt. Mit demselben Enthusiasmus bereitet er alles für unsere Vorstellung vor. Wir staunen über ein gut ausgestattetes, mit Scheinwerfern und einer modernen Tonanlage ausgerüstetes Theater. Der Jubel, mit dem wir empfangen werden, schließt zugleich Anerkennung ein, dass Künstler von internationalem Rang auch einmal in solch einer kleineren Stadt auftreten. Mitglieder des Theatervereins, der offensichtlich das kulturelle Klima des Ortes bestimmt, bitten uns, nach Beendigung der Vorstellung zu einem improvisierten Mahl in die Küche des Colleges. In völlig ungezwungener Atmosphäre treffen wir hier prächtige Leute, die alles, was wir zu essen bekommen, selbst zubereitet haben. Von fleischgefüllten, frisch aus dem Ofen kommenden Pasteten bis zur Pawlowa, die wir als süße Köstlichkeit bereits aus Perth kennen.

Beeindruckt von unserem Programm, plaudern Pädagogen, Drogisten, Hausfrauen und in sonstigen Berufen Arbeitende mit uns. Sie spielen selbst Theater: Für ein Stück stehen zwei bis drei Monate Vorbereitungszeit zur Verfügung. Geprobt wird zwei- bis dreimal in der Woche. Kostüme und Dekorationen werden selbst angefertigt. Jede Inszenierung bringt es auf sieben bis acht Vorstellungen. Wir bewundern diesen Theaterenthusiasmus und beglückwünschen unsere Gastgeber dazu. Während wir noch reden, waschen einige bereits das Geschirr ab, wobei auch die Männer ganz selbstverständlich mithelfen. Es wird viel gelacht, die Atmosphäre ist von erfrischender Ungezwungenheit.

Auch der nächste Tag an dem wir bei strahlendem Wetter einen Ausflug auf eine etwas außerhalb liegende Ranch unternehmen, ist geprägt von dieser angenehmen Unkompliziertheit. Auf dem Wege sollen wir noch den Wildpark besuchen, um endlich die besagten Kängurus in ihrer natürlichen Umgebung zu sehen. Wir fahren also einen Abhang hinunter und gelangen in einen Wald, dem die Bezeichnung »Unterholz« besser entspräche, denn Bäume gibt es kaum, dafür Gestrüpp, das jetzt zum Sommerausgang aus verdorrten, dürren braunen Ästen besteht. Es knistert vor Trockenheit. Ein Wildhüter erwartet uns mit einer Flinte im Anschlag. Diese Maßnahme sei notwendig, denn die Tiere wären mitunter unberechenbar, ein Schlag mit dem Schwanz genüge, um einen Menschen schwer zu verletzen. Zum Füttern der Tiere steht ein ganzer Wagen Brot bereit. Brot darf, wenn es älter als einen Tag ist, nicht mehr verkauft werden – da kommt schnell allerhand zusammen. Welcher Luxus! So wird es unter anderem verfüttert. Jeder von uns bewaffnet sich also mit einigen Broten, und dann suchen wir die Kängurus. Zunächst sehen wir eine ganze Weile nicht das kleinste Lebewesen, das sich bewegt. Plötzlich aber springt ein ganzes Rudel in riesigen Sätzen an das Gatter. An Füttern ist nicht zu denken. Dafür interessieren sich andere Bewohner des Tierparks für unser Brot: Emus, recht ruppig aussehende, übermannsgroße Vögel. Sie drängen sich dicht an den Zaun und reißen mit ihren scharfen raubvogelartigen Schnäbeln das Brot in großen Stücken gierig aus unseren Händen und zerren die Brocken durch den Drahtzaun. Diese Tiere machen keinen freundlichen Eindruck. Sicher ist das ein durchaus subjektiver, unwissenschaftlicher Eindruck. Tiere entziehen sich menschlicher Wertung. Für ein Emu-Männchen ist ein weiblicher Emu sicher das bezauberndste Geschöpf, das es gibt. Trotzdem, diese Vögel mit den winzigen, spitzschnabeligen Gesichtern auf langen dürren Hälsen mit proportional viel zu großen Leibern und struppigem Federgewand, dazu die langen staksigen Beine – nein, diese Tiere sind nicht mein Fall. Übrigens besitzen sie auch eine Waffe, belehrt uns der Wildhüter. Ihre mittlere Kralle nämlich sei äußerst scharf und würde von den Tieren bei Gefahr wie ein Messer blitzschnell gegen den Feind benutzt. Ich hätte die kleinen Koala-Bären, die ich nur als Andenken-Kuschelbärchen kannte, weitaus lieber in der Natur gesichtet. Aber diese drolligen Tiere sind nicht einmal in jenem Tierpark zu sehen. Sie scheinen in Australien bereits zu einer Rarität geworden sein. Übrigens gibt es, was diese Thematik anbetrifft, auch über die Kängurus Interessantes und zugleich Widersprüchliches zu hören. Einer erzählt uns, die Tiere hätten keine natürlichen Feinde mehr, und damit sie nicht überhand nähmen, hatte er mit einer Gruppe von Jägern eine jährliche Abschussquote von 3 000 Stück. Andere, mit denen wir sprechen, bringen ihre Besorgnis zum Ausdruck, dass durch das übermäßige Jagen die Tiere bald vom Aussterben bedroht seien. Wir können uns keinen Vers darauf machen und nehmen uns vor, zu Hause darüber genauere Auskünfte einzuholen. Das einzige, was wir übereinstimmend über die Kängurus erfahren, besteht darin, dass das Fleisch für Menschen ungenießbar sei und lediglich als Hunde- oder Katzenfutter Verwendung fände. In diesem Zustand würde es sogar bis Europa exportiert, meine Katzen haben das bestimmt schon mit Appetit gefressen. Auch das Fell eigne sich nicht zur Lederverarbeitung ...

Wir fahren nun schon eine ganze Weile in Richtung Ranch. Auf der Fahrt an endlosen verbrannten Wiesen vorbei, die nicht einen einzigen grünen Halm sehen lassen und als Weide unbrauchbar sind. Buschbrände sind die größte Gefahr für Land und Leute. Mit einer Geschwindigkeit von 50 Stundenkilometern überspringen sie Chausseen und Gräben und vernichten immer wieder ganze Ansiedlungen. Um so mehr verstehen wir, welch eine Kostbarkeit hier das Wasser ist. Jedes Haus besitzt einen riesigen Aluminiumtank, der das Regenwasser auffängt. Der Kaffee mit diesem Wasser gebrüht, soll besonders gut schmecken. Wir glauben es, noch ehe wir ihn probiert haben.

Obwohl man uns gesagt hat, das Haus unserer Gastgeber läge dicht am Stadtrand, fahren und fahren wir immer noch, ohne auf der Chaussee auch nur einen Menschen zu sehen – kaum ein Auto, ganz selten ein Gehöft. Aber was sind in diesem Land Entfernungen!

Endlich biegt Max in einen Sandweg ein, an dessen Ende, mitten in der verdorrten Steppe, hinter einigen Bäumen, von Büschen umgeben, jenes Landhaus liegt, deren Besitzer uns zum Lunch erwarten. Die Hausfrau empfängt uns auf der Sonnenterrasse. Mit ihr begrüßen uns noch einige Freunde des Hauses ebenso herzlich ungezwungen und fröhlich wie die Menschen am Abend vorher. Auf die diskrete Frage, wo denn der Hausherr sei, weist die Gastgeberin seufzend in die Richtung etlicher Schuppen und meint: »Der schmutzige Mann in dem Overall, das ist er!«

Das Hobby ihres Mannes bestünde darin, alte Autos wieder auf Hochglanz und Hochtouren zu bringen, verrät sie uns. Oldtimer vor dem Häuschen liefern den Beweis. Wenig später erscheint auch schon ein weißhaariger, gutaussehender Mann in verdreckter Arbeitskleidung und begrüßt uns herzlich. Kurz darauf als Gentleman in weißem Hemd und mit Krawatte ist er kaum wiederzuerkennen. Wie wir erfahren, »möbelt« er nicht nur alte Autos auf, sondern restauriert mit derselben Liebe und Fähigkeit auch Möbel und sogar Musikinstrumente. Wir bewundern einige wertvolle alte Geigen, Flöten, ein Cembalo und schöne alte Einrichtungsstücke, die dem Landhaus Wärme und Gediegenheit verleihen.

In der gemütlichen Küche laden bunte Salate, ofenfrisches, selbst gebackenes Brot, Käse und Obst zum Essen ein. Wieder imponiert uns die außerordentlich gastfreundliche Atmosphäre. Gleichzeitig wird uns klar, was in diesen entlegenen Gegenden nachbarschaftliche Hilfe bedeutet. Der nächste Anwohner wohnt oft viele Meilen entfernt, doch als Freund und Nachbar ist er wichtig. Das beginnt schon mit den Kindern, die sich als Spielkameraden brauchen und auch jetzt ausgelassen zusammen herumtoben. Für unsere Bewirtung wird diese nachbarschaftliche Hilfe ebenfalls in Anspruch genommen. Jeder hat etwas beigesteuert oder bei der Zubereitung des Essens geholfen. Man kann tun, was einem Spaß macht. Ich sitze eine Weile auf den angenehm kühlen Steinfliesen der Terrasse und beobachte die Vögel. Sie präsentieren sich hier in besonders seltenen exotischen Exemplaren. Der Garten, von der übrigen Wildnis kaum unterschieden, ohne abgezirkelte Wege, eingezäunte Beete oder gar geharkten Rasen, bietet für sie unzählige Schlupfwinkel und Nester. Ganz aus der Nähe können wir ihre fantastischen Farben bewundern und dem Gezirpe und glockenähnlichen Gurren lauschen. Der Nachmittag gefällt uns sehr. Mit dem Versprechen, unbedingt von zu Hause aus zu schreiben, verabschieden wir uns. Später verlieren wir dann leider die Adresse. So ist das bei Tourneen ...

Letzte Station und eigentliches Ziel unserer Australien-Reise ist das berühmte Festival in Adelaide. Das ist kein spezielles Theatertreffen. Es steht allen Künsten offen und erfasst neben der darstellenden Kunst Malerei, Tanz, Musik, Literatur, Grafik, Fotografie. Besonders sympathisch berührt uns, dass auch den Kindern dabei Zeit und Raum gewidmet ist. Sie werden als Kunstkenner von morgen in das volkstümliche Festival als ernst zu nehmende Publikumsgruppe einbezogen. Unser Spaziergang über das Festivalgelände lässt uns am ersten Abend an allen Ecken etwas entdecken: Farben spielen eine wichtige Rolle. Die Einfassung für einen Brunnen wird zum Beispiel durch knallrote, weiße und blaue Steinplatten markiert. Als Sitzplätze im Freien dienen rote kistenartige Würfel. Alles ist mit einfachsten Mitteln, nicht kostenaufwendig und zugleich praktisch hergerichtet.

Wir hören eine Weile einer Beatformation zu. Die meisten jugendlichen Zuschauer hocken auf den warmen Mauerbrüstungen oder spazieren mit einer Coca-Cola-Büchse oder einem Bier in der Hand umher. Man nimmt Anteil an der Musik – mit Spaß, mit Sachkenntnis, ohne in kreischende oder pfeifende Ovationen auszubrechen. Alles ist wohltuend temperiert. Auch hier keine Hektik, viel Freundlichkeit. Vor dem Schlafengehen schauen wir aus unserem Hotelfenster im 11. Stock noch einen Augenblick über die bis zum Horizont hin vor uns liegende Stadt. Bis zum Ozean erstreckt sich die Lichterkette. Das Meer ist als dunkle Begrenzung in der Nacht mehr zu ahnen als zu sehen. Auch in dieser Stadt gibt es kaum Wolkenkratzer. Man hat Platz genug. Es muss nicht unbedingt in die Höhe gebaut werden. Die Großzügigkeit in den städtebaulichen Dimensionen ist auffallend und typisch für australische Verhältnisse. Auch die Anlagen rund um das Festivalgebäude sind weitläufig angelegt. Es macht Spaß, zu Fuß zu gehen. Während unseres Spaziergangs machen wir die Bekanntschaft eines recht skurrilen skelettartigen Fabeltieres. Von einer Gruppe junger Leute gebastelt, steht es nun auf der

Straße zur Schau. Aus allen möglichen Materialien – Federn, Knochen, Strippe, Holz, Draht, Plaste, Farbe – wächst das Monstrum täglich ein Stück. Täglich wechselt auch die Gruppe der Studenten, die das Modell fantasievoll weiterentwickelt. An dem Jux beteiligen sich Absolventen verschiedener Wissenschaftszweige der Universität. Alle scheinen äußerst gespannt, wie das Fabelwesen eines Tages aussehen wird. An der schöpferischen Unterhaltung nehmen viele Passanten mit Urteil, Kritik, Lob und Lachen teil. Bei diesem Festival scheint überhaupt der Wunsch zu bestehen, möglichst viele Menschen – und vor allem junge Leute – durch die verschiedenartigsten Attraktionen und Veranstaltungen, durch Spiele und Späße auf die schöpferische Betätigung, auf Kunst Appetit zu machen.

Dazu gehört auch, dass die Organisatoren des Festivals die gastierenden Künstler bitten, neben den offiziellen Vorstellungen einen zusätzlichen Auftritt für Schüler zu absolvieren. Ich gebe zu, dass wir diesem Vorschlag zunächst skeptisch gegenüberstehen. Der Vortrag von Brecht-Songs, viele davon in deutscher Sprache, scheint uns dafür nicht sonderlich geeignet.

Aber die Veranstalter zerstreuen unsere Bedenken. Sie behalten recht. In der einen Stunde, in der wir speziell für Schüler ausgewählte Lieder singen, brauchen wir uns, was Zustimmung und Aufmerksamkeit anbetrifft, nicht zu beklagen. Die Freude bei den Veranstaltern ist groß. Sie scheinen sich bei ihrer Prophezeiung, dass alles gut gehen wird, doch nicht ganz sicher gewesen zu sein. Hinterher gestehen sie uns, dass es bei ähnlichen Veranstaltungen schon öfter zu störenden Zwischenfällen gekommen sei.

Neben unseren Vorstellungen findet noch eine Art Talkshow statt, bei der auch die australische Brecht-Sängerin Robin Archer mitwirkt. Die Themen, über die wir uns unterhalten, entwickeln sich vor dem großen Auditorium zu einem echten Arbeitsgespräch. Jede von uns – ausgestattet mit genügend eigener Praxis in der Brecht-Interpretation – ist neugierig auf die Erfahrungen der anderen, hat eine Menge Fragen, die nicht nur das Publikum interessieren, sondern auch uns gegenseitig Anregungen, Wissenswertes bringen. Dass wir im Grundsätzlichen ähnliche Meinungen vertreten, stellen wir am Ende mit Genugtuung fest.

Übrigens ist es für mich eine große Freude, Robin am nächsten Abend auf der Bühne zu sehen, allerdings nicht mit einem Brecht-Programm, sondern in einem höchst amüsanten Musical, das sie für sich und eine Schauspielerin, die sonst vor allem in klassischen Rollen die Bewunderung des Publikums genießt, selbst geschrieben hat. In diesem Stück werden aus den beiden Darstellerinnen, von denen jede eigentlich in einem anderen künstlerischen Genre zu Hause ist, zum Jubel der Zuschauer zwei herrlich ordinäre Rummelplatzfrauen, die sich in Liedern und Texten gegenseitig beschimpfen, wieder vertragen, verspotten, bedauern und ein großes Feuerwerk an komödiantischen Einfällen präsentieren. Zwei Musiker, seitlich von der Bühne platziert, begleiten die Stars. Jeder spielt vier bis fünf Instrumente. Sie ersetzen ein ganzes Orchester. Der Spaß der beiden Darstellerinnen überträgt sich auf das Publikum. Mit Vergnügen wird jede Anspielung – als kabarettistisches Kabinettstückchen vorgetragen – quittiert. Zwischen Bühne und Zuschauerraum entsteht volksfestartige Stimmung, ohne dass an künstlerischem Anspruch etwas preisgegeben wird.

Im bunten Getümmel des Festivals amüsieren sich nicht minder die Aborigines, die farbigen Bewohner des Landes. Ihre Haut ist dunkelbraun, fast schwarz. In ihren Zügen findet sich nichts Negroides. Sie ähneln eher Indianern, aber auch von diesen unterscheiden sie sich. Ihr Haar ist nicht kraus, sondern lackschwarz gewellt. Im Stadtbild fallen sie kaum auf, sie sind nur noch eine Minderheit. Die Zivilisationskrankheiten, die mit der Einwanderung der Weißen vor rund 300 Jahren eingeschleppt wurden, haben die Urbevölkerung des Kontinents zu Tausenden dahingerafft. Der soziale und gesellschaftliche Stand der Aborigines ist im heutigen Australien nicht der beste. Auch Schulen und Universitäten tun sich schwer mit ihnen.

Unser Volksfestnachmittag endet an unserem geliebten blau-weiß-roten Brunnen und führt uns noch einmal im privaten Kreis mit all denen zusammen, die uns in Adelaide hilfreich zur Seite gestanden haben. Wir nehmen die Gelegenheit wahr, für Gastfreundschaft, beste Organisation und Kontakte zu danken, die über rein arbeitsmäßiges Zusammenwirken weit hinausgehen, Kontakte, die schon freundschaftlich zu nennen sind.

Das kleine Fest findet im Haus eines Architekten statt, der Brecht verehrt und offensichtlich auch seine Interpretin Robin Archer. Er bewirtet uns mit selbst zubereiteten Gerichten. Als leidenschaftlicher Anhänger gesunder Kost verkündet er stolz, dass er in den letzten sechs Jahren nicht mehr als ein Pfund Salz verbraucht habe. Die letzten Krümel scheinen in unsere Suppe gewandert zu sein. Ich schmiede mit Robin große Pläne, dass wir uns in Berlin oder anderswo wiedertreffen müssten. Leider muss ich früh zum Aufbruch drängen. Der nächste Tag mit dem Rückflug nach Europa steht bevor. Ohne ausreichend Schlaf hätte ich die 20-stündige Flugreise ungern angetreten. Und auch hier ist es, wie bei jeder Tournee, an ausgelassenen Vergnügungen nach der Arbeit kann ich oft nicht teilnehmen. Mehr als einmal muss ich mich verabschieden, wenn bei den anderen das Feiern erst richtig beginnt. Jede Vorstellung verlangt Höchstleistungen. Darauf Rücksicht zu nehmen, würde ich nicht einmal als besonders »diszipliniert« betrachten. Es ist vielmehr Einsicht in die Notwendigkeit – Selbsterhaltungstrieb. Zum Glück kostet es mich keine große Überwindung, von lauten Geselligkeiten frühzeitig zu scheiden. Vielleicht weil ich mir aus Alkohol nicht viel mache. Auch Zigaretten sind nicht mein Fall. Ich werde deshalb zwar oft gelobt, aber ganz unverdient. Es ist nicht »eiserner Wille«, der mich vom Rauchen abhält. Ich habe es einfach nie gelernt, auch nur einen Zug Rauch tief in meine Lungen hineinzuziehen. Dabei hätte ich das für gewisse Bühnenrollen gut gebrauchen können. Aber jeder Versuch endete mit einem Hustenanfall. Ich vermisse also nichts, wenn ich auf turbulente Feste verzichte. Ich habe einige gute Freunde, mit denen ich gern zusammen bin. Auch das Alleinsein ist kein Zustand, den ich »ertrage«, weil es nun einmal in meinem Leben so gekommen ist, sondern weil ich gern allein bin, ja das Alleinsein zum Aufladen neuer Energien geradezu brauche.

Nach den drei Wochen genoss ich die Heimkehr in den gewohnten Rhythmus des Alleinseins. Ich besitze eine neue Erlebnisfülle, wann immer mir nach Erinnerungen zumute ist: Dann sehe ich plötzlich die weiße Kirche im nächtlichen Adelaide als prächtigen angeleuchteten Blickpunkt vor mir oder das Liebespaar auf der Festivalwiese, das sich inmitten all des Trubels so ungeniert umschlang, und ich denke an Max und Wendy und Robin und all die neuen Freunde auf dem fünften Kontinent.

Meine Garderoben

Wenn Sie jetzt vermuten, ich würde Ihnen von all den Gewändern erzählen, die in meinem Kleiderschrank hängen, irren Sie sich. Sicher gäbe es da einiges Erzählenswertes, zum Beispiel das tolle Kleid, das ich bei meinem 1. Soloauftritt im Piccolo Teatro in Mailand getragen habe. Ich bringe es einfach nicht fertig, mich von diesem Traum aus blauer Seide mit Goldfäden durchwirkt zu trennen. Tief ausgeschnitten und sehr körperbetont verfehlte es nicht die beabsichtigte Wirkung auf die italienischen Männer. Heute frage ich mich, wie ich mich zu diesem auffallenden farbenfrohen Kleid entschließen konnte. Bei Brecht kommt doch nur schwarz in Frage oder grau; bekanntlich Brechts Lieblingsfarbe. Eine Anekdote berichtet, dass Bertolt Brecht bei einer Bühnenbildbesprechung einmal gefragt wurde, welche Farbe er für seine Inszenierung bevorzuge. Brecht antwortete: »Mir sind alle Farben recht, Hauptsache, sie sind grau«.

Auch die weiße Federboa, mit der ich als »Dolly« über die Bretter des Metropol-Theaters gefegt bin, hängt über einem Kleiderbügel; oder mein erster Nerzmantel, ein zweiter ist nie hinzugekommen – die Tierschützer können beruhigt sein –, der so schwer war, dass ich mich beim Treppensteigen fühlte, als hätte ich zehn Pfund zugenommen. Nein, um all diese Kleidungsstücke, die man merkwürdigerweise nur im Singular beschreiben kann, geht es nicht. Wenn ich vom Plural spreche, meine ich die unzähligen Garderoben, in denen ich schon gesessen oder genauer gesagt, gezittert habe. Diese Orte zwischen Himmel und Hölle, wo der Künstler sich aufhält, ehe er vors Publikum tritt. Hier gibt es kein Entrinnen vor seinen Ängsten. Ausgeliefert den Unwägbarkeiten, die die Begegnung mit dem Publikum bringen wird, schaut man sich ins Gesicht und in die Seele und fragt sich: »Warum mache ich das, warum mute ich mir diese peinvollen Ängste immer wieder zu?« Sitzt man dann noch dazu in einem Loch, genannt Garderobe, meist im Keller der Konzerthallen, ohne Fenster, oft kaum geheizt, ohne den geringsten Gegenstand, der ein wenig Ablenkung, ein wenig Trost schenken würde, ist die Stimmung gleich null.

Ist man an einem Theater für längere Zeit engagiert, wird die Garderobe eine Art künstlerisches Zuhause. Da liegt dann das Deckchen über dem schmalen Tisch. Darauf stehen die Fläschchen und Döschen, die Stifte und Pinsel liegen in Reih und Glied. Aufgebaut sind die Fotos all der Lieben, die in diesem Augenblick sowieso nicht helfen können: merkwürdige Talismane, Stofftiere, Katzenminiaturen, die kuriosesten Gegenstände, die alle irgendeinen Erinnerungswert besitzen.

Als ich nach zehn Jahren Zugehörigkeit zum Deutschen Theater in Berlin dieses hervorragende Ensemble verließ, schenkten mir zum Abschied die hilfsbereiten, fachkundigen Damen, die mich hinter der Bühne betreuten, ein weißes Leinentuch, in das sie alle Namen der Stücke, in denen ich aufgetreten bin, in verschiedenen Farben hineingestickt hatten. Ein bezauberndes Geschenk! Seitdem reist das Tuch mit mir von einem Kontinent zum anderen.

Im Berliner Ensemble, dem ich 30 Jahre angehörte, hatte ich meinen Platz in der einzigen Sologarderobe, in der sich auch Helene Weigel auf ihre Vorstellungen vorbereitete. Das Wort »schlicht« kann wohl am ehesten die Ausstattung dieses Raums beschreiben. Da die Weigel nicht nur eine große Schauspielerin und Intendantin, sondern auch eine sparsame Hausfrau war, hatte sie angeordnet, dass die Stühle, die für die Inszenierung »Galilei« hergestellt worden waren, in den Künstlergarderoben weiter verwendet werden sollten. Diese Sitzmöbel, in den Theaterwerkstätten nach einer Zeichnung des Bühnenbildners sorgfältig und genau im Stil des 17. Jahrhunderts geschmiedet und gesattelt, sehr edel aussehend, an Unbequemlichkeit waren sie nicht zu überbieten. Wie oft ich mir an den eisernen, auseinander strebenden Stuhlbeinen meine Knöchel angestoßen habe, kann ich nicht zählen. Die Sitzflächen und Rückenlehnen aus hartem Leder gefertigt, boten keinerlei Wärme. Eines Tages erbarmte sich meine Maskenbildnerin und schenkte mir ein kuscheliges warmes Kissen – allerdings in knallrot. Nach jeder meiner Vorstellungen musste dieses Kissen versteckt werden, weil es sicher nicht Helene Weigels Stilempfinden entsprochen hätte.

Ganz anders meine Garderobe in der Mailänder Scala. Ich hatte die Ehre in den Räumen von Maria Callas zu sitzen. Ich spreche hier ganz bewusst von Räumen. Garderobe wäre eine Untertreibung. Hier standen im ersten Raum einige elegante, mit edlem Brokat bezogene Sessel um ein antikes Tischchen herum.

Getränke in kunstvollen Glaskaraffen warteten auf die Diva, die dort mit ihren Gästen vor oder nach der Vorstellung in gepflegter Atmosphäre plaudern konnte. Durch eine mit kostbarer Seidentapete bespannte Tür gelangte man zum eigentlichen Kern der Garderobe: ein riesiger Schminktisch, ein großer Spiegel von einer Lichterkette umrahmt, ermöglichten beste Bedingungen für die Callas, sich auf den großen Opernauftritt vorzubereiten.

Ich hatte bei meinem Auftritt weniger die angenehme Plauderei mit Gästen im Sinn, als vielmehr die Tatsache, dass ich in einem der schönsten Opernhäuser Europas auftrat, einem Haus mit sieben Rängen, einer Unzahl von Logen, um als singende Schauspielerin dem Publikum eine ungewohnte künstlerische Begegnung mit Brecht-Songs zu vermitteln. Dass es gelang, hatte mit der Toleranz, Begeisterungsfähigkeit und dem undogmatischen Interesse zu tun, welche das italienische Publikum auszeichnet. Die luxuriöse Garderobe war das i-Tüpfelchen auf unserem Gastspiel.

Meine schönste Garderobe befand sich in Sydneys Opernhaus, diesem Gebäude, das mit seiner imposanten Architektur weit ins Meer hinaus ragt. Für mich hatte man eine Stargarderobe vorgesehen. Am liebsten hätte ich mich ausschließlich dort aufgehalten. Unmittelbar mit dem Blick aufs Meer gewährte der elegante Raum durch riesige Glasscheiben die Sicht auf das ganze Panorama der Meeresbucht und auf die Stadt, die sich mit Millionen Lichtern vor mir ausbreitete. Während ich mich vor dem großen Spiegel, direkt vor der Fensterfront auf die Vorstellung vorbereitete, zogen wie auf einer Filmleinwand die großen Ozeandampfer lautlos an meinem Fenster vorüber. Eine der größten Hängebrücken der Welt scheint wie ein schimmernder Bogen von einem Teil der City zum anderen zu schwingen. Ich hätte stundenlang in einem der weichen, gewaltigen Sessel diesen Anblick genießen mögen. Dieser Eindruck wurde verstärkt, weil sich meine Garderobe im Kellergeschoss des Gebäudes befand und die Höhe des Meeresspiegels mit der Höhe meines Raumes übereinstimmte. Ich war drauf und dran, den Schiffspassagieren zuzuwinken. So nahe schienen sie mir. Mich bei diesem Anblick auf meinen Auftritt zu konzentrieren, war gar nicht so leicht.

Die kleinste Garderobe hatte ich in der Schweiz, im Luzerner Kabarett-Theater. Emil Steinberger, der später als populärer Komiker »Emil« bekannt wurde, leitete damals als Direktor das Kabarett. Zu der Zeit dachte er noch nicht im Traum daran, einmal solistisch ganze Völkerscharen durch seinen naiv umständlichen Witz zum Lachen zu bringen. Als er mir das Theaterchen zeigte, gefiel es mir sehr durch die Intimität, die Zuschauerraum und Bühne kaum voneinander trennte. Ich fragte nach meiner Garderobe. In seiner freundlichen Art lächelte mir Emil Steinberger aufmunternd zu und bat mich, auf einer Leiter, besser gesagt einer Art Hühnerleiter nach oben zu klettern. Dort, direkt über der Bühne, fand ich auf einem Brettergeviert einen kleinen Hocker, einen Spiegel, einen Haken zum Aufhängen des Kostüms und ein schmales Brett für die Schminkutensilien. Nach einer Waschgelegenheit wagte ich gar nicht zu fragen. Zum Vorstellungsbeginn kletterte ich die Leiter herunter und stand sofort auf der Szene. Lampenfieber konnte durch diesen Umstand des Auftretens gar nicht entstehen. Und es war durch die herzliche Begrüßung des Publikums auch gar nicht nötig.

Die historisch bedeutsamste Garderobe befand sich in Bologna. Weil das Open-Air-Konzert auf der Grande Piazza stattfand, gab es auch kein Theater, welches für uns zuständig gewesen wäre. Also erlaubte man uns, einen Saal des Rathauses aus dem 14. Jahrhundert zu benutzen. Dort gab es natürlich weder Spiegel noch sonstiges Drum und Dran, was vielleicht einer Art Garderobe entsprochen hätte. Die langen schwarzen Holztische, umrahmt von hochlehnigen schweren Stühlen hatten sicher schon mehrere hundert Jahre wichtige Sitzungen erlebt, aber noch nie eine Künstlerin, die ihre Strumpfhosen wechselte. Die dicken Mauern des Gebäudes strömten Kühle aus, die ich bei den Hitzegraden draußen auf der Piazza ausnahmsweise als angenehm empfand. Schminken wie im Theater fiel sowieso aus, da wir, obwohl es bereits Abend war, noch bei Tageslicht vor Tausenden von jubelnden Leuten auftraten.

An meine Garderobe im New Yorker »Village-Gate-Theater« kann ich mich kaum erinnern, obwohl ich mich dort allabendlich drei Wochen lang auf meine Vorstellung vorbereitet habe. Mir sind nur noch die von tausend Zigaretten geschwärzten Wände im Gedächtnis und immer roch es staubig und ungelüftet. Es ließ sich nicht übersehen, dass schon wochenlang nicht sauber gemacht worden war.

Um so mehr überraschte es mich, als ich eines Abends früher als sonst ins Theater kam, dass sich dort etwas verändert hatte. Eine Putzfrau schien sich tatsächlich nach längerer Zeit des Theaters und auch des Raums, in dem ich mich umzog und schminkte, angenommen zu haben. Die Möbel standen noch übereinander getürmt, die Tischplatte lag umgestülpt auf ihrem Gestell. Aber was war das für eine weiße Linie, die sich da auf der unteren Kante des Tisches entlangzog? Welchen Zweck sollte sie haben? Beim genaueren Hinschauen entdeckte ich schockiert, dass es sich nicht um eine weiße Linie, sondern um eine Unzahl winziger weißer Kaugummis handelte, die meine lieben Künstlerkollegen kurz vor ihrem Auftritt dort hingeklebt und nach der Vorstellung vergessen oder durch neue ersetzt hatten.

Ich gebe zu, es war mir zu eklig, die ausgekauten grau-weißen fest klebenden Klümpchen zu entfernen. Die Putzfrau hatte es auch nicht getan. Vielleicht meinte sie, es gehöre nicht zu ihrem Aufgabenbereich. Warum also ich? Schnell drehte ich die Tischplatte um und brachte sie in ihre eigentliche Funktion zurück. Die Kaugummis verdrängte ich, beziehungsweise ordnete sie in meine vielen so unterschiedlichen amerikanischen Erlebnisse.

Die hässlichsten Garderoben werde ich nicht erwähnen. Das will ich mir ersparen. Es sind zu viele und ich möchte mich nicht im Nachhinein noch ärgern, wenn sie mir beim Aufschreiben wieder einfallen.

Für drei Groschen Anekdotisches

Peinliche Verkettung

Bei der Aufführung eines harmlosen Schwanks passierte ein Malheur. Ich habe den Namen des Stücks vergessen. Das Ganze spielte jedenfalls in vornehmer Gesellschaft. Wir trugen elegante Bühnengarderobe aus der Zeit der 20er Jahre.

Nun gehört es zu den eingefleischten Gewohnheiten meiner männlichen Schauspielkollegen – ich beobachte das mit wachsendem Vergnügen seit vielen Jahren –, kurz vor dem Auftritt durch eine diskrete Handbewegung schnell noch einmal zu kontrollieren, ob die Hose auch korrekt geschlossen ist. Ein Kollege von mir nannte es ein »Glissando«.

Mein Partner in jenem Schwank muss es wohl vergessen haben. Erst als wir beide in einer Ensemble-Szene auf der Bühne stehen, entdecke ich zufällig das Versäumnis. Flüsternd mache ich meinen Kollegen aufmerksam. Er wird blass, zischt durch die Zähne, ich soll mich geschickt so vor ihn hinstellen, als seien wir in ein angeregtes Gespräch vertieft, damit er unbemerkt den Schaden korrigieren könne. Gezischt, getan. Ich wende mich wie zufällig dem völlig entnervten Mann zu. Blitzschnell schließt er das Hosentürl. Erledigt! Geschafft!

Höchste Zeit, denn mein Stichwort muss jeden Augenblick fallen. Mit einer eleganten Drehung will ich mich lösen, aber ich komme nicht los, ich hänge fest. Was war passiert?

In der Aufregung hatte mein unglückseliger Kollege eine lange Perlenkette, die mir um den Hals baumelte, mit eingeknöpft. Ich hatte Mühe, vor Lachen nicht zu platzen. Noch mehr Mühe hatte ich allerdings, uns aus dieser siamesischen Verkettung unbemerkt wieder zu befreien.

Der Hammer

Wieder einmal führte uns ein Gastspiel nach Erfurt. Im Schauspielhaus war für uns ein Flügel bereitgestellt worden, der gut und gern ein halbes Jahrhundert auf dem Buckel hatte. Bedenklich tastete ihn Henry auf seine Innereien hin ab. Die Töne klangen einigermaßen, aber mit den Pedalen haperte es. Nun, die Theaterdirektion hatte das Möglichste getan. Ein Klavierstimmer war dem altersschwachen Ding noch einmal auf den Leib gerückt. Wir ließen den Mut nicht sinken. Plötzlich, mitten im Konzert, ein Knall wie bei einem Donnerschlag. Das gesamte Pedalgestell war auf den Boden gekracht. Schrecksekunde! Henry hob die Hände empor, als sollte er erschossen werden. Feierabend!

So charmant, wie es mir gelingen wollte, stellte ich ans Publikum die etwas blödsinnige Frage: »Hat vielleicht jemand einen Hammer bei sich?« Tatsächlich erhob sich ein Mann, kam über die Seitentreppe auf die Bühne, kroch mit Henry unter den Flügel, und geraume Zeit war von beiden nichts mehr zu sehen. Das Publikum amüsierte sich im Gegensatz zu mir blendend. Als die Herren nach Minuten, die mir wie eine Ewigkeit erschienen, hervorgekrochen kamen, staubbedeckt und mit hochroten Köpfen, funktionierte der Flügel wieder. Der Fremde steckte gelassen den Hammer ein. Ihm galt der größte Applaus des Abends. Danach erfuhr ich, dass es der technische Direktor des Theaters war, der mit einer derartigen Katastrophe wohl gerechnet hatte.

Kleiner Irrtum

Kurz vor einem Gastspiel im Theater der Stadt Halle überfiel mich eine enthusiasmierte Dame mit den Worten: »Ich habe von meiner Freundin gehört, dass Sie heute Abend in unserer Stadt auftreten. Ich wollte es gar nicht glauben. Aber nun sind sie wirklich da. Sie können sich nicht vorstellen, wie ich mich freue, Sie endlich persönlich kennen zu lernen, liebe Inge Keller!«

Ich hatte nicht das Herz, den Irrtum aufzuklären.

Ins Wasser gefallen

Ich verbrachte einen geruhsamen Urlaub in einem kleinen, unbekannten Dorf im Erzgebirge. Alles hatte ich so organisiert, dass niemand meine Adresse wusste, und ich glaubte, ganz sicher meine Ruhe zu haben. Trotzdem hatte sich mein Aufenthalt – jedenfalls in der näheren Umgebung – herumgesprochen, und findige Köpfe kamen auf die Idee, mich darum zu bitten, in ihrem Kulturhaus in der Nachbargemeinde ein kleines Programm zu gestalten.

Obwohl ich im Allgemeinen berufliche Verpflichtungen während der Theaterferien ablehne, konnte ich mich der freundlichen und in ihrer Selbstverständlichkeit so entwaffnenden Bitte nicht entziehen. Auch hatten die Gäste meines Ferienheims die Sache inzwischen spitzbekommen und drängten nicht minder. Sie erhofften sich in der an kulturellen Ereignissen etwas armen Gegend einen amüsanten Abend und selbstverständlich wollten alle dabei sein, wenn ihr »hauseigener« Star etwas zum besten gab. Sie würden auch mächtig klatschen, sozusagen schon aus »Heimstolz«, Ehrensache! Mir blieb nichts anderes übrig: Wir verabredeten uns für einen Freitag um 20 Uhr: »Bunter Abend mit Gisela May«.

Na bitte. Unsere Wanderkarte, die uns auf jedem Ausflug begleitet, ließ uns auch diesmal nicht im Stich. Die kleine Gemeinde war bald gefunden. Verabredungsgemäß wurden wir am Dorfeingang von den Verantwortlichen empfangen. »Zwanzig Leute sind da«, gestanden sie kleinlaut, »viel mehr werden es nicht werden.« Sich rechtfertigend fügten sie hinzu: »Wären Sie an einem Mittwoch

Vor ihrem Berliner Wohnhaus, 1971. Fotoserie für die Wochenzeitschrift »stern«.

gekommen, hätten wir ein ausverkauftes Haus gehabt. Aber freitags bleiben die Leute zu Hause, da wird bei uns gebadet.«

Es wurde ein gemütlicher Abend im intimen Kreis.

Das graue Tuch

Im Kulturhaus Bitterfeld geben wir einen Brecht-Abend. Wir bereiten die Bühne vor, richten das Licht ein, Henry ordnet die Noten auf dem Flügel. Ich lege ein großes, graues Tuch, das für die Lieder aus der »Mutter Courage« als Kostümandeutung dient, auf das Instrument. Nachdem alles für die Vorstellung hergerichtet ist, ziehe ich mich in der Künstlergarderobe um. Der Saal füllt sich. Pünktlich beginnt die Vorstellung. Kurz bevor im Programm die Courage-Lieder drankommen, werfe ich unbemerkt einen Blick auf den Flügel, um mich zu vergewissern, ob das Tuch auch griffbereit liegt. Es ist verschwunden. Ich habe es doch selbst hingelegt. Unbegreiflich! Es ist weg! Ich muss die Lieder ohne den grauen Umhang vortragen. Mitten im Singen entdecke ich ihn plötzlich. Ein besonders aufmerksamer Bühnentechniker hatte das Tuch für einen alten Lappen gehalten und damit den schon etwas schäbig wirkenden Sockel einer Leninbüste zugedeckt. Es war nicht leicht, die ernsten Gesänge aus der »Courage« ernst vorzutragen.

Heute muss sie sterben!

»Heute muss sie sterben«, hatten wir noch am Morgen gesagt. Nun schien es so weit zu sein. Der letzte Hauch war verstummt. Einen Augenblick lang verharrte alles regungslos, keiner wagte zu atmen. Dann flüsterte Henry: »Die ist tot!«

Einer der Herren zuckte skeptisch die Achseln, ein anderer nickte zuversichtlich, ein dritter trocknete sich den Schweiß von der Stirn. Endlich klang es laut und vernehmlich durch alle Lautsprecher: »Sie ist tot!«

»Gott sei Dank!« Erleichtertes Aufatmen. Die Starre löste sich. Geschäftig wurden die blitzenden Instrumente in ihre Futterale gepackt, die Herren zogen ihre Jacken wieder an. Leise öffnete sich die Tür, ein junger Mensch fragte zweifelnd: »Ist sie wirklich tot?«

»Ja, tot!« bestätigte Henry. »Vielen Dank, meine Herren, ich brauche Sie nicht mehr!« Im Nu leerte sich der Saal.

»Dann kann ich den Krimi noch sehen.«

»Ich zische noch eine kühle Blonde!«

»Tschüss!« und ab durch die Mitte.

Auf einmal eine Stimme, kalt und herzlos: »Ich bitte die Herren, noch einen Augenblick hier zu bleiben! Wir müssen noch einen kurzen Schnitt machen.«

»Ich denke, sie ist tot?« Ärgerlich kam es von allen Ecken.

»Das werden wir Ihnen in wenigen Augenblicken sagen können«, ertönte es wieder aus dem Lautsprecher.

Minuten nervösen Wartens vergingen. Die Etuis mit den blitzenden Instrumenten wurden wieder geöffnet. Man sah sich vielsagend an. Henry war hinausgegangen, nahm nervös eine Zigarette. Ich war noch zu erschöpft, um überhaupt etwas zu sagen.

Dann endlich kam der erlösende Augenblick: »Danke, meine Herren, nun ist sie endgültig gestorben.« Die schwere, gepolsterte Tür öffnete sich. Ein Herr in weißem Mantel drückte Henry die Hand: »Ausgezeichnet! Gratuliere!« Wenige Augenblicke später war das Haus leer und still. Zurück blieben der Herr im weißen Mantel, sein Assistent, Henry und ich.

»Nun wollen wir sie uns noch einmal in Ruhe zu Gemüte führen«, sagte der Herr in Weiß. Sie lag auf ihrem »Bobby«, braun, glatt und still. Der Assistent drückte auf einem kleinen Knopf. Da begann sie noch einmal zu kreischen, schrill, hoch, mit grauenhaften Tönen.

»Bitte nicht«, flehte ich. Doch unerbittlich schob der Assistent die Gestorbene hin und her. Das Schreien ging allmählich in Flüstern über, die Stimme wurde dunkler, langsamer, zuletzt gurgelte sie nur noch, um endlich mit einem letzten Seufzer zu verstummen.

»Da kann man schneiden«, sagte Henry. Ich erschrak. »Bitte nicht! Lasst sie, wie sie ist! Sie ist doch so schön!«

»Keine Angst, das merken Sie gar nicht. Wir kriegen das schon hin!« Besänftigend legte der Tonmeister den Arm um meine Schulter.

Noch einmal begann das Hin- und Herschieben der Toten, dann schnitt die blinkende Schere zu, die beiden Enden klafften auseinander. Der Assistent arbeitete blitzschnell. Ein anderer »Bobby« wurde geholt. »Bitte um Ruhe«, sagte streng der Herr in Weiß. Angespannt lauschte alles, die beiden Schnittstellen wurden verklebt.

»Tadellos! Sogar der Atem ist geblieben!« Henry war zufrieden. »Nun wollen wir sie noch einmal im Ganzen genießen!« Mit geschlossenen Augen lehnte ich mich auf meinem Stuhl zurück. Konzentriert starrte Henry vor sich hin.

»Bitte!« kommandierte der Herr in Weiß.

Der Assistent drückte auf einen Knopf, und die Aufnahme ertönte in voller Lautstärke. Das Orchester klang brillant. Aus beiden Lautsprechern dröhnend, bildeten sich originelle Stereo-Effekte. Meine Stimme kam plastisch und voll.

»Der einst dem Feind die Hosen klopfte …«

Der Herr in Weiß, Tonmeister der Schallplattenaufnahme, bewegte sacht mit äußerstem Fingerspitzengefühl an seinem riesigen Reglerpult die Hebel. In einem magischen Auge konnte man das merkwürdige Schauspiel verfolgen, wie sich die Musik in grün funkelnde, sich ständig verändernde Kreise, Ringe, Ellipsen auflöste. Ich lauschte meiner Stimme. Wir kamen an die Schnittstelle: Da war sie. Ich hielt den Atem an. Jetzt! Nein, nichts zu merken. Das Tonband spulte sich weiter ab, gleichmäßig rotierte der »Bobby«.

Mehrere Stunden hatten wir an dem Song gearbeitet. Zuerst die Probe mit den Musikern. Für jedes Instrument war das entsprechende Mikrofon eingerichtet worden. Der Bass konnte etwas mehr geben, die Trompete etwas zurücknehmen. Das Banjo, als Rhythmus-Instrument, wurde klanglich besonders herausgeholt, und der Pianist sollte versuchen, so trocken wie möglich zu spielen. Dann war der Tonmeister mit dem Einrichten des Klangkörpers zufrieden. Nun kam ich an die Reihe. Mein Mikrofon wurde in die entsprechende Höhe geschraubt. Ich sang einige Takte an.

»Nein, Frau May, Sie müssen ein bisschen am Mikro vorbeisingen. Die P's und T's blubbern sonst zu stark.«

Dann die erste Probe mit dem Orchester. Henry gab den Einsatz. Wir probten, einmal, zweimal, dreimal. Dann der erste Mitschnitt. Das erste Abhören. Korrekturen wurden vorgenommen, die Stellung meines Mikrofons noch einmal verändert. Paravents aus kunstvoll geflochtenen Holzleisten wurden zwischen den Musikern und mir aufgestellt. Sie sollten meine Stimme akustisch vom Orchesterklang trennen, um sie mit Hilfe der Technik vom Mischpult aus später ganz nach Wunsch anheben oder in den Klangkörper hineinstellen zu können. Mit den Holzwänden wurde diese Tontrennung einigermaßen erreicht. Wieder erklang das Kommando: »Achtung! Wir schneiden!« Henry hob den Taktstock, die Musiker die Instrumente. »Ich gebe einen Takt vor«, sagte er. Eine Sekunde völlige Stille. Dann setzte das Orchester ein.

»Stopp!« Der Saallautsprecher schnarrte ein bisschen. »Wir müssen einen Augenblick unterbrechen. Geräusche eines Flugzeuges von draußen.« Durch die gepolsterten Türen hörten wir das zwar leise, die empfindlichen Mikrofone aber doch störende Brummen. Langsam verebbte es. Dann wieder aus dem Lautsprecher: »So, nun können wir wieder. Also bitte auf Grün.« Das Lichtsignal an dem kleinen Ständer leuchtete erst gelb, dann grün auf. Der Fagottist befeuchtete noch einmal die Lippen. Der Posaunist tröpfelte schnell noch etwas Kondenswasser aus dem Instrument. Wieder hob Henry den Stab, das Vorspiel setzte ein. Er klopfte ab.

»Bitte, meine Herren, den Einsatz ein wenig straffer, genauer, es schwabbelte eben ein bisschen. Schneidkommando zurück!«

»Einen Moment, wir fahren zurück!« Die Stimme des Tonmeisters. Erneuter Versuch. »Aufnahme!«

So werden mehrere Fassungen des »Titels« aufgenommen. Wir hören gemeinsam ab. In dem kleinen Raum der Technik drängen sich die Musiker. Henry als Dirigent, der Tonmeister, der Assistent. Ich bekomme einen Stuhl genau in der Mitte zwischen den beiden Lautsprechern, um den Stereoklang zu beurteilen. Gespannteste Aufmerksamkeit eines jeden. Die Partitur des Liedes liegt auf dem Mischpult. Der Tonmeister verfolgt jeden Takt. Leise flüstert er mit Henry über einen Trompeteneinsatz, macht einen Bleistiftkringel um die Notenstelle. Ich lausche mit kritischer Gespanntheit meiner Stimme. Manchmal zucke ich zusammen. Da, das hätte ich besser machen können. Hier war ich eine Spur zu tief. Ich sehe Henry an. Er macht mit dem Zeigefinger eine Bewegung nach oben. Ich nicke zustimmend. Aber das Tempo ist herrlich. Der Schlagzeuger strahlt. Er dirigiert noch mit dem Fuß.

»Ja, die war ganz schön«, meinte Henry, »aber ich denke, wir machen auf jeden Fall noch eine, dann können wir aus beiden zusammenschneiden.«

Der Tonmeister gibt zu bedenken, dass es bei dem durchgehenden Rhythmus nicht einfach sein werde zu schneiden. »Aber gut, wir versuchen es. Vielleicht schaffen wir eine Gute im Ganzen.«

Aus der einen Aufnahme werden noch drei, und endlich, nach der letzten, der gelungensten Fassung flüstert Henry: »Die ist tot!«

Die Musikergruppe. Dirigent: Henry Krtschil, Trompete: Helmut Sturm, Kontrabass: Walter Klier, Schlagzeug: Walter Thiess, Klarinette: Günter Wäsch.

Es folgen die nötigen Schnittkorrekturen, dann ist die Aufnahme gestorben, begraben, tot, im Kasten.

Und dieses ganze, merkwürdige traurige Vokabular, das auch bei Filmaufnahmen, beim Funk, beim Fernsehen, bei allen künstlerisch-technischen Produktionen gebraucht wird, bedeutet eigentlich genau das Gegenteil. Denn das Gestorbene wird erst richtig zu leben beginnen, wenn eine künstlerische Produktion durch technische Kunst wiederholbar wird und so lebendig bleibt auf unbegrenzte Zeit.

Lehren und Lernen

Als Gastprofessorin in Weimar

Da hatte ich mich auf ein schönes Experiment eingelassen! Wie konnte ich bloß zusagen! Wieder einmal war meine Gutmütigkeit schuld. Nun hatte ich den Salat! Wer weiß, wie das ausgehen würde.

Ich saß im Auto und trat wütend auf das Gaspedal. Der weiße Strich der Autobahn rutschte in schnellem Tempo unter mir weg. Ich fuhr nicht die Höchstgeschwindigkeit. Das war mir zu langsam. Warum kroch vor mir dieser Idiot von Volkswagen so lahm? Sicher ein Weib am Steuer. Sieht man doch an den langen Haaren! Emanzipationsgedanken in diesem Zusammenhang lagen mir fern: Also: überholen. Natürlich kein Weib! Ich wurde noch wütender. Und in Michendorf der Betrieb! Katastrophal! Ich kann doch nicht eine Ewigkeit aufs Tanken warten! Ach, ich riskier's bis Niemegk.

Wäre es jetzt nicht an der Zeit, über den morgigen Tag und die folgende Woche nachzudenken? Also: Radio aus! Da kommt doch einer angeschossen, registriere ich im Rückspiegel, will der mich tatsächlich überholen? Na bitte, ich bin nicht eitel. Der Kerl lacht auch noch. »Guck lieber nach vorn, Angeber!« signalisiere ich. Nun schert er rechts aus und lässt in der Geschwindigkeit nach. Das ist doch eine Unverschämtheit! Warum erst überholen, wenn er es dann gar nicht eilig hat. Was soll ich machen? Ich halte mein Tempo. Wieder grinst der Kerl zu mir herüber und macht eine merkwürdige Handbewegung. Was denkt der sich eigentlich? Nein, mein Lieber, für eine Poussage bin ich viel zu schlecht gelaunt. Ich muss nämlich nach Weimar, verstehen Sie. Dort soll ich an einer Musikhochschule unterrichten. Nun können Sie sich vorstellen, warum Sie mich überholen können, so oft Sie wollen, ohne dass dadurch für Sie ein amüsantes Spielchen herauskäme. Ich habe zu überlegen, mein Herr!

Er schien meine Gedanken gehört zu haben, holte tief Luft in die Zylinder und ließ mich rechts liegen. Ich fuhr meine gleichmäßigen 130 Stundenkilometer und wurde nicht froher. Vergeblich versuchte ich, die Gedanken für den nächsten Tag zu ordnen, eine Linie zu entwickeln. Vielleicht half es, wenn ich ein paar Formulierungen laut vor mich hinsprach: »Liebe Studenten, liebe junge Freunde! Wir sind zusammengekommen und wollen eine Woche lang gemeinsam ...«

Ja, was wollen wir? Schon war der Gedanke wieder zerrissen. Ist denn das die Möglichkeit? Der LKW-Fahrer will doch wirklich den Omnibus überholen, und noch dazu auf einer Steigung. Der muss doch verrückt sein! Sieht er denn mein Blinkzeichen nicht? Ich kann doch nicht ewig hinter ihm herzockeln.

Also, wie war das mit der Einleitungsrede? »Wir wollen eine Woche zusammen lernen und das Gebiet des Chansons erforschen ...« Ja, so ungefähr müsste ich anfangen.

Endlich die Autobahnausfahrt Weimar. Meine schlechte Laune ließ allmählich nach, und als ich im Hotel »Elephant« in dem freundlich schwingenden thüringischen Dialekt herzlich begrüßt wurde, fand ich mein Gleichgewicht wieder. Nach einem ausgezeichneten Abendessen machte ich noch einen Spaziergang durch den leicht verwilderten Park zur Ilm hinunter, sog den frischen Duft gemähter Wiesen in die an Benzingeruch gewöhnte Nase und erwies dem lieblichen Goetheschen Gartenhaus meine Reverenz. Müde und angenehm besänftigt zugleich, notierte ich dann im Bett noch einige Punkte, die ich in der Begrüßungsrede nicht vergessen wollte. Und am nächsten Morgen ging es los. Eine liebenswürdige Betreuerin holte mich vom Hotel ab, damit mir die drei Minuten um die Ecke, zur Franz-Liszt-Hochschule, dem ehrwürdigen Gebäude, nicht zu lang würden. Junge

Menschen aus vielen Nationen eilten mit Geigenkästen und anderen Instrumenten-Futteralen, aufgeregt miteinander redend, durchs Portal. Eine große schwarze Schiefertafel am Eingang verwies auf Organisatorisches. An der Tafel zu meinem Unterrichtsraum hing ein Schild: Gastprofessor G. May. Mir war nicht professoral zumute! Mir war überhaupt nicht zumute. Ich stand so ein bisschen neben mir und ließ mit mir geschehen. Der »Blümchenkaffee« im Hotel war zu schwach gewesen, um mich munter zu machen, vermittelte jedoch eine angenehme, müde Gelassenheit, dem Kommenden entgegenzusehen. Der Saal war voll. Auf den ersten zwei Reihen saßen die Aktiven, diejenigen, mit denen ich arbeiten würde, dahinter die Hospitanten; Zuhörer aus den verschiedensten Bereichen der Musik, des Theaters, der Hochschule. Ausübende, Lehrende, Lernende.

Es folgte die feierliche Begrüßung durch den Rektor. Die obligaten Blumen wurden überreicht. Dann war's soweit. Ja, also – ich zog meine für einen Professor vielleicht etwas zu eng sitzenden Hosen straff: »Liebe Studenten, liebe junge Kollegen, liebe Zuhörer! Wir wollen eine Woche gemeinsam ...«

Ich schaute in die Gesichter. Wie sie mich ansahen! Mein Gott, als ob sie von mir das Heil erwarteten. Und ich wusste doch nicht mehr, als ich mir in der Praxis angeeignet hatte. Gewiss, da waren die Begegnungen mit Hanns Eisler, die Arbeit mit Paul Dessau, das genaue Hinhören auf Ernst Busch, Manfred Wekwerths Hinweise, jahrelange Zusammenarbeit mit Henry Krtschil – das war schon ein schönes Reservoir gespeicherter Erfahrungen aus »besten Quellen«. Aber gelernt, richtig gelernt mit Stundennehmen oder schulischer Ausbildung, hatte ich das nie. Das ergab sich im Theateralltag. Wenn in einem Stück etwas zu singen war, musste ich's eben machen. Dass ich Musikalität besaß, war nicht verborgen geblieben. Die hatte ich von zu Hause mitbekommen. Früheste Eindrücke: die gemütvollen Volkslieder, die mir meine Mutter – als junge Frau begeisterte Anhängerin der

Wandervogel-Bewegung – sich zur Laute begleitend vorsang. Klavierunterricht bei dem außergewöhnlichen Pädagogen Schmidt-Sas, der nicht nur das Musikverständnis förderte, sondern sogar zu kompositorischen Versuchen anregte. Chorisches Singen hatte stattgefunden, beste Schule für Gehörbildung.

Aber mehr war da nicht. Nun sollte ich nach Jahr und Tag meine Erfahrungen lehrend weitergeben, womöglich eine Wissenschaft daraus machen? Nein, dafür besaß ich keine Voraussetzungen, und das wollte ich auch nicht. Ich konnte nur am konkreten Objekt, das heißt an einem ganz bestimmten Lied, ganz bestimmte Probleme abhandeln. Nur über die Praxis würde es gelingen, zu theoretischen, allgemeingültigen Erkenntnissen vorzudringen. Hierüber gab es keinen Zweifel. Nachdem ich die allgemeinen Anfangsfloskeln hinter mich gebracht hatte, machte es mir plötzlich gar nichts mehr aus, hier zu stehen. Mir fiel vieles ein, was ich vorher noch nicht so klar gesehen hatte. Konkret zur Sache wusste ich eine Menge zu sagen, denn im Stoff fühlte ich mich zu Hause, wie man so schön sagt.

Eine weitere Tatsache stimulierte mich. Ich wusste, dass alle, die hier saßen, eine bestimmte Summe gezahlt hatten, um an dem Seminar teilzunehmen, dass ihnen das nicht leichtgefallen war, dass sie Unbequemlichkeiten in Kauf nahmen, einen Teil ihrer Ferien opferten – ich übrigens auch –, dass sie von dieser Woche viel erwarteten. Die Anforderungen mussten befriedigt werden. Und jener Mechanismus, der sich im Theater immer wiederholt, funktioniert auch hier: Allein durch die Anwesenheit des Publikums und seine hohen Ansprüche wurde die höchste Leistungsstufe ausgelöst. (Dieses Abverlangen einer Leistung ist übrigens ein nicht zu unterschätzender Faktor in der Beziehung des Künstlers zur Öffentlichkeit.)

Bei der Erwähnung aller Bereiche, mit denen wir uns hier im Fach Chanson des Internationalen Musikseminars beschäftigen würden, redete ich mich in eine Begeisterung hinein, die sich auf die Zuhörer übertrug. Das war keine allgemeine, verschwommene Euphorie, sondern handfeste Freude auf all jene Gebiete, in die wir hineintauchen würden: in Musik, in Literatur, Politik, Ästhetik, Stilempfinden, Gesang, Bewegung, Stimm- und Atemtechnik, in Ausdruck, gestalterische Ökonomie, Psychologie und vor allem in das Leben. Ja, das Leben, das jetzt noch in so verschlüsselten Individualitäten vor mir saß.

Ich blieb an zwei wunderschönen braunen Augen hängen. Das Mädchen sollte beginnen. Verabredungsgemäß hatten alle Absolventen vorgearbeitet und zwei, drei Songs und Chansons einstudiert. Das war das Prinzip des Musikseminars auch in anderen Fächern. Vorarbeit musste geleistet sein. Weiterentwicklung war das Ziel des Sommerkurses, nicht Neubeginn. Zuerst aber wollte ich mir ein Bild vom Gesamtniveau der Gruppe machen, weil die Entwicklungsstufen der Teilnehmer sehr unterschiedlich waren. Da gab es junge Schauspieler aus den Theatern, noch in der Ausbildung befindliche, Schlagerleute, Opernsänger. Ich schlug vor, sie solle sich zunächst mit ein paar Worten in einer Art Steckbrief vorstellen und dann etwas singen.

Und so geschah es. Mit einer Erregung, als hinge von diesem Vorsingen die ganze Zukunft ab, stürzten sich die Absolventen in die Chance, ihr Talent zu zeigen. Ich sah die zitternden Knie, die Halsschlagadern, in denen es viel zu schnell klopfte, die ineinander verkrampften Hände, Augen, die ins Leere starrten. Ich kannte das alles, ich konnte es nachfühlen. Wie oft hatte ich selbst diese Prüfungssituation erlebt! Gleichzeitig aber spürte ich, wo ich helfen konnte und wie. Jeder der Interpreten hatte andere und doch ähnliche Schwierigkeiten. Und ich merkte, dass es oft einfache Dinge waren, die der Klärung bedurften.

Das richtige Erzählen von Geschichten – um nichts anderes ging es –, darauf kam es an. Das mussten wir erarbeiten: Was soll erzählt werden und warum und von wem und in welcher Situation? Welches musikalische, rhythmische Mittel wird benutzt?

Soll sich die Musik dem Text unterordnen oder umgekehrt? Inwieweit kann die Geste helfen, den Inhalt zu verdeutlichen? Soll sie bewusst eingesetzt werden und sparsam oder sich gefühlsmäßig ergeben? Und die Genauigkeit der Notierung des Komponisten, inwieweit muss sie bedacht werden? Soll grundsätzlich mehr gesungen oder gesprochen werden? Wie verhält es sich überhaupt mit dem Sprechgesang? Und der Atem? Ist der Atem allein dazu da, den Ton zu stützen und klingen zu lassen? Ist er nicht vielmehr ein Ausdrucksmittel? Zerreißt nicht oft das Atmen an falscher Stelle den gesamten Gedankenablauf? Was ist mit dem Körper? Wird er in die Gestaltung des Liedes mit einbezogen? Das Singen hört doch nicht unterhalb des Halses auf. Immer ist es der ganze Körper, der mitschwingt. Und wie verhält es sich mit der Frage, ob das Publikum Aug in Auge angesprochen werden soll? Wann und aus welcher Absicht ist ein Lied entstanden? Welcher Autor schrieb es? Welche stilistischen Mittel benutzten Komponist und Texter?

Um diese Probleme ging es, und um tausend weitere mehr. Dass wir in der Zeit unseres Zusammenseins nicht alle Fragen würden lösen können, lag auf der Hand. Aber es war ein herrliches Programm. Wir wählten die besten und schwersten Lieder, weil man an ihnen am meisten lernen kann. An schlechten, kitschigen, verlogenen oder eben nur flachen Chansons zu arbeiten, wie sie im Laufe des Seminars hin und wieder von den Interpreten auch geboten wurden, lehnte ich ab. Geschmacksbildung sollte ein wesentlicher Bestandteil unserer gemeinsamen Arbeit werden. Hier entdeckte ich oft ein großes Vakuum. Da war in der Kürze des Seminars am wenigsten zu machen. Das konnte nur als Aufgabe konstatiert werden, die zu leisten Bemühung jedes Einzelnen bleiben musste: Maßstäbe finden! Hier müsste die Erziehung, das Lehren eben viel umfassender eingreifen können, als es allein die fachliche Qualifizierung vermag. Und hier bedauerte ich, aus Zeitgründen nicht mehr Möglichkeiten der Beeinflussung wahrnehmen zu können. Wie gern hätte ich eine Liste mit einer Art »Pflicht-Literatur« aufgestellt – nicht um Wissen zu mehren, sondern um Qualität zu erkennen, um an ihr zu wachsen –, hätte »Pflicht-Filme« und »Pflicht-Schallplatten« empfehlen wollen, Theateraufführungen, Ausstellungen ...

Wie soll der Künstler, der am Anfang steht, ein Niveau erreichen oder sich darum bemühen, wenn er nicht Maßstäbe dafür besitzt, die ich nur als wichtigste Kriterien aufzuzählen vermag: Ich meine damit die innere Wahrhaftigkeit, die Genauigkeit in der konkreten Erzählweise, die angemessene Form des körperlichen und sprachlich-stimmlichen Ausdrucks für den substantiellen Gehalt des jeweiligen Werks, die richtige Grundhaltung.

In dieser einen Woche konnte nur angerissen werden, was als Aufgabe vor jedem, der sich auf künstlerischem Gebiet versucht, als Lebensaufgabe – nie abschließbar – steht und von einer Schule nicht zu leisten ist. Wie überhaupt die kurze Zeit des gemeinsamen Lernens und Ausprobierens nicht mehr bedeuten konnte als Anregungen, Bestätigung, Kritik, Hinweis, Warnung, Erkenntnis, Finden.

Als nützlich erwies sich die Praxis, die Hospitanten in die Arbeit einzubeziehen. Diskussionen über Auffassungen, Fragen zum Inhalt, zur Gestaltung halfen uns allen, genauer zu formulieren und zu gemeinsamen Resultaten zu kommen. Es wurde eine harte Woche, aber ergiebig.

Doch auch Ruhepunkte gab es in den anstrengenden Tagen. Oft genug genoss ich das Fluidum dieser Stadt. Jenes Zusammentreffen klassischer Schönheit, die sich in überschaubaren Dimensionen präsentiert und darum um so liebenswerter berührt, mit dem modernen, dem jungen Weimar, das wohltuend unauffällig neben dem alten steht. Am liebsten aber fuhr ich gegen Abend nach Tiefurt hinaus, saß auf einer Bank im stillen, weitläufigen Park und schaute über die leicht steigenden weiten Wiesen zum Schlösschen hinauf. Unter uralten Bäumen fand ich auf beschatteten Wegen Ruhe, verweilte an rührenden Gedenkstätten, las aufmerksam die braven Erinnerungssprüche an früh Verstorbene und bekam tatsächlich nasse Augen. Doch wozu Tränen? Dafür gab es keinen aktuellen Anlass. Obwohl – zum Traurigsein gäbe es Gründe genug in der Welt und auch in meinem Leben, warum ihnen nicht einmal nachgeben? Aber die harmlose, freundliche Plauderei mit dem prächtigen Schlossverwalter und seiner Frau erwies sich als vernünftiger.

»Nein, wirklich, was Sie nicht sagen! Einen Pfau haben Sie sich zugelegt?« Gemeinsam bewunderten wir, wie er seine zahlreichen Federn spreizte und sein schillerndes Rad schlug. »Die Rosen blühen diesen Sommer besonders üppig.« »Wie gefällt Ihnen die dunkelrote? Eine neue Sorte.«

Aufgetankt mit Natur, die stets die größte Trösterin für mich ist, und zufrieden mit mir, weil mein Gemüt, trotz Alltagsmonotonie und Arbeitshektik, noch immer weich und empfindsam reagiert, bestieg ich mein Auto. Die bunte Pfaufeder, Abschiedsgeschenk der »Schlossherren«, klemmte ich hinter den Rückspiegel. Ich fuhr langsam mit heruntergelassener Scheibe, hielt meinen Arm zum Fenster hinaus in den sacht streichelnden Fahrtwind. Grüßte zum Seebach-Stift hinüber, Feierabendheim für Schauspieler. Wie würde mein Alter einmal aussehen? Würde es überhaupt dazu kommen? Und wo? Unbestimmte Gedanken über jene Rätsel, die wir so fabelhaft wegzudrängen gelernt haben, dass sie uns höchstens in schlaflosen Nächten oder in Zeiten von Krankheit einmal heimsuchen, obwohl sie doch eine Gewissheit beinhalten, die uns in ihrer Endgültigkeit eigentlich unausgesetzt ängstigen müssten, jetzt stimmten sie mich nachdenklich – bis ich wieder in Weimar war, zurückgekehrt in die fröhliche Realität eines zu Ende gehenden produktiven Tages.

Ich schaute noch einen Augenblick zum Fenster hinaus, hörte die Unterhaltungsmusik der Hauskapelle, das monotone Stampfen des Kontrabasses, die gedämpften Gespräche der Gäste, die noch bis Mitternacht auf der sommerlich warmen Terrasse saßen. Griffbereit um mich herum hatte ich die Sachen, die mich auf meinen Reisen begleiten. Wenige Sachen – Vorteil des Hotellebens, das mich davor bewahrt, nach verlegten Gegenständen zu suchen, was mich im Sammelsurium daheim oft zu Verzweiflungsausbrüchen treibt – hier entfällt es. Doch selbst das Nötigste, für einen bestimmten Zeitraum zusammengepackt, erweist sich meist noch als zuviel. Man könnte mit so wenig auskommen, man könnte ...

Bei Weimar war es nicht geblieben
Die Arbeit hatte Folgen. Lehraufträge aus den verschiedensten Himmelsrichtungen trafen ein. Seither unterrichte ich nicht nur regelmäßig in unserem Land, sondern unter Lernbedingungen, die Sprachschwierigkeiten mit sich bringen; in kapitalistischen Gesellschaften, die jungen Künstlern wenig soziale Sicherheit bieten und sie nicht selten zwingen, neben dem Studium noch andere Arbeiten zu leisten, um die Ausbildung überhaupt zu ermöglichen, was ihre Entscheidung für einen künstlerischen Beruf um so respektabler macht.

Wo auch immer ich diese Form der Seminare praktiziere, findet sich nach anfänglichem Zaudern eine Gemeinschaft zusammen, die sich am Ende nur schwer trennen kann. Die Ehrlichkeit, mit der alle Nöte und Schwierigkeiten offen ausgesprochen und vorgezeigt werden, schafft ein Vertrauensverhältnis, das Gefühl, als ob man sich schon jahrelang kenne.

Die Absicht, es immer noch besser machen zu wollen, das Mitgehen und das Glück aller Zuhörer, wenn die Absicht gelingt, die Momente, wenn plötzlich eine außergewöhnliche Leistung vollbracht wird, wenn für einen Augenblick Kunst, große Kunst sich zeigt, das sind Eindrücke, die man nicht vergisst. Da fällt es mir schwer, Adieu zu sagen, wenn sie so vor mir sitzen, voller Ideale und Erwartungen, jeder in der Hoffnung auf Erfolg, viel-

Meisterkurs, Akademie für Kleinkunst in Amsterdam, Juni 1993.

leicht sogar auf eine Karriere. Wem wird es gelingen? Wie werden die Schicksale verlaufen? Das Abschiednehmen berührt alle. Nicht selten gibt es Tränen.

Wenn ich am Ende einer solchen Woche wieder die obligaten Blumen im Arm habe wie am ersten Tag und viele rührende Geschenke, schließt sich der Kreis. Dann weiß ich, wie viel dieses Weitergeben meiner Kenntnisse mir selber gebracht hat. Ich habe die Erfahrung gemacht, dass Lehren immer zugleich auch Lernen heißt, habe festgestellt, wie weit der Weg vom Gedanken, von einer Idee bis zum Artikulieren ist, habe begriffen, dass nur der Gedanke nützt und anwendbar gemacht werden kann, dass ich nur den wirklichen besitze, den ich zu formulieren vermag. Ich habe aus Fehlern der anderen studieren können, was ich selbst in der Interpretation vermeiden muss. Ich bin mit Einfällen bereichert worden, ganz konkreten Einfällen mitunter, die ich –

auch wenn ich ein Lied schon oft gesungen hatte – in meine eigene Interpretation aufnehmen konnte. Und wenn ich in einem Vortragsabend solch einen Einfall verwende, schicke ich ein witziges gedachtes »Danke« an den jungen schwedischen »Erfinder« oder an die Schauspielerin aus Helsinki. Und – ich habe gelernt, wie viel man nicht lernen kann.

Aber auch die Gefahren, die negativen Seiten des Lehrens sind mir bewusst geworden. Wie leicht kann die Haltung entstehen, alles besser zu wissen, sich nicht mehr anzustrengen, weil man ja so viel weiter ist als die anderen. Wie leicht kann Selbstgefälligkeit daraus werden. Es soll auch nicht verschwiegen werden, dass hin und wieder Langeweile aufkommt, denn alle Fehler wiederholen sich und die Ratschläge desgleichen. Ich bin nicht unerschöpflich im Erfinden neuer Ideen. Mitunter entbehren sie der Frische.

Wenn ich einmal spüren sollte, dass wir zu keinen gemeinsamen Entdeckungen mehr gelangen, dass mir nichts Neues mehr einfällt, dann werde ich mit dem Lehren aufhören. Bei Tucholsky las ich: »Alles, was man regelmäßig und berufsmäßig tut, versteinert.« Ich will nicht versteinern. Mit einem Stein in der Brust kann ich Herzen nicht erweichen. Das klingt vielleicht sentimental, aber ich kann's nicht anders ausdrücken.

Denn wie man sich bettet, so liegt man

Auf welch hoher Spannungsebene so ein Meisterkurs verläuft, mag eine Begebenheit belegen, die zum Glück nicht typisch zu nennen ist. Wir hatten an jenem Morgen schon zwei Stunden konzentriert gearbeitet. Eine junge Sängerin wartete darauf, dass sie mit einem Song an die Reihe kommen würde. Gut vorbereitet, saß sie sozusagen auf dem Sprung. Der Schauspieler, mit dem wir uns so ausführlich beschäftigten, hatte große Schwierigkeiten, den richtigen Ausdruck zu finden. Wir spürten, dass er allmählich zu begreifen begann, und ließen nun nicht locker. Außerdem brachte uns das Lied, an dem wir arbeiteten, auf viele neue Einfälle, die wir gleich interpretatorisch ausprobieren wollten.

Nach zwei Stunden, wie gesagt, war es dann soweit. Ohne Pause, ohne Übergang kam die Sängerin an die Reihe. Sie begab sich aufs Podium. Ich sah, wie sie zitterte, sah die kleinen Schweißperlen auf ihrer Oberlippe, die erregte Röte auf ihrem Gesicht. Sie begann: »Denn wie man sich bettet, so liegt man.« An diesem Song von Brecht wollten wir arbeiten. Sie nahm den Brustkorb voll Atem, stützte gut mit dem Zwerchfell ab, als solle es eine Wagner-Arie werden. Mit intensivsten Einsatz sang sie die ersten Zeilen. Sie stand wie ein Turm hochgereckt, ein wenig breitbeinig.

Und dann kam die Stelle: »Der Mensch ist kein Tier.« Hier ist in der musikalischen Notierung ein großer Intervallsprung und eine dynamische Steigerung bis zum Wort »Tier« zu bewältigen. Eine lang ausgehaltene Note beendet die kompositorische Phrase. Wie eine Art empörter, aggressiver, gepeinigter Aufschrei könne es klingen, hatte ich einmal gesagt. Das schien sie sich gemerkt zu haben. Sie vollbrachte nicht nur den großen Intervallsprung, sie riss zur Unterstützung des Ausdrucks in einer großen Bewegung auch noch einen Arm nach oben. Und dann passierte es. Plötzlich lag sie auf dem Boden: ohnmächtig. Wie ein Brett hingeschlagen, aus heiterem Himmel! Wir waren so erschrocken, dass wir eine Sekunde unbeweglich saßen. Dann stürzten einige zu der Regungslosen, öffneten ihre Bluse, andere rissen die Fenster auf. Jemand rannte nach einem Glas Wasser. Langsam kam sie zu sich. Die übergroße Erregung löste sich in einem Weinkrampf, dem wir betreten und etwas hilflos gegenüberstanden.

Für einen Augenblick wurde ich unsicher, ob meine Unterrichtsmethode vielleicht zu hart sei, den Interpreten zu viel abverlange. Aber Manfred Schmitz, jener sanfte, voller Melodie steckende Komponist und Pianist, der die jungen Künstler geduldig vorbereitet, um sie mir zu präsentieren, den alle liebten und ohne den dieses Seminar undenkbar wäre, zerstreute meine Bedenken.

Als die Sängerin am nächsten Tag, etwas ermüdet noch, aber wieder mit vollem Einsatz, mitarbeitete, wurde uns erst die unfreiwillige Komik vom Vortag klar, die übrigens unserer etwas nervenschwachen Freundin half, bei der zukünftigen Arbeit gelassener zu sein. Es fiel uns nämlich ein, dass unmittelbar nach dem Moment ihrer Ohnmacht das Lied mit dem Text weiterging: »Denn wie man sich bettet, so liegt man.« Nicht ohne Ironie gab ich ihr zu bedenken: »Sie wollten sich ja so betten, nun müssen Sie sehen, wie Sie liegen. Die Theaterbretter sind hart.«

Übrigens gestehe ich, dass ich fast immer, wenn ich dieses Lied in einem Konzert interpretierte, es auch auf mich beziehe und mir ähnliche Gedanken durch den Kopf gehen. Etwa so: Habe ich das nötig? Da stehe ich mit schwachen Knien und nichts im Magen (man isst nicht vor einem Konzert), mit schmerzenden Füßen und weit weg von daheim, müde von einer langen Reise, mit brennenden Augen vor meinem Publikum, von dem ich noch nicht weiß, ob es nett zu mir sein wird. Zu Hause könnte ich jetzt, eine Katze auf dem Schoß, vor der Röhre sitzen und ein paar Nüsse knabbern. Und wütend über mich selbst, schmettere ich ihm entgegen: »Denn so wie man sich bettet, so liegt man, es deckt einen keiner da zu.«

Dass Brecht das Lied anders gemeint hat, muss ich wohl der Vorsicht und der Genauigkeit halber hinzufügen. Es gibt Leute, die auf ein derartiges Missverständnis nur lauern.

An der Schauspielschule in Brüssel

Ich unterrichtete in Brüssel. In der Schauspielschule ist eine Gruppe begabter Studenten mit Eifer dabei, etwas über den Brecht-Song und seine Interpretation zu erfahren. Deutsch können die wenigsten. Um so anerkennenswerter ihr Ehrgeiz, alle Lieder im deutschen Originaltext zu lernen.

Eine Studentin bemüht sich um das berühmte Lied der »Seeräuber-Jenny«. Sie besitzt fabelhaftes Stimmmaterial, Temperament und Ausdruck und wirft sich mit Vehemenz in das Lied. Ihr Deutsch ist schlimm. Sie versteht kein Wort von dem, was sie singt. Trotzdem stimmen Haltung und Gestik, da sie das Lied in ihrer französischen Muttersprache kennt und wir den Grundgedanken des Songs ausführlich besprochen hatten. Wir kommen zu dem bekannten Refrain: »Und ein Schiff mit acht Segeln wird beschießen die Stadt!« Jetzt verdreht sie nur einen Buchstaben und schmettert: »Und ein Schiff mit acht Segeln wird bescheißen die Stadt!«

Deutsche Sprak, swere Sprak!

Theaterarbeit, Film, Fernsehproduktionen – was unterscheidet sie?

Erstaunlicherweise habe ich festgestellt, dass der Begriff »Ensemble«, der in meiner langjährigen Theaterarbeit als Voraussetzung für gedeihliches Produzieren galt, etwas an Bedeutung abgenommen hat. Die Erkenntnis, dass sich ein Ensemble überall dort bildet, wo mit Freude und Einfallsreichtum an einem künstlerisch ergiebigen Projekt gearbeitet wird, und im Zeitalter neuer Medien der Begriff »Ensemble« nicht nur für langjährige Kollektive Gültigkeit besitzt, veränderte meine Haltung.

Jenny Treibel in »Frau Jenny Treibel« von Claus Hammel nach Theodor Fontane, 1975.

Die darstellerischen Impulse in einem neu zusammengestellten Ensemble (und sei es auch nur für eine Produktion) können für den Schauspieler oft größer sein als in einem lange bestehenden Kollektiv, wo Ausdrucksmöglichkeiten und individuelle Ausstrahlung der Partner weitgehend bekannt und fast vorausberechenbar sind (schließlich ist niemand unerschöpflich).

In der Rangordnung der Medien wird das Theater zwar immer an erster Stelle stehen, weil jeder Theaterabend eine vor dem Publikum ausgetragene lebendige Produktion zwischen Menschen ist. Die schauspielerischen Entdeckungen für die Darsteller bei einer Fernsehproduktion aber können genauso ergiebig sein wie auf der Bühne. Ich betrachtete die Arbeit beim Film oder Fernsehen nicht als eine untergeordnete Nebenbeschäftigung, sondern gleichwertige schöpferische Tätigkeit, wenn die Umstände: Stückwahl – Besetzung – Regie – sich unter günstigen Bedingungen vollziehen. Die technischen Möglichkeiten beim Medium Film und Fernsehen sind anders als am Theater.

Da heißt es, auf all die technischen Bedingungen zu achten, die solche Produktionen mit sich bringen. Da gilt es zu wissen: welche der Kameras gerade das Bild hat, wie weit ich in der Großaufnahme meine Mimik reduzieren, an welcher Stelle ich mich im Sessel zurücklehnen muss, um das Bild für den Partner freizugeben. Es ist erstaunlich wie das Gehirn des Schauspielers funktioniert, um technische Präzision und subtiles künstlerisches Verhalten unter einen Hut zu bringen. Dass eine derartige Zweiteilung möglich, ja notwendig ist, gehört zu den Merkwürdigkeiten unseres Berufs. Während wir mit der einen Hälfte unseres Empfindens und Intellekts konzentriert in der vorgegebenen Situation agieren, beobachten wir mit der anderen, davon abgespaltenen Hälfte uns selbst und alles, was außerhalb der Szene passiert.

Ob es nun in einer Serie wie »Adelheid und ihre Mörder« oder in einem anderen Fernsehspiel ist, immer wieder entdecke ich, dass kollektives Produzieren höchster Genuss bedeuten kann. Ich hatte es fast vergessen, war erst knapp zuvor von einer anstrengenden Konzerttournee zurückgekehrt.

Ein Chansonabend verläuft anders. Da bin ich allein auf der Bühne. Körper, Stimme, Gesicht, Vortrag, Gesang, Bewegung werden dem Publikum sozusagen »pur« serviert. Vom grellen Scheinwerferlicht fast blind, starrt man in das ungewisse, dunkle Loch des Zuschauerraums, magisch angezogen von dem einzig Erkennbaren, das sich blödsinnig unerbittlich einprägt: die kleinen Schildchen über den Notausgängen. In wie vielen Sprachen, in wie vielen Ländern habe ich schon dieses »Uit«, »Exit«, »Sortie«,

Mit Helmut Baumann, künstlerischer Direktor vom Theater des Westens.

Mit Harald Juhnke und Ilse Werner in dem Film »Die Hallo-Sisters«, 1998.

Mit Helen Vita im Programm »Wenn die beste Freundin«.

Theaterarbeit, Film, Fernsehproduktionen – was unterscheidet sie?

»Vychod« gelesen! Gewiss, dieses Gefühl des Alleinseins wird gemildert durch die Mitwirkung meiner Musiker, die meine Freunde sind, und es verschwindet schnell. Sobald ich die erste Reaktion der Zuschauer spüre, stellt sich der notwendige Kontakt her, werden aus der undefinierbaren Masse Publikum einzelne Menschen, werden sie meine Partner, an die ich mich wende. Auch bei einem Chansonabend beziehe ich die darstellerischen Mittel aus der schauspielerischen Substanz. Die Ausdrucksformen des Singens und des Theaterspielens sind für mich eine untrennbare künstlerische Einheit geworden.

Trotzdem besteht ein großer Unterschied zwischen solistischer Produktion und Kollektivarbeit. Ich werde immer Menschen brauchen, die mich mit ihren Erfahrungen und Leistungen, ihrem Wissen, überhaupt ihrer ganzen Persönlichkeit anregen und bereichern, weil die Begegnung mit Menschen das Wichtigste für mich ist, in dem nie enden wollenden Prozess der produktiven Auseinandersetzung.

Was für eine Idee

Eines Tages, es ist noch nicht allzu lange her, erwischte mich eine Krankheit; quasi über Nacht musste ich den Koffer, der schon für eine Ferienreise nach Madeira bereitstand, samt Ticket und Pass wieder auspacken! Die eleganten, bunten Kleider und Tücher wurden durch biedere Nachthemden, einen Morgenrock, schon mehrmals krankenhauserprobt, ersetzt. In der Intensivstation der Klinik fand ich mich wieder. Madeira blieb die ferne Insel meiner Träume.

Wie viele Tage des Dämmerns vergingen, weiß ich nicht. Das einzige, was ich registrierte, war, dass noch eine Patientin mit mir das Zimmer teilte. Ich konnte sie nicht sehen, nur hören. Wie eine undurchdringliche Wand türmten sich die medizinischen Geräte zwischen unseren Betten. Sie tickten und surrten, knarrten und brummten. Allein die vielfältigen Geräusche des menschlichen Elends nahmen wir voneinander wahr. Geräusche, die den ganzen Jammer ausdrückten, den ein geschundener Körper von sich gibt: Wimmern und Stöhnen, Seufzen und vor allem die intimsten Laute, wenn der gepresste Atem zu einer Entleerung verhilft, deren Bezeichnung »Notdurft« nur notdürftig umschrieben ist.

Die Ärzte, die an mein Bett traten, interessierten sich vor allem für die Apparaturen, welche über mein Befinden Auskunft gaben, prüften die Flaschen, die seitlich von meinem Bett die Sekrete meines Körpers auffingen, bevor sie mir für einen Moment ins Gesicht sahen, um dann mit wehenden weißen Kitteln wieder zu verschwinden. So vergingen die Tage, die ich kaum registrierte, genauso ging es meiner Bettnachbarin. Aber irgendwie wurden wir vertrauter miteinander. Inzwischen kannte ich ihren Namen, ihre Beschwerden, ihre Ängste und sie kannte die meinen. Ich hatte ihre Familie kennen gelernt, die täglich kam und sich leise flüsternd mit ihr unterhielt.

Um endlich unseren tristen Zustand zu beenden, der uns so anonym vor uns hin leiden ließ, ohne dass wir uns wenigstens einmal ins Gesicht hätten sehen können, hatte die liebe Schwester Christel eine Idee: »Jetzt wird das ›Café Sacher‹ in Wien eröffnet«, sagte sie fröhlich. Ehe wir noch recht begriffen, was sie meinte, schob sie zwei fahrbare Ohrenbackensessel ins Zimmer. Der Arzneitisch wurde abgeräumt, eine weiße Serviette darüber gebreitet, Teegläser und sogar etwas Gebäck wurden darauf gestellt. Mit Hilfe von zwei weiteren Schwestern hievten sie uns aus unseren Betten und hoben uns vorsichtig in die Sessel. Da saßen wir nun. Von der Horizontalen in die aufrechte Haltung gebracht, war das ein Vorgang, der erst einmal verarbeitet werden musste. Der Kreislauf hatte mächtig zu tun. Dann kam der Augenblick, an dem wir beide uns zum ersten Mal sahen. Über eine Woche hatten wir Tage und Nächte miteinander geteilt, ohne uns zu sehen. Ich hatte mir das Gesicht meiner Leidensgenossin manchmal, wenn die Zeit so gegen Abend gar nicht vergehen wollte, vorgestellt. Nun sah ich es. Es war ganz anders. Jetzt blickte ich in ein ovales, zartes Antlitz, ganz glatt, ohne eine Falte, mit einer schönen, leicht gerundeten Stirn, das rötlich-blonde Haar streng nach hinten gekämmt. Wie hat sie mich wohl wahrgenommen? Wir starrten uns an – lange. Wir konnten nichts sagen. Dann versuchten wir zu lächeln. Es misslang. Die körperliche Anstrengung war zu groß. Die Beine hingen nach unten, wurden schwer wie Blei. Wir mussten die Schwestern enttäuschen, die sich eine Caféhausstimmung vorgestellt hatten. Aber dieser Augenblick, an dem wir uns ins Gesicht sahen, nachdem unsere Körper schon so viel voneinander wussten, war ein Moment, in dem die Zeit stehen blieb. Den Schwestern, die uns aus unserem seelischen Tief herausholen wollten, sei es gedankt. Sie schenkten uns einen Augenblick tiefer menschlicher Berührung. Was war das für eine Idee!

Im Gespräch

Das Medium Fernsehen bestimmt mehr und mehr unser Leben. Ein Interview im Fernsehen mit einem renommierten Partner wird von Millionen Menschen gehört, gesehen, registriert und diskutiert. Dass man mit dem geschriebenem Wort nicht einmal annähernd eine so große Leserschaft erreicht, ist Realität. Aus diesem Grunde erlaube ich mir, zwei Interviews in dieses Buch aufzunehmen, in denen ich durch kluges Befragen zu Antworten herausgefordert wurde und die Gelegenheit bekam, bestimmte Haltungen deutlich zu machen. Manches Thema kam zur Sprache, das, wenn ich es schriftlich formulieren müsste, mir schrecklich schwer fiele.

Im Gegensatz zu meinen »westdeutschen« Kolleginnen, mit denen in Interviews meist ausschließlich über ihren Beruf, über ihre Ehen, ihre Kochkünste oder andere hochinteressante private Themen geplaudert wird, kann ich damit rechnen, schon nach den ersten Sätzen Rede und Antwort stehen zu müssen. Warum ich in diesem »Unrechtsstaat« geblieben bin, wie ich zum Sozialismus stehe, ob ich geweint habe beim Mauerbau, ob ich Tränen vergossen habe, als die Mauer fiel. Unwillkürlich wird mir eine Rechtfertigungshaltung aufgedrängt, die ich gar nicht will. Ich habe mir dieses Leben nicht ausgesucht und auch die Irrtümer nicht, vielleicht die Erfahrungen, vielleicht die Erkenntnisse und sicher eine Utopie, die ich nicht aufgebe.

Ich hoffe, dass es mir im Interview mit Günter Gaus in seiner Sendung »Zur Person« und auch in München im Alpha-FS-Gespräch mit Wolfgang Binder gelungen ist, meine Meinungen zu differenzieren, politisch nicht auszuweichen, mich nicht anzupassen, weder dogmatisch auf Ideologien zu beharren, die sich (noch) nicht als lebensfähig erwiesen haben, noch in Jammer auszubrechen über den real existierenden Kapitalismus. Überrascht bin ich darüber jedenfalls nicht ...

Gisela May –
Schauspielerin und Diseuse im Gespräch mit Wolfgang Binder*

Binder: [...] Von sich selbst sagt sie, sie sei gemäß einer Definition von Bert Brecht eine singende Schauspielerin. Heute ist sie eine der letzten und besten Interpretinnen der Lieder Bert Brechts. Wir werden natürlich über Brecht und auch über alle anderen wichtigen Menschen in Ihrem Leben sprechen, aber zunächst möchte ich doch zu einer ganz aktuellen Sache kommen, die mich sehr fasziniert hat. Nach Ihrer Kündigung im Frühjahr 1992 am Berliner Ensemble sind Sie jetzt zum ersten Mal wieder an diesem Theater engagiert. Wie kam es denn zu diesem Engagement?

May: Ich war ja dreißig Jahre lang an diesem Haus. Es ist eigentlich kaum vorstellbar, dass man in einem Ensemble dreißig Jahre lang arbeitet. Das war das berühmte Berliner Theater, das Brecht aus dem »Theater am Schiffbauerdamm« zu dem weltberühmten Berliner Ensemble gemacht hat. Dort habe ich viele Rollen gespielt. Ich war sehr zufrieden und besaß eine große Popularität als Schauspielerin im Ostteil Berlins. Dann kam die Wende, und ich war eine der Ersten, die gesagt bekam, man hätte keine Aufgaben mehr für mich und ich sei ja nun Rentnerin. Das hatte bis dahin in unserem Beruf eigentlich nicht direkt eine Rolle gespielt. So verabschiedete man sich von mir. Das war eine Sache von fünf Minuten. Ich hatte nicht einmal eine Verabschiedung innerhalb des Ensembles. Die Abschiedsvorstellung mit der »Mutter Courage« wurde zum bewegendsten Theatererlebnis in meinem Leben.

Binder: Ich denke, dass dann für Sie nach diesen dreißig Jahren doch ein irrsinniges Loch gekommen sein muss. Nun ist wieder eine große Zeitspanne vergangen, und nun sind Sie an diesem Haus erneut engagiert.

* geringfügig gekürzt

Ankündigung des Kurt-Weill-Abends am Berliner Ensemble.

May: Ich bin dort nicht engagiert. Ich gebe dort Gastspiele. Es ist ein Abend mit Songs und Texten von Kurt Weill. Der Komponist hatte ja im Jahr 2000 seinen 100. Geburtstag. Claus Peymann, der neue Intendant, der vom Burgtheater in Wien nach Berlin gekommen ist, war gern bereit, diesen Abend in den Spielplan aufzunehmen – ein Programm, das ich erarbeitet, aufgebaut und konzeptioniert habe. Die erste Vorstellung nach acht Jahren Abstinenz war recht bewegend. Ich ging in die Garderobe, in der ich 30 Jahre lang gesessen hatte und in der alles unverändert geblieben ist. Es gibt immer noch diese alten klapprigen Stühle und diese schlimme Garderobenbeleuchtung. Und als ich dann auf die Bühne kam, strömte mir aus dem Zuschauerraum ein solches Wiedererkennen, eine solche Liebe entgegen, dass ich minutenlang nichts sagen konnte. Minutenlang gab es nur dieses Gefühl: »Da ist sie wieder!« Ja, da bin ich wieder. Das war unglaublich schön.

Binder: Etwas anderes hatte jedoch nach Ihrer Kündigung nie aufgehört: Sie arbeiten als Pädagogin, leiten Meisterkurse und geben Ihre Erfahrung an junge Leute weiter. Was ist dabei der Anreiz für Sie?

May: Ich bin da nie wissenschaftlich herangegangen. Ich gebe ganz einfach das, was ich auf der Bühne selbst erfahren habe, einfach meine eigenen praktischen Erfahrungen an die jungen Leute weiter. Ich arbeite immer mit einer Gruppe, d. h. ich mache keinen Einzelunterricht, denn das halte ich für langweilig, weil ich da bloß anfangen würde, einen Dressurakt zu vollziehen. Genau das will ich jedoch nicht. Ich möchte stattdessen zuerst einmal die Individualität eines jeden Einzelnen finden und sie in den Vordergrund stellen.

[...]

Binder: Ich habe eingangs gesagt, dass Sie sich selbst als singende Schauspielerin bezeichnen. Kommen die Schülerinnen und Schüler, die zu Ihnen kommen, eher aus der Gesangs- oder eher aus der Schauspielrichtung?

May: Sie kommen aus beiden Richtungen. Wenn sie aus der schauspielerischen Richtung kommen, dann habe ich weniger Probleme mit ihnen, weil sie bei der Gestaltung mehr von den Inhalten her kommen, mehr von der Sprache her kommen, mehr vom Text her kommen. Während ein Sänger doch zunächst einmal an den schönen Ton denkt. Ich versuche ja immer, beidem gerecht zu werden. Ich gehöre also nicht zu der Gruppe von Schauspielern, die sagt: »Nun ja, ein bisschen singen genügt. Hauptsache, ich bringe den Text rüber.« Nein, ich habe großen Respekt vor den Komponisten wie Kurt Weill, Hanns Eisler oder Paul Dessau: Das sind Komponisten, die sich ja auch etwas gedacht haben beim Komponieren. Daher will ich immer beidem gerecht werden, der Musik und dem Text. Es ist ein ungeheuer aufregendes und spannendes Erlebnis, wenn sich so etwas entwickelt. Daneben muss ich ja auch meist die geschichtliche Dimension erläutern.

Binder: Es ist ja nicht nur das politische Lied, das Sie unterrichten und weitergeben. Gibt es denn noch einen Markt dafür heutzutage? Ist das Publikum noch vorhanden für politische Lieder, oder hat sich das im Zuge der allgemeinen Veränderung in der politischen Landschaft nicht doch verändert?

May: Wenn man das Politische nicht so sehr auf ganz aktuelle politische Bezüge einengt, sondern auf große gesellschaftliche Widersprüche bezieht, dann hat der Song, wie diese Liedform bei Brecht meistens heißt, auch weiterhin eine große Zuhörerschaft. Die Leute wollen ja Gott sei Dank endlich auch wieder Inhalte hören: Sie wollen Themen hören, die sie auf ihr eigenes Leben übertragen können.

Binder: Die Sachen, die Sie jetzt lehren und weitergeben: Sind das Erfahrungen, die Sie sich in Ihrer langen Karriere selbst angeeignet haben? Oder hatten auch Sie jemanden, der Sie geführt, der Sie ausgebildet hat?

May: Ich hatte mein Elternhaus zur Seite: Das war eine große politische Schulung. Meine Eltern waren beide sehr engagierte politische Leute. Ich habe dieses Rüstzeug des politischen Denkens und des kritischen Denkens schon in der Familie mitbekommen.

Binder: Sie bezeichnen sich im Hinblick auf Ihre Eltern, auf Ihr Elternhaus und Ihre Kindheit ja auch als Glückskind.

May: Oh ja.

Binder: Dieses Glück stand Ihnen scheinbar Ihr ganzes Leben lang zur Seite, und dieses Glück geben Sie nun auch weiter an junge Menschen.

May: Ja. Meine Mutter war ja auch Schauspielerin, und mein Vater wurde später Dramaturg und freischaffender Schriftsteller. Ich habe auf diese Weise bereits in meiner Kindheit die Songs aus der »Dreigroschenoper« kennen gelernt. Wir besaßen eine Schallplatte: In der Nazi-Zeit ein nicht ungefährlicher Besitz. Diese Schallplatte haben wir auch immer nur leise gehört. Wir legten uns dazu sogar noch ein Tuch über den Kopf, damit nur ja die Nachbarn nichts mitbekamen. Für mich war der Mackie-Messer-Song jedenfalls wie ein Schlager. Ich habe diese Lieder also schon mit zwölf, dreizehn Jahren geträllert. Ich konnte mir damals freilich noch nicht vorstellen, dass ich diese Lieder einst auf der Bühne vor Tausenden von Leuten singen würde.

Binder: Das ist also Ihr Naturtalent gewesen. Den Schauspielunterricht haben Sie ja durchgezogen, aber hatten Sie eigentlich auch richtigen Gesangsunterricht?

May: Nein. Im Rahmen der Schauspielschule habe ich lediglich eine Art von Sprechtechnik, von Atemtechnik, gelernt. Für mich ist der Atem auch eines der wichtigsten Momente im Gesang, obwohl er leider immer wieder vergessen wird. Der Atem macht alles. Beim Schauspieler darf man das Atemholen ruhig spüren, denn der Atem gehört doch eindeutig zum Ausdruck des Körpers.

Binder: Eisler ist derjenige, der Ihnen in diesen Dingen das Vorbild war und von dem Sie diese Sachen gelernt haben.

May: Ja, aber nicht wie ein Lehrer mit regelmäßigem Unterricht. Er hat mir diese Lieder ganz einfach vorgesungen. Er hat sich ganz einfach ans Klavier gesetzt, um (sie) mir […] vorzuspielen. Eisler war ein kleiner, etwas dicklicher und hoch intelligenter und witziger Mann, der großen Charme versprühen konnte. Die Haltung, die er einem Lied mitgeben wollte, habe ich von ihm übernommen.

Binder: Er war letztlich auch ausschlaggebend dafür, dass Sie von der Schauspielerei weggingen, um Sängerin zu werden.

May: Er hat mich entdeckt, obwohl ich vorher schon viel gesungen habe, aber eher naiv und rein aus meiner Musikalität heraus. Rein aus Freude am Gesang habe ich so kleine Chansons gesungen. Bei einem Brecht-Abend am Deutschen Theater bekam ich […] die Chance, Songs von Eisler zu singen. Eisler saß im Zuschauerraum. Er war erst kurz davor aus der amerikanischen Emigration zurückgekommen: Er war als Kommunist aus den USA ausgewiesen worden. Er hörte mich zum ersten Mal. Nach der Vorstellung, es war eine Matinee, kam er in meine Garderobe. Er klopfte an die Tür, ich sagte »herein«, er trat ein und stellte sich vor und sagte zu mir: »Eisler! Das sollten Sie weitermachen!« Mehr sagte er nicht, denn danach war er schon wieder draußen.

Binder: Und dabei ist es dann auch geblieben.

May: Ja, das habe ich ernst genommen.

Binder: Standen Sie denn irgendwann einmal in dem Zwiespalt, die Schauspielerei ganz aufgeben zu müssen und Ihre Zeit nur mehr der Gesangskarriere widmen zu wollen? Oder war das an sich nie eine Frage?

May: Das war nie eine Frage, weil ich auch als Sängerin immer Schauspielerin bleibe. Ich gestalte Schicksale: Da wird in drei Minuten oft ein ganzes Menschenschicksal abgehandelt.

Binder: Ab 1961 waren Sie dann unter Helene Weigel fest am Berliner Ensemble engagiert. Damit hat für Sie doch ein ganz neuer Lebensabschnitt begonnen, oder?

May: Ja, ich wollte die Stücke von Brecht spielen. Denn die Lieder stammen ja fast alle aus Stücken. Am Deutschen Theater habe ich dagegen sehr viele Klassiker gespielt: in Stücken von Shakespeare, Schiller, Hauptmann usw. Aber ich hatte dort keine Chance, die Stücke von Brecht zu spielen. Deshalb wollte ich an dieses Theater gehen.

Binder: Haben Sie Brecht auch persönlich kennen gelernt?

May: Ja, sicher. Ostberlin war ja wie eine kleine Stadt für sich. Alles spielte sich damals in der Stadtmitte ab, wo auch ich gewohnt habe.

[...]

Binder: Dreizehn Jahre lang haben Sie die Mutter in der »Mutter Courage« gespielt. Das Ganze ging bis zum Jahr 1992, denn im Jahr 1992 kam die Kündigung, wie wir bereits erwähnt haben: Dreißig Jahre am Berliner Ensemble waren aus und vorbei. Ein paar Jahre vorher war die Mauer gefallen. Wissen Sie noch, wo Sie an dem Tag waren? Können Sie sich noch daran erinnern, wo Sie waren, als die Mauer fiel?

May: Ja, ich war zu Hause. Ich hatte ja das Privileg in die Welt reisen zu können. Ich kannte die westliche Welt. Ich wusste daher auch, was auf uns zukommen wird. Ich wusste, dass wir Arbeitslosigkeit bekommen werden, dass wir Kriminalität haben werden, dass wir Obdachlosigkeit und Drogenprobleme bekommen werden usw. Diese Dinge waren ja alle bekannt. Dem westdeutschen Fernsehen, das wir ja alle angesehen haben, konnte man doch nicht vorwerfen, es hätte die Situation im Westen schöngefärbt. Ganz im Gegensatz zu unserem Fernsehen: Dort hat man die Wahrheit nicht erfahren. Aus den westdeutschen Medien konnte man doch entnehmen, in welche Welt man kommen würde, dass der Kapitalismus kein Paradies usw. ist. Aber unsere (jungen) Leute haben offenbar geglaubt, dass nun tatsächlich so etwas kommen würde. Deswegen sind diese Leute heute zum großen Teil so mächtig frustriert.

Binder: Seit dem Mauerfall und der Wende sind zehn Jahre vergangen. Wenn Sie nun auf diese zehn Jahre zurückschauen: Wie hätte es denn Ihrer Meinung nach laufen sollen, laufen können, laufen müssen, damit die Wiedervereinigung in Ihren Augen auch tatsächlich geklappt hätte?

May: Es hätte langsamer gehen können. Lothar de Maizière, der damals nach der Wende ja Ministerpräsident war, hatte das ja auch versucht. Aber die Westmark war stärker. Als es dieses Begrüßungsgeld mit den 100 Mark gab, war schon alles gelaufen, war nichts mehr zu ändern. Davor hätten wir jedoch viele Dinge gesetzlich regeln können. (In der Verfassung) der DDR ist zum Beispiel gestanden, dass jeder ein Recht auf Arbeit hat. So etwas hätte man vielleicht (übernehmen) können. Oder nehmen Sie diese sehr schmerzlichen Entscheidungen wegen der Rückgabe von Haus- und Grundbesitz. (Das hieß) dann ja: »Rückgabe vor Entschädigung!« Das waren schon Dinge, die böses Blut gemacht haben. Ich habe mir auch Gedanken zu dem Begriff »Unrechtsstaat« gemacht. Warum hat mir dieser Begriff von Anfang an nicht gefallen? Ein Staat ist doch eine Zusammenfassung von Menschen. Wenn also ein ganzer Staat als Unrechtsstaat bezeichnet wird, dann ist doch auch jeder Mensch, der in so einem Staat lebt, mit diesem Unrecht belastet: Die meisten Menschen leben eher zufällig in ihrem jeweiligen Staat. Ich bin auch zum Beispiel gegen den Ausdruck »die ehemalige DDR«. Man spricht doch auch nicht von der »ehemaligen Weimarer Republik«. Letzten Endes war die DDR ja offizielles Mitglied der UNO. Der Außenminister der DDR saß in der UNO neben dem Außenminister der Bundesrepublik. All diese Dinge geraten so in Vergessenheit, dass ich manchmal denke, die Leute leiden alle unter Gedächtnisschwund. Da kommen wir nun auch wieder auf Brecht zurück. Sein Hauptanliegen war also immer, das Geschichtsbewusstsein der Menschen zu befördern. Er tat das, damit sich nicht immer wieder die gleichen Fehler wiederholen.

Binder: Hat sich denn Ihr Verständnis von Brecht in all den Jahren in irgendeiner Form geändert?

May: Nein, eigentlich nicht. Ich gehöre zu einer Generation, die durch diesen Krieg gegangen ist. Ich habe (ihn) selbst noch miterlebt. Mit 16 Jahren bin ich in [...] Bombenkellern gesessen, als um uns herum die Wände gewackelt haben. Mein Bruder ist mit 22 Jahren im Krieg geblieben. Ich habe meine besten Freunde im Krieg verloren. Ich habe heute noch einen Jugendfreund, [...] (der) geht heute noch an zwei Krücken. Jeder, der ihn trifft, sagt: »Ach, hatten Sie einen Autounfall?« Den Leuten kommt gar nicht mehr die Idee, dass das Kriegsnachwirkungen sein könnten. Wenn meine Generation, eines Tages nicht mehr da ist, dann ist niemand mehr da, der sagen kann: »So war es!« Es ist dann niemand mehr da, der den Neonazis aus eigener Erfahrung sagen kann: »Willst du im Schützengraben liegen? Willst du einen Bauchschuss bekommen, an dem du vier Tage später krepieren wirst? Genau das hat nämlich Hitler den Jungen zugemutet.« Die heutigen jungen Leute wissen davon nichts oder wollen davon nichts wissen.

Binder: Das ist für mich eine große Chance, eine unglaubliche Erfahrung, Ihnen in der Weise zuhören zu dürfen und so die Dinge aus erster Hand geschildert zu bekommen, über die Sie soeben gesprochen haben.

Ich habe am Anfang schon gesagt, dass Sie nun ganz aktuell wieder am Berliner Ensemble engagiert sind: hoffentlich recht lange und recht erfolgreich. Gibt es darüber hinaus auch irgendwelche Fernsehpläne, Gastspielpläne usw.?

May: Nun, es läuft gerade die Serie an [...]: »Adelheid und ihre Mörder.«, (in der ich die »Muddi« spiele). In dieser Serie gebe ich meiner komödiantischen Neigung nach. Es ist überhaupt so, dass ich mich gerne verwandle. Ich bin immer wieder gerne eine ganz andere Person.

Binder: War das Fernsehen eher eine Alternative, die man halt »in Kauf genommen« hat?

May: Nein, nein, ich habe das schon gerne gemacht. Aber für einen Schauspieler stellt doch die Bühne die Heimat dar. Dort findet die unmittelbare Begegnung mit dem Publikum statt. Man kann dort an der Reaktion des Publikums jeden Abend beurteilen, ob das eigene Spiel angekommen ist oder nicht. Ganz wichtig ist auch, dass man sich am Theater eine Rolle in den vielen Wochen der Proben richtig erarbeiten kann: Man kann eine Figur regelrecht aufbauen. Beim Fernsehen dagegen muss man zu Hause seinen Text lernen und kommt dann ins Studio. Dort probt man das Ganze [...] einmal, um zu wissen, wo was steht, wo die Kamera ist usw. Dann fällt unmittelbar darauf die Klappe, und man muss sofort mitten in der Rolle drin sein.

Binder: Ich sage jetzt auch mitten in einem Satz: »Klappe!« Gisela May, wir sind am Ende unserer Sendezeit angelangt – auch wenn man Ihnen noch ganz lange zuhören könnte. Herzlichen Dank für dieses Gespräch, ich finde es wunderbar, dass ich Sie getroffen habe, und alles Gute für Ihre zukünftigen Pläne.

(Kulturkanal des Bayrischen Fernsehens, 05.01.2001)

»Zur Person«.
Günter Gaus im Gespräch mit Gisela May*

Gaus: Sie sind, Frau May, vermutlich die in New York, Mailand, Moskau, Paris, Sidney berühmteste deutsche Diseuse, die berühmteste Interpretin von Brecht-Songs nach Kompositionen von Kurt Weill, Hanns Eisler und Paul Dessau. Kränkt es sie gelegentlich, dass die meisten Westdeutschen Sie weit eher als Mutti von Evelyn Hamann kennen, aus der Serie »Adelheid und ihre Mörder«?

* geringfügig gekürzt

In der Rolle als »Muddi«, gemeinsam mit Evelyn Hamann in der Fernsehserie »Adelheid und ihre Mörder«.

May: Nein, das kränkt mich nicht. Aber ich muss erst mal lachen, weil es wirklich [...] solche Extreme sind. Und freue mich, wenn diese Randfigur in dieser doch eigentlich recht intelligenten und auch spannenden Serie, die es immerhin zu einer Einschaltquote bis zu acht Millionen Zuschauern gebracht hat, ...

Gaus: Nach diesem Interview werden es mehr werden ...

May: ... also, wenn ich mich mit dieser kleinen Rolle so beim Publikum eingeprägt habe, dass Leute an mir vorbeigehen auf der Straße ...

Gaus: ... und sagen, das ist die berühmte Brecht-Sängerin?

May: Eben nicht, sondern »die kenne ich doch«. Nun sehe ich ja privat ein bisschen anders aus als in dieser Mutti-Rolle. Und dann drehen sie sich dann um und sagen: »Sach nicht immer Mutti zu mir, nicht wahr, Frau May?« Aber wissen Sie, was mir am meisten Spaß macht? Wenn dieses Publikum, das mich eigentlich nur als »Muddi« von Adelheid, kennen gelernt hat, in einem meiner Konzerte landet und sagt: »Ach, das ist ja die ...«

Gaus: ... Diseuse?

May: Ja, dann freue ich mich.

Gaus: Frau May, zu ihrem Leben, zu ihrer Arbeit als Bühnenkünstlerin gehörte immer auch ein politisches Bewusstsein. Wir werden darauf in diesem Interview zu sprechen kommen. Hier frage ich schon mal: Hat sich die Mehrheit der Deutschen in Ost und West, hatte sich die Mehrheit weiter auseinandergelebt, als die Mehrheit nach der Vereinigung geglaubt hat? Hat es da Täuschungen gegeben auf beiden Seiten, Illusionen?

May: Ganz sicher. Die Illusionen kurz nach der Wende waren zunächst auf der östlichen Seite. Weil vor allem die jungen Menschen geglaubt haben, jetzt komme das Paradies. Sie kannten ja nichts von der Bundesrepublik. Sie kannten überhaupt kein kapitalistisches Land und glaubten, jetzt werde alles wunderbar. Die sind in erster Linie frustriert. Mit der westdeutschen Bevölkerung war es anders. Die haben sich wahnsinnig gefreut über die – Wiedervereinigung – ich auch, denn viele Freunde lebten da. Aber ich wusste, was an Schwierigkeiten auf uns zukommen würde. Diese Euphorie der Vereinigung ist ja nun überall weg. Es läuft augenblicklich wieder mehr auseinander. Das ist schade. In der gesamten Politik wird immer wieder nur auf die Vergangenheit Bezug genommen. Alle Untaten werden aufgeschlüsselt, und man muss sich dazu rechtfertigen.

Gaus: Ich hatte den Eindruck, als ich hier privilegierter Beobachter der DDR war, dass es auch eine soziale Teilung war. Ich habe darüber geschrieben. Es ist eigentlich nie so richtig ins Bewusstsein gedrungen, glaube ich. Die Eigentums- und Besatzungspolitik, auch die Bildungspolitik der SED vertrieb große Teile des Mittelstandes, der größeren Bauern und der Akademiker. Es blieb im Grunde eine Schicht zurück, die sich erst im Laufe der Zeit wieder auffächerte. War die deutsche Teilung, Frau May, nur eine politisch-staatliche Teilung, oder auch eine soziale? Und zweitens: Trägt das zu der Fremdartigkeit im Zusammenhang zwischen Ost und West immer noch bei?

May: Eine Tatsache ist, und das erscheint mir das Entscheidende, wir hatten eine getrennte Währung. 1948 hat die Bundesrepublik mit der D-Mark sich dem Dollar angeschlossen, während wir am Rubel hingen und eine Währung bekamen, die in der westlichen Welt nichts mehr wert war. Insofern war dieser soziale Unterschied schon durch die unterschiedliche Währung gegeben.

Gaus: Was ist für Sie noch immer – auch zehn Jahre nach der Wende – das Fremdartigste an den Westdeutschen?

May: Fremdartig würde ich das nicht nennen. Was mich immer wieder erstaunt – als Schauspielerin reagiere ich in erster Linie auf die Impulse, die vom Publikum kommen –, dass sie wahnsinnig gerne lachen und viel mehr lachen über Dinge, bei denen wir sagen: Ja, kann man darüber eigentlich lachen? Das ist etwas, was ich ganz besonders beobachte: Sie schütten sich aus vor Lachen.

Gaus: Das finden Sie nachahmenswert und gut?

May: Nein, ich staune, wo diese Anspruchslosigkeit herkommt, sich über Dinge zu amüsieren ...

Gaus: Heißt das im Umkehrschluss, dass die Ostdeutschen soweit dem Ruf gerechter werden, dass sie über allem grüblerisch nachsinnen?

May: Vielleicht wollen sie alles mehr in der Tiefe nachvollziehen und überlegen: »Wie war denn das gemeint? Ist da vielleicht nicht noch ein Hintergedanke dabei?« Wir waren mehr dazu erzogen, zwischen den Tönen, zwischen den Texten zu hören, und diese Erziehung ist geblieben.

Gaus: Ein Jugendfreund von Ihnen ist als Kommunist in Plötzensee hingerichtet worden.

May: Ja.

Gaus: Würden Sie darüber etwas sagen?

May: Er wurde inhaftiert, weil man bei ihm eine Druckmaschine gefunden hatte, auf der stand: »Verhindert den Krieg! Seid gegen den Krieg!« Das genügte, um ihn einzusperren und zum Tode zu verurteilen. Er saß 129 Tage in der Todeszelle, bis man das Urteil vollstreckte.

Gaus: Ist die sozialistische Idee die politische und geistige Heimstatt von Gisela May geblieben?

May: Ja. Meine Grunderlebnisse sind der Krieg, die Nazi-Zeit, der Verlust meines Bruders, der in diesem Krieg geblieben ist, das Hungern, die Trümmer. Dieses ganze Grauen sitzt so tief in mir und meiner Generation, dass ich das nicht abschütteln kann. Wir wollten eine echte Alternative zu diesem kapitalistischen System, das ja zu Hitler geführt hat. Die Kommunisten waren die einzigen, die gesagt haben: »Hitler bedeutet Krieg.« Die Sozialdemokraten haben ja noch die Kriegskredite bewilligt.

Gaus: Für den Ersten Weltkrieg.

May: Für den Ersten Weltkrieg. Mein Vater ist als glühender Pazifist aus dem Ersten Weltkrieg zurückgekommen. Und diese pazifistische Haltung hat sich bei ihm fortgesetzt. Er hat versucht, sich irgendwo politisch zu engagieren. 1928 ist er in die SPD eingetreten. Meine Mutter – die Frauen sind ja meist etwas radikaler – ging in die KPD. Und wie Sie das schon angedeutet haben, lief der »Vereinigungs-Partei-Tag« bei uns in der Familie wunderbar ab, es gab überhaupt keine Konflikte bei meinen Eltern.

Gaus: Sagen Sie bitte nach Ihrer selbstkritischen Einschätzung und nach Ihrer Beobachtung seit der Wende: Ist die Anpassung unter den Westdeutschen, die Anpassung an das Vorherrschende, geringer, als sie unter den Ostdeutschen war, ist sie anders, oder ist sie im Grunde dasselbe?

May: Ich verstehe nicht, was Sie mit Anpassen meinen. Woran anpassen?

Gaus: Ans Herrschende, an die vorherrschende Meinung.

May: Das kann man nicht leugnen. Die Ostdeutschen sind in ihrem System zu mehr Anpassung erzogen worden als die Westdeutschen. Es war ja zunächst eine Diktatur. Das wurde auch ganz offiziell so genannt. Später wurde es die Deutsche Demokratische Republik, und da wir in einer Mangelgesellschaft lebten, musste man sich anpassen. Man musste sich gegenseitig helfen, immer wieder musste man jemanden suchen, der einem etwas beschaffte, was man brauchte. In dieser Hinsicht musste man sich mehr anpassen, während das in Westdeutschland nicht nötig war. So würde ich die Anpassung eher verstehen, als dass man Angst haben musste vor einem System. Aus Angst musste man sich nicht anpassen.

Gaus: Musste man nicht?

May: Nein, das glaube ich nicht, dass man sich aus Angst hätte anpassen müssen.

Gaus: Sie wissen, dass Sie mit dieser Antwort viel üble Nachrede bekommen werden. Weil alle Dissidenten, alle Bürgerrechtler – vielleicht nicht alle – sagen werden: »Wieso sagt die, dass man sich nicht aus Angst vor der Gewalt der SED anpassen musste?«

May: Sie haben sich ja eben nicht angepasst. Weil sie keine Angst hatten, haben sie ja überhaupt Veränderungen durchgesetzt. Also meine ich, eine Angst war es nicht, aus der heraus sie gehandelt haben. Ich selbst habe mit einem zusammengelebt, auf den wir wahrscheinlich noch zu sprechen kommen werden. Er hatte keine Angst, als er versuchte ...

Gaus: Nach acht Jahren Zuchthaus.

May: Ja. Wenn er dieses Urteil aber zuvor gewusst hätte. Er war ja so naiv zu glauben, dass durch seine Plattform, die er ausgearbeitet hatte, eine Verbindung zur Westberliner SPD hätte aufgebaut werden können, auf deren Grundlage dann eine Wiedervereinigung stattfinden könnte.

Gaus: Frau May, Sie sind in dieser Sendereihe – und das sage ich mit großem Respekt – die erste Partnerin, die die Regie übernimmt. Wir kommen auf Wolfgang Harich noch, aber ich möchte jetzt erst bei Gisela May bleiben. Sie haben gesagt, als Sie dreizehn waren, war es für Sie sicher, Sie wollten Schauspielerin werden.

May: Ja.

Gaus: Einen Zweifel hatten Sie nie?

May: Nein.

Gaus: Sie sind von 1951 bis 1992 an zwei hochbedeutenden Bühnen Deutschlands gewesen. Bis 1962 am Deutschen Theater unter dem Intendanten und Regisseur Wolfgang Langhoff und von 1962 bis 1992 an Bert Brechts Theater, dem Berliner Ensemble, damals, als Sie hinkamen, unter der Leitung von Helene Weigel. Beides Theater in Ostberlin. Dazu habe ich mehrere Fragen. Zunächst diese: Wenn Gisela May zum Beispiel 13 Jahre lang den Karren von Mutter Courage am Berliner Ensemble über die Bühne zieht, dann will sie mit ihrer Darstellungskunst etwas bewirken. Das Theater ist eine moralische Anstalt. Sie wollen die Menschen verändern.

May: Das ist schön, dass Sie das sagen.

Gaus: War das so? Was wollten Sie verändern an den Menschen? Was wollten Sie bewirken?

May: Es war der Wunsch von Brecht in erster Linie Geschichtsbewusstsein zu erzeugen. Wir wollten die Leute zum Denken bringen, zum Mitdenken, nicht nur zum Mitfühlen. Fühlen und Denken – das gehört zusammen. Es ist oft ein Missverständnis, dass man denkt, bei Brecht ist alles so kalt, da wird nur gedacht und nur theoretisiert. Es war Gefühl und Verstand gleichermaßen. Brecht wollte Fragen auslösen: Warum? Er hat ja nie Antworten gegeben von der Bühne, sondern alles, was auf der Bühne geschah, war, um das Publikum zu fragen, zu provozieren: Warum sagt denn diese Courage am Ende zu den Soldaten: »Nehmt mich mit!«? Sie hat nicht begriffen, dass der Krieg ihr die drei Kinder genommen hat. Sie hat immer noch geglaubt: Der Krieg ist mein Brotgeber.

Gaus: Wenn man Ihnen zuhört, drängt sich die Frage auf: Wie viel Bitterkeit ist in Ihrem Leben, wenn Sie zurückblicken? Wie viel Bitterkeit wegen nichtrealisierter Träume?

May: Bitterkeit geht zu weit. Dann würde ich ja wirklich als

Mensch gar keine große Lebensfreude mehr haben. Es ist eher ein Erkennen, wie unglaublich schwer es ist, Menschen mit Vernunft zu erreichen, Menschen zum selbstständigen Denken zu bringen. Das war ja in der Hitlerzeit völlig weg, die konnten ja gar nicht mehr selbstständig denken.

Gaus: Man sagt, es war in der DDR weg. Es war nicht wohlgelitten.

May: Es war nicht wohlgelitten. Das ist schon richtig. Die Zeitungen waren langweilig. Aber Langeweile ist noch nicht dasselbe wie Verdummen. Ich glaube Verdummen war mehr in der Westpresse möglich, zumindest in den Boulevardblättern. Das gab es bei uns nicht. Bei uns waren die Zeitungen langweilig, aber man konnte, wenn man es beherrschte, zwischen den Zeilen doch einiges lesen. Man wurde eigentlich zum selbstständigen Denken animiert, schon um auch gegen etwas zu sein. Wenn man gegen etwas ist, wird man ja viel aktiver, als wenn man immer nur mitläuft.

Gaus: Jetzt stilisieren Sie die Bürgerrechtler zu einer Mehrheit in der DDR. Das waren sie nicht.

May: Nein, das waren sie nicht. Ich war auch keine, das gebe ich zu.

Gaus: Gisela May als Mutter Courage. Ich habe Sie 1978 in der Premiere bewundert. Vorher war diese Krämerin aus dem Dreißigjährigen Krieg von Helene Weigel, Brechts Frau, gespielt worden. Wie sind Sie damit fertig geworden, die Nachfolgerin in dieser berühmten Rolle von »der Weigel« zu werden?

May: Das war eigentlich die schwerste Aufgabe, die ich je in meiner künstlerischen Entwicklung vollbracht habe. Ich hatte ja mein größtes Theatererlebnis, als ich noch in Halle engagiert war und nach Berlin fuhr, um die Weigel als Courage zu sehen.

Gaus: Haben Sie die Giehse gesehen?

Ich unterbreche mich jetzt selber und komme auf die Frage zurück. Ich habe das große Glück gehabt und 1950 – damals gab es noch Gastspiele des Berliner Ensembles im Westen – in den

Kammerspielen in München habe ich Therese Giehse als Mutter Courage gesehen. Und im Sommer des Jahres 1950 oder 1951, das kann ich jetzt so genau nicht sagen, habe ich dann die Helene Weigel gesehen. Wer hat Sie mehr angesprochen? Ich habe diese Frage auch Adolf Dresen gestellt.

May: Mich hat die Weigel mehr angesprochen. Ich fand die Therese Giehse wunderbar. Aber sie blieb bis zum Ende eigentlich immer noch eine kraftvolle Frau, die, so glaube ich, auch den Dreißigjährigen Krieg – den ja Brecht als Sinnbild genommen hatte – weiter mitgemacht hätte. Bei der Weigel hat man gespürt, dass sie am Ende nicht mehr konnte.

Gaus: Die Nachfolge der Weigel als Mutter Courage: Wie sind Sie damit fertig geworden?

May: Das war furchtbar, weil ich den ganz falschen Weg gegangen bin. Ich habe mir auf den Proben immer wieder die Bänder von der Weigel angehört, weil ich sie eben so grandios fand in dieser Rolle, weil ich überhaupt dieses ganze epische Theater zum ersten Mal erlebt hatte. Das war ja die erste Aufführung, die in Brechts Regie 1948 im Deutschen Theater stattfand. Das war für mich umwerfend. Nun wollte ich eben die Weigel studieren, und dann »weigelte« ich. Ich fing plötzlich an, etwas Österreichisch zu sprechen, und über meinen Tonfall dachte ich: Das bin ich doch gar nicht mehr. Da war plötzlich die Weigel. Also das musste ich dann alles vergessen. Dann rutschte ich in ein Regiekorsett hinein, in dem ich mich dann so verbiss und mir gar nichts mehr zutraute. Es war ein furchtbarer Prozess. Auch bei der Premiere noch. Nach zehn, zwölf Vorstellungen wurde dann die May zur Courage.

Gaus: Ich habe Sie zweimal gesehen. Einmal in der Premiere ...

May: Tatsächlich?

Gaus: ... und Jahre später noch mal. Ich habe den Wahrheitsgehalt der Antwort überprüft und bestätige ihn. Der Komponist Hanns Eisler hat Sie als Diseuse entdeckt. Er hörte Sie in einem Brecht-Programm und sagte Ihnen danach, das sollten Sie weiter machen. Sie haben es weiter gemacht bis zum Weltruhm. Können Sie bitte versuchen, Ihre Auffassung davon, wie ein politisch-literarisches Lied vorgetragen werden soll, zu erläutern?

May: Wie viel Minuten habe ich?

Gaus: Zwei.

May: Zwei. Ja also, so eine Frage in zwei Minuten.

Gaus: Das ist sehr viel Zeit.

May: Gut. Das heißt, ich muss mich mit dem Inhalt beschäftigen. Ich muss mich mit der Zeit beschäftigen, in der es entstanden ist. Ich muss versuchen, sowohl dem Text als auch der Musik gerecht zu werden. Ich darf singen. Viele Schauspieler denken: Ach Gott, ich bin doch Schauspieler. Wenn ich ein bisschen Sprechgesang mache, genügt das. Aber bei Eisler oder Dessau genügt es nicht. Zumal sie ihre eigenen, wunderbaren Vorstellungen hatten, wie man einen Text musikalisch vertieft und gestaltet. Also beidem muss man gerecht werden. Andererseits muss man auch eine gewisse Zurückhaltung üben, denn ein Lied ist ja eine andere Kunstform als eine realistische Theaterfigur.

Gaus: Brecht hat gewarnt vor der narkotischen Wirkung, die Musik haben könnte. Er hat gesagt: »Ihr dürft diese narkotische Wirkung der Musik nicht in die Lieder hineintragen.« Haben Sie das so verstanden und gesagt: Das ist wahr. Ich darf es nicht wohlklingender machen, als die Situation und der Text es zulassen.

May: Da sind Unterschiede. Wenn ich Kurt Weill interpretiere, ist musikalisch durchaus ein kulinarisches Erlebnis dabei; weil Kurt Weill große Melodien geschrieben hat, und denen muss man auch folgen. Bei Eisler ist es eine ganz andere Art der Musik. Da ist eine kämpferische Musik, eine Musik, die zum Teil spröde ist. Das wird dann bei Paul Dessau noch spröder. Diese verschiedenen Farben und musikalischen Formen muss man interpretieren. Und so muss man auch in der Interpretation bei einem Eisler-Song ganz anders sein, als wenn ich die Seeräuber-Jenny interpretiere.

Gaus: Surabaya-Song. Mein Höchstes ist der Surabaya-Song.

May: Na klar. Natürlich, meines auch ...

Gaus: ... sagt Gisela May. Das Deutsche Theater und das Berliner Ensemble damals, als Sie dort arbeiteten: Wie unterscheidet sich Theater nach Ihrer Erfahrung, nach Ihrer Beobachtung jetzt, wie unterscheidet sich das damalige Theater als künstlerischer Betrieb – und ich frage jetzt nicht nur speziell nach den beiden genannten Theatern – sondern grundsätzlich: Wie unterscheidet sich Theater damals vom Theater heute?

May: Es wird Sie wundern, dass ich da zuerst von Geld spreche. Die DDR-Theater hatten Geld. Der Staat stellte ihnen so viel Geld zur Verfügung, wie sie brauchten. Wenn Brecht sagte: »Ich bin noch nicht fertig mit den Proben.« Dann probierte er nicht sechs Wochen, sondern er probierte ein halbes Jahr lang, und das wurde finanziert. Heute muss alles unter dem Gesichtspunkt gesehen werden: Es muss sich rechnen. Wir erzogen uns ein ungeheuer intelligentes Publikum. Wir hatten ein wunderbares Publikum. Wir waren immer ausverkauft, aber aus anderen Gründen. Dieses »Es muss sich rechnen«, dieser Gesichtspunkt: »Die Proben müssen schnell sein«, »Wir haben nicht länger als vier Wochen« oder »Sechs Wochen ist das Höchste« ... Das spielte keine Rolle.

Gaus: Hat sich die Macht der Regie verändert? Ist die Macht der Regisseure größer geworden?

May: Die Macht der Regisseure hat sich verändert. Aber nicht in dem Sinne, dass sie sich vergrößert hat, sondern, dass viele Regisseure glauben, sie müssen sich selbst verwirklichen. Und sie benutzen ein Stück nur als Rohmaterial, zum Beispiel auch ein Stück von Brecht, was ich einfach als unbeschreibliche Arroganz empfinde. Wir waren mehr für ein »Dem-Werk-gerecht-Werden«. Das war unsere Absicht.

Gaus: Jetzt kommt Wolfgang Harich wieder in unser Interview hinein. Sie haben nach einer gescheiterten Ehe ...

May: Das war eine schöne Ehe ...

Gaus: Sie haben die Ehe gebrochen ...

May: Ich würde nicht sagen, dass sie von Anfang an gescheitert war.

Gaus: Niemand sagt »von Anfang an«. Die Ehe ist gescheitert, weil Sie sie in Italien mit einem Italiener gebrochen haben und Ihr Mann damit nicht fertig wurde.

May: Erstens war es der nicht, es war ein anderer. Aber, wo haben Sie denn das alles nachgeforscht?

Gaus: Ich pflege mich vorzubereiten. Sie haben jedenfalls nach einer Ehe …

May: Schauen Sie, ich kam aus einem grauen Land. Die DDR war ja wirklich für viele Jahre ein graues Land. Ich hatte den Vorzug und das Privileg – ich empfand das durchaus als Privileg –, in ein Land zu fahren wie Italien, wo die Luft anders war und die Erotik in der Luft lag. Dass ich da schwach geworden bin … Ich hatte angenommen, dass das für unsere Ehe nicht sehr entscheidend sein würde. Aber es war anders.

Gaus: Sie haben jedenfalls …

May: Wir haben damals unter einem ganz hohen Gesichtspunkt geheiratet. Ich habe erst spät geheiratet. Ich war ja schon über Dreißig. Und ich habe einen jüdischen Deutschen geheiratet, der meinetwegen sich von einer Jüdin hat scheiden lassen. Er war aus der englischen Emigration gekommen. Ich hatte eine große Verantwortung auch seinem Kind gegenüber. Das war also eine ganz schlimme Zeit. Wir wollten eigentlich darüber nicht sprechen. Aber wenn Sie mich danach fragen, muss ich ehrlich sein. Das war schon schlimm, was ich ihm da angetan habe. Aber es hing auch damit zusammen, dass ich in ein Land kam, in dem Milch und Honig flossen, in dem ich vergöttert wurde auch als Schauspielerin. Ich hatte ja die erste Solokarriere in Italien und nicht etwa in der DDR. Da wollte das keiner wissen.

Gaus: Ich komme auf Wolfgang Harich. Sie haben von 1965 bis 1974 in Ostberlin mit ihm zusammengelebt.

May: Das war der zweite Versuch.

Gaus: ... der nicht zur Ehe führte.

May: Der nicht zur Ehe führte, aber langjährig war.

Gaus: Sie haben Harich und mich auf seinen Wunsch Mitte der 70er Jahre zusammengebracht.

May: Ja.

Gaus: Er schien mir Lebensängste zu haben. Aber er schien kein gebrochener Mann zu sein. Was ist Ihr Eindruck, der Ihnen geblieben ist von diesem Manne? War er sich selber treu? Ist er sich treu geblieben als Kommunist?

May: Ja. Er hat sich natürlich eine andere DDR gewünscht. Er hat sich eine demokratische Variante erträumt. Darum hat er ja auch gelitten. Aber er ist seinen sozialistischen Idealen treu geblieben. Wir sind bis zu seinem Lebensende wunderbar befreundet geblieben. Ich konnte ihn in jeder Frage immer wieder um Rat fragen. Er versuchte zu den Grünen in Westdeutschland Kontakt zu bekommen und war sehr enttäuscht.

Gaus: Ist er mit sich im Reinen gewesen?

May: Ich glaube ja. Da seine ganze Lebenshaltung auch dem Luxus abhold war; er war durchaus entschlossen, ein sehr einfaches Leben zu führen. Er war natürlich auch ein Satiriker und ein Ironiker. Er (hatte nie ein Auto). Er war ein ökologischer Fanatiker.

Gaus: Das war er wirklich.

May: Und da hat man es natürlich schwer.

Gaus: Nach der Wende sind Sie, Frau May, Anfang der 90er Jahre Knall auf Fall nach dreißig Jahren Zugehörigkeit zum Berliner Ensemble von diesem Theater entlassen worden. Sie sind, so sagen Sie, in ein tiefes Loch gefallen.

May: Darf ich Sie ganz kurz korrigieren? Es war nicht das Theater. Es war ein fünfköpfiges Team.

Gaus: Ja, eine neue Intendanz.

May: Eine neue fünfköpfige Intendanz, die schwachsinnigerweise eingesetzt worden war, die sich untereinander auch nicht vertragen haben. In dieser Interimszeit geschah das.

Mit Günter Gaus und Wolfgang Harich in der Vertretung der Bundesrepublik Deutschland in Berlin 1976.

Gaus: Sie jedenfalls waren entlassen und sind, sagen Sie, in ein sehr tiefes Loch gefallen. Haben Sie schlimme Gedanken gehabt? Haben Sie dran gedacht, vielleicht das Leben zu beenden?
May: Nein, niemals. Komödiant zu sein, ist wunderbar, und dem Publikum Erlebnisse zu verschaffen, ist herrlich. Aber das nicht mehr zu können, ist für mich kein Grund, sich das Leben zu nehmen. Ich habe dann versucht, was könnte ich machen, irgendeine soziale Tätigkeit. Vielleicht in ein Krankenhaus zu gehen und den Kranken was vorzulesen. Bis dann endlich wieder das Glück mir hold war. Inge Meysel war schuld, dass ich wieder Theater spielte. Inge Meysel sollte nämlich das Stück »Der rote Hahn«, eine Nachfolge nach dem berühmten »Biberpelz«, im Renaissance-Theater spielen. Nach vierzehn Tagen hat sie aufgehört zu probieren, weil sie mit dem Regisseur nicht klar kam. Er rief mich an. So bin ich sehr bald wieder in Arbeit gekommen, so dass also dieses tiefe Loch Gott sei Dank eigentlich recht schnell wieder beendet war.
Gaus: Gehört Zähigkeit nach Ihrer Selbsteinschätzung zu Ihren Charaktermerkmalen?
May: Nein, das Wort würde mir nie in den Sinn kommen. Das finde ich auch ein unangenehmes Wort. Ich würde eher sagen Leidenschaft. Die Leidenschaft zu meinem Beruf ist mir geblieben und die wird mir ewig bleiben.
Gaus: Sie haben einmal Mitte der 90er Jahre in Pankow – so habe ich mir berichten lassen – ein Konzert gegeben. Diese Brecht-Interpretin, diese Diseuse, die für ihren Staat bei der Aufnahme in die UNO ein Kulturprogramm gegeben hat in New York ...
May: Schön, dass Sie das wissen.
Gaus: ..., die in Sydney gewesen ist. Sie haben in Pankow, in einem nördlichen Vorort in Berlin, der bekannt war, weil es das Synonym war für die DDR-Regierung in den ersten Jahren der DDR in der Westpresse. Sie haben in einem solchen kleinen

Stadtviertel ein Konzert gegeben Mitte der 90er Jahre vor zwanzig Zuhörern. Das heißt, Sie sind dort aufgetreten und haben Ihr Programm gemacht. Wenn es zwei gewesen wären, hätte es Gisela May auch gemacht?

[...]

May: Dann würde ich die lieber zu mir nach Hause einladen und sagen: Ich sing euch zu Hause etwas vor. Aber zwanzig: Ich habe vor jedem Zuschauer Respekt, der sich seine Pantoffeln auszieht und auf den Weg macht und irgendwo hingeht, wo er noch nicht weiß, was ihm bevorsteht. Das ist das alte Theaterpferd oder gibt es noch einen anderen Ausdruck?

Gaus: Zirkuspferd.

May: ... Zirkuspferd, sehr richtig, das dann in mir lebendig wird. Dann steige ich genauso gut ein und versuche genauso gut zu sein, als wenn ich tausend Leute sehe.

Gaus: Wie werden Sie mit den Altsein fertig?

May: Sie erinnern mich daran. Ich denke wenig darüber nach. Das ist ja der Widerspruch, in dem ich mich befinde. Ich fühle mich nicht alt. Ich werde aber durch so eine Frage, wie Sie sie mir stellen, daran erinnert.

[...]

Gaus: Steckt in dieser Antwort doch ein bisschen Selbstschutz gegenüber dem Bewusstsein von Altsein?

May: Darüber habe ich noch nicht nachgedacht. Ich werde immer wieder daran erinnert durch ein kleines Wörtchen. Das Wörtchen heißt »noch«. Das ist das Wort in der deutschen Sprache, das ich am meisten hasse. Wenn nämlich die Leute zu mir sagen: Frau May, Sie sehen ja noch toll aus. Frau May, können Sie noch Auto fahren? Dieses Wort »noch« schränkt jede Bewunderung ein. Wenn Sie zu mir sagen, »Frau May, Sie sehen ja wunderbar aus«, sage ich erfreut: »Danke, lieber Herr Gaus.« Aber wenn Sie mir sagen, »Frau May, Sie sehen ja noch toll aus«, denke ich: Na ja gut.

Renaissance-Theater Berlin, 1990. »Der rote Hahn« von Gerhard Hauptmann.

Gaus: Erlauben Sie mir eine letzte Frage. Sie sind inzwischen wieder erfolgreich mit einem Brecht-Weill-Programm auf der Bühne des Berliner Ensembles aufgetreten. Was bedeutet das vor allem für Sie, Frau May, Heimkehr oder Triumph?

May: Es bedeutet Heimkehr, Heimkehr in ein Haus, in ein wunderbares Haus, in dem ich 30 Jahre ein wunderbares Publikum hatte. Aber es bedeutet nicht Heimkehr in ein Ensemble. Ein Ensemble vermisse ich noch heute.

(ORB, 18.06.2001)

Es wechseln die Zeiten

In 30 Jahren wird es kaum noch jemanden geben, der aus persönlichem Erleben über einen deutschen Staat erzählen kann, der in der zweiten Hälfte des 20. Jahrhunderts immerhin 40 Jahre überdauerte. Ich habe in diesem Staat vom verheißungsvollen Beginn bis zu seinem schmählichen Ende gelebt. Ich hatte ihn mir nicht ausgesucht, aber ich hatte Hoffnungen in ihn gesetzt. Hier sollte etwas entstehen, was es zuvor auf deutschem Boden noch nicht gegeben hatte. »Arbeiter-und-Bauern-Staat« wurde er genannt. Ich gehörte weder zu der einen, noch zu der anderen Gruppe. Ich gehörte zur so genannten Intelligenz, und zwar zur künstlerischen. Uns brauchte man! Wir sollten dafür sorgen, dass alles faschistische, rassistische Gedankengut aus den Köpfen verschwindet. Wir räumten die Trümmer der zerstörten Häuser weg und die in den Köpfen. In der Schule wurde in dieser Richtung konsequent unterrichtet. Bereits im Kindergarten liebten die Kleinen das Lied von der »Kleinen Friedenstaube«. Was das Wort »Frieden« bedeutet, wurde ihnen geduldig erklärt. Prominente Emigranten wie Anna Seghers, Arnold Zweig, Bertolt Brecht, Hanns Eisler kehrten aus allen Himmelsrichtungen zurück und entschieden sich für den Teil Deutschlands, in dem sie ohne Furcht und ohne Gefahr des Revanchismus am Aufbau teilnehmen wollten.

Im anderen Teil Deutschlands sahen wir mit Erschrecken, dass ewig Gestrige wieder wichtige Funktionen übernahmen. Die Siegermächte hatten die Teilung Deutschlands vollzogen. Geographisch zerschnitten sie unser Land. Wir aus dem Osten wurden die sowjetische »Enklave« einer Siegermacht, die im Krieg gegen Hitlerdeutschland 20 Millionen Tote zu beklagen hatte, deren Städte und Dörfer zerstört waren, aber die mit Heroismus, zu Tode erschöpft das Ende des Krieges erkämpfte.

Ein Rotarmist war es, der auf dem Reichstag in Berlin die rote Fahne hisste!

Nun sagten die Siegermächte, wie's bei uns lang zu gehen hatte. Und wir lernten: Nie wieder Krieg! Das war der Satz, den alle begriffen, dem alle leidenschaftlich zustimmten. 18 Millionen waren wir in der »sowjetischen Zone« – dem weitaus kleineren Teil Deutschlands, und dem ärmeren obendrein, der sich ab 1949 als Antwort auf die gegründete Bundesrepublik »Deutsche Demokratische Republik« nannte. Das Kräfteverhältnis in der Welt jedoch änderte sich nicht, der Faschismus war besiegt, aber die Gegensätze Kapitalismus und Sozialismus verschärften sich.

Sicher hat jeder, der in der DDR aufgewachsen ist, eigene, andere Erfahrungen gemacht. Die Tatsache, dass ich bereits in den 60er Jahren das Privileg genoss, mit Gastspielen ins westliche Ausland reisen zu können, relativierte mein Bild vom »Westen« und ließ mich manche unserer bescheidenen »Errungenschaften« positiver bewerten, weil ich auch die andere Seite kennen gelernt hatte: Arbeitslosigkeit, Konkurrenzkampf, Kriminalität, Obdachlosigkeit. Das konnten wir uns vom Leib halten. Aber die Anstrengungen, wirtschaftlich vorwärts zu kommen, Schritt zu halten mit der von Amerika gepuschten BRD, waren immens. Die Planwirtschaft sorgte obendrein dafür, dass zwar die Bedürfnisse der Bevölkerung bekannt waren, nur erfüllt werden konnten sie nicht. Die Devisen waren knapp, Rohstoffe gleich null. Oft lief es im internationalen Geschäft auf Tauschhandel hinaus, was im 20. Jahrhundert – dem »wissenschaftlichen Zeitalter«, wie es Brecht nannte, – eigentlich nicht mehr zeitgemäß war. Ein ungleicher, ungerechter Wettbewerb bestand von Anfang an. Der Ausgangspunkt unserer beiden deutschen Staaten war so unterschiedlich, dass es umso erstaunlicher ist, wie lange die DDR diesen Wettkampf überlebt hat, nur langsam vorankam, schrittweise verlor, wieder aufholte und 1989 endgültig aufgab. Die Stimmung in der Bevölkerung war entsprechend wechselhaft. Es kam zu massiver

Unzufriedenheit, zum Arbeiteraufstand am 17. Juni 1953, in den sich Kräfte aus Berlin-West heftig einmischten. Die sowjetischen Panzer klärten die Lage eindeutig, auch beim Einmarsch in die ČSSR – gegen Panzer waren Argumente machtlos. Reformversuche blieben im Keim stecken. Die Staatsmacht zeigte sich unerbittlich, uneinsichtig. Repressalien waren die Folge. Wolfgang Harich und viele andere erlebten sie hautnah. Und immer, bei jedem Versuch zur Veränderung blieb das außenpolitische Risiko. Die Atomwaffen der beiden Supermächte standen hochgerüstet bereit: Gemeinsame Sieger im Kampf gegen den Faschismus, waren sie nun wieder erbitterte Gegner im Kampf der Ideologien.

Die Intelligenz, besonders die Schriftsteller in der DDR, versuchte mit kritischen Veröffentlichungen gegen Dogmatismus, Schönfärberei, Engstirnigkeit anzuschreiben. Jede Absicht in dieser Richtung wurde vom »Westen« aufmerksam registriert, hochgelobt und ließ die östlichen Zensurbehörden erst recht mit Entzug von Druckgenehmigungen und Verboten reagieren. Filme durften nicht erscheinen. Das 11. Plenum führte zu einer kulturellen Eiszeit. So verloren wir manchen führenden Schriftsteller und Poeten. In der BRD sprach man auch deutsch! Andere zogen sich zurück, gingen in die »innere« Emigration. Abwerbung geschah eher auf dem Gebiet der wissenschaftlichen Intelligenz, der Ärzte, Ingenieure, Physiker, Chemiker.

Eine Folge davon war die Mauer, die in Berlin über Nacht gebaut wurde. Eine Grenze, die die beiden deutschen Staaten unerbittlich, unmenschlich voneinander trennte. Aber wenn dieser Staat weiter leben wollte, wie sollte das bei dieser Ausblutung geschehen? Überall hörte man, ach, der ist auch schon rüber; und der ist weg; und der Arzt und all die Spitzenkräfte, die für teures Geld in der DDR ausgebildet worden waren, die waren plötzlich alle nicht mehr da, und man sagte: Mein Gott, bin ich jetzt der Letzte, der das Licht ausmacht? Unsere westlichen Brüder und Schwestern standen bereit, uns mit offenen Armen aufzunehmen. Aber die Sowjetunion konnte damals die DDR nicht aufgeben. Sie brauchte uns als Bollwerk gegen den »Westen«. Hier standen sich zwei feindliche, mit Atomwaffen ausgerüstete Weltmächte gegenüber. Wenn die DDR vom Westen geschluckt worden wäre, hätte die Gefahr eines Dritten Weltkrieges bestanden. Unter dieser Horrorvision haben wir mit der Mauer leben müssen. Zumal außer Absichtserklärungen aus den USA oder westeuropäischen Ländern nichts erfolgte, ja sogar Ansätze von Erleichterung durchklangen, ein geteiltes Deutschland sei besser als ein ganzes.

Trotz dieser neuen Situation nahm das internationale Ansehen der DDR zu, besonders durch die Kultur. Unsere Museen waren internationale Anziehungspunkte. Unsere Orchester errangen höchste Anerkennung. Vor allem die Theater – die Komische Oper, das Berliner Ensemble – feierten Triumphe. Ohne materielle Zwänge arbeiteten wir an den Theatern mit großem Zuspruch unserer Zuschauer. Die Vorstellungen waren immer ausverkauft. Die Eintrittspreise waren so niedrig, dass wir einem breiten, aus allen Schichten der Bevölkerung kommenden, auch internationalem Publikum die Werke der Klassiker, die Stücke von Brecht, sowjetische und andere internationale Dramatik, aber auch umstrittene Gegenwartsstücke präsentieren konnten. Die soziale Sicherheit der Theaterschaffenden war durch langjährige Verträge gesichert.

Im Sport kassierte die DDR eine Medaille nach der anderen. Das half dem Ansehen des Staates, führte aber unter anderem zu grotesken Situationen, wenn zum Beispiel diejenigen, die an der DDR kein gutes Haar ließen, lauthals jubelten, weil wieder »einer von uns« auf dem Siegertreppchen stand. Krassestes Beispiel: Als die Fußballmannschaft der DDR gegen die Bundesrepublik spielte, waren die Fans völlig durcheinander. Wem sollten sie den Sieg wünschen? »Jetzt spielen wir gegen uns!« stöhnten sie.

Trotz Mauerbau und Mangelwirtschaft, trotz Verzicht auf vielen Gebieten erfuhr der Staat DDR internationale diplomatische Anerkennung, die von Jahr zu Jahr zunahm. Den Stolz darüber »kassierte« Honecker, der den alt gewordenen Ulbricht abgelöst hatte. Den Bürgern ging es trotzdem nicht viel besser. Vor allem die Reisebeschränkungen ins westliche Ausland blieben bestehen. Als ich 1971 vor den UNO-Delegierten in New York das Friedenslied sang, galt ich als »Botschafterin« eines exotischen Staates, an dessen Mitgliedschaft in der UNO damals noch nicht zu denken war.

Jahre später geschah es. Das kostete die DDR Unsummen an Valuta, denn im Wettlauf mit der Bundesrepublik mussten nun auch die diplomatischen Vertretungen unseres gebeutelten Landes, um mit der BRD zu konkurrieren, Wohlstand vortäuschen. Ich erinnere mich an Prachtgebäude in manchen Ländern Europas, vor allem an unsere Botschaft in Paris. Eine riesige Luxusvilla im teuersten Bezirk der Stadt war dort erworben worden. Die westdeutsche Residenz wirkte bescheiden dagegen. Nur wenn nach den Veranstaltungen die obligatorischen Häppchen gereicht wurden, blieb es bei Halberstädter Würstchen und Radeberger Bier aus der DDR. Damals waren wir bescheiden. Das kostete keine französischen Francs.

In diese liberale Phase der DDR-Politik platzte die Biermann-Affaire. Mit der Ausweisung des Liedermachers und Poeten kam es zu einem ernsten Konflikt zwischen den Staats- und Parteiorganen und den Intellektuellen, die die Meinung vertraten, diesen aufmüpfigen, im Geist durchaus sozialistischen Dichter »aushalten zu können« (Hermann Kant). Auch ich war gegen diese rüde Entscheidung. Den Protest über westliche Medien zum Ausdruck zu bringen, erschien mir der falsche Weg. Ich hielt persönliche Proteste von prominenten Leuten für wirkungsvoller. Zwar gehörte ich nicht zu den Unterzeichnern, die die Regierung aufforderten, die Ausweisung Biermanns rückgängig zu machen, aber ich bestand auf einem Gespräch mit Kurt Hager, dem wichtigsten Mann in der Kulturpolitik, Leiter der Kulturkommission im Politbüro.

Schon am nächsten Tag, als die Ausbürgerung Biermanns offiziell verkündet worden war, empfing mich der führende Politiker. Unmissverständlich brachte ich zum Ausdruck, dass ich diese politische Härte für einen großen Fehler hielt und bat, die Entscheidung zurückzunehmen. Fast eine Stunde habe ich auf Hager eingeredet. Eine Stunde hat er mir geantwortet, ohne auch nur etwas von meinen Argumenten wahrgenommen zu haben. Er sprach von seiner Jugend, wie er als junger Mensch gekämpft habe, wie er den Kommunismus durchsetzten wollte, dass er es nicht verstehen könne, wenn die jungen Leute das heute nicht auch tun. Als ich aus seinem Büro herausging, war ich tief deprimiert. Mir war klar, dass die Biermann-Ausweisung uns als gravierender Fehler in der Kulturpolitik noch viele Jahre anhängen würde, wie es auch geschah.

Wirtschaftlich dagegen machte die DDR nach außen kein so schlechtes Gesicht. Innerhalb der Ostblockländer galten wir als der »Westen im Osten«. Dann trat Gorbatschow auf die politische Bühne. Seine mit Vehemenz vorgetragenen Ziele von Glasnost und Perestroika, mit denen er die ganze sowjetische Politik umzubauen hoffte, um den Sozialismus beweglicher, offener zu machen, attraktiver zu gestalten auch für westliche Partner, machten den Politiker fast über Nacht zum Helden. Vor allem in der westlichen Welt wurde er überschwenglich gefeiert. Ganz ohne Zweifel genoss er den Jubel um seine Person, ohne jedoch im eigenen Land wesentliche Verbesserungen zu erreichen. Ja, er schloss Freundschaft mit Helmut Kohl – der Erste Sekretär der Kommunistischen Partei der Sowjetunion wurde Dutzfreund des Bundeskanzlers der Bundesrepublik. »Helmut und Gorbi!« hieß es überall. Das konnte ich nicht verstehen. In der Realität sah es in der Sowjetunion nicht so rosig aus. Vor allem was die soziale Situation der Bürger in dem riesigen Land betraf. Die Sowjetunion investierte alle Anstrengungen in die Rüstung, um durch einen Gleichstand mit Amerika einen Krieg auszuschließen, diese Taktik der Amerikaner war aufgegangen. Das führte unter anderem zur Schwächung der sowjetischen Weltmacht. Diese veränderte Beziehung zwischen der BRD und Russlands Staatsoberhaupt blieb auch in der DDR nicht unbemerkt. Das waren unüberhörbare Signale für die Bürgerrechtler, die nun den Mut fanden, gemeinsam mit vielen Menschen der DDR den gesellschaftlichen Widerstand gegen die Stagnation im eigenen Land öffentlich zu machen. Die Chance, dass Massendemonstrationen ohne Gewalt geschehen könnten, wurde durch das veränderte internationale Klima befördert. Und es gelang: Am 4. November 1989 demonstrierten eine Million Menschen in Berlin für eine neue Politik. Von da bis zur Öffnung der Grenze war es nicht weit. Ein Riesenbegräbnis des sozialistischen Staates wurde jubelnd gefeiert.

Dass es so kommen würde, war mir klar, als Gorbatschow in die Geschichte eintrat. So sehr ich auch erleichtert war, dass diese widernatürliche Ost-West-Teilung einmal aufhören müsse, ahnte ich doch, wie viele existenzielle Probleme damit auf uns in den neuen Bundesländern zukommen würden. Es war kein Paradies, in das wir da viel zu schnell hineinstürzten. Wir mussten uns in allen Fragen des Lebens umstellen. Ich erspare es mir, das einzeln aufzuzählen. Davon war jeder im Beitrittsland betroffen. Die Treuhand verrichtete unerbittlich ihr Werk. Der Westen witterte einen neuen Markt und war durch seine große Produktivkraft in der Lage, die gesamten neuen Bundesländer mit seinen Produkten zu überschwemmen. Die östliche Industrie als lästige Konkurrenz wurde abgewickelt. Dass damit auch Arbeitslosigkeit entstehen würde, nahm man in Kauf. Heute, im Jahr 2002, werden Milliarden investiert, um eine neue Industrie aufzubauen.

Aber wie sollte konfliktlos zusammenwachsen, was 40 Jahre getrennt war? Es wird noch Jahre dauern, bis man nicht mehr auseinander dividiert: »Ist der von uns oder von ›drüben‹?«

In Berlin lebe ich nun seit 51 Jahren. Hier prallten die politischen Gegensätze aufeinander, mehr als irgendwo anders. Als ich 1951 in diese Stadt kam, war es eine graue, trübe, vom Krieg schwer getroffene Stadt. Den Potsdamer Platz gab's eigentlich gar nicht. Er war eine Wüste, unbewohnt, mauerdurchzogen. Heute ragen dreieckige Glasriesen in den Berliner Himmel. Stoßstange an Stoßstange schieben sich die eiligen Berliner Autofahrer durch die Friedrichstraße. Ich wohne mittendrin im Geschehen. Jetzt nennt sich mein Stadtteil wieder Berlin-Mitte. Zu DDR-Zeiten lebten wir zehn Minuten vom Brandenburger Tor entfernt, dahinter war die Welt zu Ende.

Ich habe mich mit den Berlinern anfangs schwer getan, das muss ich zugeben. Ich fand sie irgendwie ruppig, ziemlich grob und direkt und dachte immer: Mensch, wo ist denn bloß dieser berühmte Berliner Witz, wo der Berliner Charme? Aber inzwischen habe ich gemerkt, dass diese Ruppigkeit mit Ehrlichkeit, mit Direktheit und einer ungeheuren Herzlichkeit verbunden ist. Aber die muss man erst einmal herauskitzeln! Hinzukommt, dass ich den Berliner Dialekt sehr mag, und von allen deutschen Dialekten ist er mir doch der liebste. Inzwischen kann ich ihn auch schon fast perfekt sprechen. Der Berliner hat nie Zeit, er hat immer Tempo, Tempo, Tempo im Blut, wenn aber irgendwo etwas passiert oder ein Angler an der Brücke steht, hat er plötzlich Zeit, dann steht er herum, dann wird gequatscht und geredet, bis er wieder ganz schnell irgendwohin muss.

Dieses schnelle Reagieren, die Intelligenz sind eigentlich Attribute einer jeden Großstadt. Aber in Berlin ist das extrem. Der Berliner weiß alles, kennt alles. Geht dann doch einmal was schief, wird er es nie zugeben. Was man auch einem Berliner erzählt, es kann das ausgefallenste Erlebnis sein, der Berliner staunt nicht. Er sagt: »Kenn ick! Wees ick!«

Das Berliner Theaterpublikum ist schwierig. Es ist nicht schnell begeisterungsfähig. Es ist kritisch, denkt mit, aber wenn es begeistert ist, wird meistens ein Argument mitgeliefert, wird gesagt, warum es gefällt. Die Berliner wollen nicht überrumpelt werden, sie wollen sagen: »Ja, det kenn ick oder det kenn ick noch nich und bin froh, det ick et kennen jelernt habe.« Aber mit irgendwelchen Mätzchen lassen sich die Berliner nicht kaufen.

Ich wohne nun seit über 50 Jahren im Herzen der Stadt, in der Friedrichstraße. In meinem »Kiez«, so nennt man in Berlin einen Stadtteil, wohnen viele Leute, die sich schon über Jahrzehnte kennen. Das ist ein angenehmes Gefühl, hierher immer wieder zurückzukommen. Man hilft sich gegenseitig, man hat miteinander Kontakt.

Ich glaube, die Berliner Mentalität ist mit Witz und Schlagfertigkeit über alle Unbill der Jahre hinweggekommen. In den Jahrzehnten, so unterschiedlich sie auch in Berlin gelebt wurden, wo sich fast täglich etwas verändert und wir immer mehr Weltstadt werden, sagen die Berliner auch heute noch: »Kenn ick, wees ick« und erteilen der Stadt das größte Lob des Berliners: »Nee, da kann man nich meckern!«

Nachwort

Bevor Sie nun das Buch endgültig zuschlagen, möchte ich nicht versäumen, Ihnen noch dessen Titel zu erläutern. In dem »Lied von der Moldau« verwendet Brecht das Bild vom Wechsel der Zeiten als Gleichnis für die einfachen Gesetze der Natur. In einer Zeit, da er selbst nicht wusste, wann seine Flucht aus dem Nazi-Deutschland beendet sein würde, wann er in ein vom Faschismus befreites Land zurückkehren könne, setzt er ein Zeichen für unerschütterliches Hoffen auf menschliche Vernunft. In der Komposition von Hanns Eisler gewinnt der Text volksliedhafte Größe. Es ist mein Lieblingslied.

»Lied von der Moldau«

Am Grunde der Moldau wandern die Steine
Es liegen drei Kaiser begraben in Prag.
Das Große bleibt groß nicht und klein nicht das Kleine.
Die Nacht hat zwölf Stunden, dann kommt schon der Tag.

Es wechseln die Zeiten. Die riesigen Pläne
Der Mächtigen kommen am Ende zum Halt.
Und gehen sie einher auch wie blutige Hähne
Es wechseln die Zeiten, da hilft keine Gewalt.

[...]

(Aus: »Schweyk im Zweiten Weltkrieg« von Bertolt Brecht)

Rollenverzeichnis

Bühnenrollen
(in den ersten Engagements werden nur die wichtigsten genannt)

Komödienhaus Dresden, 1942
Soubrette in dem musikalischen Lustspiel »Die vier Optimisten« · *Salondame* in dem Schwank »Meine Tante – deine Tante«
Landesbühnen Danzig-Westpreußen, 1942/43
Rautendelein in »Die versunkene Glocke« von Gerhart Hauptmann
Stadttheater Görlitz, 1943/44
Lesbia in »Gyges und sein Ring« von Friedrich Hebbel
Städtische Bühnen Leipzig, 1945–1947
Agafia in »Die Heirat« von Nikolai Gogol · *Krankenschwester* in »Dr. Lilli Wanner« von Friedrich Wolf · *Hermia* in »Ein Sommernachtstraum« von William Shakespeare · *Leontine* in »Der Biberpelz« von Gerhart Hauptmann · *Mabel* in »Drei Mann auf einem Pferd« von Holme/Abbot
Staatstheater Schwerin, 1947–1950
Sängerin in »Der Schatten« von Jewgeni Schwarz · *Fanny Krull* in »Die Kassette« von Carl Sternheim · *Ophelia* in »Hamlet« von William Shakespeare · *Eliza* in »Pygmalion« von George Bernhard Shaw · *Ruth* in »Die Sonnenbrucks« von Leon Kruczkowski · *Annie* in »Spiel im Schloss« von Franz Molnár · *Noelle* in »Die Spieldose« von Georg Kaiser · *Canina* in »Volpone« von Ben Jonson · *Annie* in »Alle meine Söhne« von Arthur Miller
Landestheater Halle, 1950/51
Célimène in »Der Misanthrop« von Molière · *Marguerite* in »Marguerite : 3« von Schwiefert · *Schellenbarbel* in »Ballade vom Eulenspiegel, vom Federle und von der dicken Pompanne« von Günter Weisenborn · *Rose* in »Rose Bernd« von Gerhart Hauptmann · *Tatjana* in »Feinde« von Maxim Gorki

Deutsches Theater Berlin, 1951–1962
1951:
Miss Hotchkin in »Ein gewöhnlicher Fall« von Adam Tarn · *Frau Harpagone* in »Der eingebildete Kranke« von Molière · *Lida* in »Der Chirurg« von Alexander Kornejtschuk
1952:
Minna in »Minna von Barnhelm« von Gotthold Ephraim Lessing
1953:
Margo in »Das tote Tal« von Alexander Kron · *Eboli* in »Don Carlos« von Friedrich Schiller · *Madeleine* in »Prozess Wedding« von Harald Hauser · *Leichte Dame* in »Shakespeare dringend gesucht« von Heinar Kipphardt
1954:
Margo in »Hotelboy Ed Martin« von Albert Maltz
1955:
Dorte in »Die Dorfstraße« von Alfred Matusche · *Meischen Gehrke* in »Sozialaristokraten« von Arno Holz · *Rosaura* in »Theatergeschichten« von Johann Nepomuk Nestroy
1956:
Eva in »Der seltsame Aufstieg des Alois Piontek« von Heinar Kipphardt · *Frau Linde* in »Nora« von Henrik Ibsen · *Adele* in »Bernharda Albas Haus« von Frederico García Lorca
1957:
Leda in »Amphitryon 38« von Jean Giraudoux · *Frau von Fischer* in »Einen Jux will er sich machen« von Johann Nepomuk Nestroy · *Kleinbürgerin* in »Sturm« von Bill-Bjelozerkowski · *Regan* in »König Lear« von William Shakespeare · *Zwetajewa* in »Die Kleinbürgerin« von Maxim Gorki
1958:
Marie in »Woyzeck« von Georg Büchner · *Wirtin* in »Wer die Wahl hat« von Joachim Knauth
1959:
Lisaura in »Das Kaffeehaus« von Carlo Goldini

1961:
: *Nachbarin Deuter* in »Die Hose« von Carl Sternheim
1962:
: *Mutter Wolffen* in »Der Biberpelz« von Gerhart Hauptmann

Berliner Ensemble, 1962–1992
1962:
: *Madame Cabet* in »Die Tage der Commune« von Bertolt Brecht · *Frau Kopecka* in »Schweyk im Zweiten Weltkrieg« von Bertolt Brecht
1963:
: *Schauspielerin* in »Der Messingkauf« von Bertolt Brecht · *Frau Cornamontis* in »Die Rundköpfe und die Spitzköpfe« von Bertolt Brecht
1966:
: *Souhaun* in »Purpurstaub« von Sean O'Casey · *Celia Peachum* in »Die Dreigroschenoper« von Bertolt Brecht und Kurt Weill
1967:
: *Hausbesitzerin* in »Die Mutter« von Bertolt Brecht und Maxim Gorki
1973:
: *Kitty Warren* in »Frau Warrens Beruf« von George Bernhard Shaw
1978–1992:
: *Courage* in »Mutter Courage und ihre Kinder« von Bertolt Brecht
1986:
: »Vom Schifferbauerdamm zum Broadway« (Kurt-Weill-Abend)
1992:
: »Florentiner Strohhut« von Eugène Labíche

An anderen Theatern

Volksbühne Berlin, 1961
  Ellen in »Ravensbrücker Ballade« von Hedda Zinner

Deutsche Staatsoper, 1963
  Anna I in »Die sieben Todsünden der Kleinbürger« von Bertolt Brecht und Kurt Weill

Musikalische Komödie Leipzig, 1968
  Anna I in »Die sieben Todsünden der Kleinbürger« von Bertolt Brecht und Kurt Weill

Metropol-Theater Berlin, 1970
  Dolly Meyer in »Hallo Dolly« von Jerry Herman und Michael Stewart

Schauspielhaus Berlin, 1986
  Anna I in »Die sieben Todsünden der Kleinbürger« von Bertolt Brecht und Kurt Weill

Renaissance-Theater Berlin, 1990–1993
1990:
  »Der rote Hahn« von Gerhart Hauptmann
1992:
  »Haus Eden« von Brian Friel
1993:
  »Fast ein Poet« von E. O'Neill

Theater des Westens Berlin, 1997
  »Cabaret« von John Kander/Joe Masteroff, R. Gilbert

Ausgewählte Fernsehrollen ab 1958

1958:
Lene Mattke in »Die Entscheidung der Lene Mattke« von Helmut Sakowski · *Kleopatra Lwowna Mamajewa* in »Eine Dummheit macht auch der Gescheiteste« von Alexander Ostrowski · *Tatjana* in »Feinde« von Maxim Gorki (DFF)
1961:
Ziselin in »Mademoiselle Löwenzorn« von Ulrich Becher (DFF)
1962:
Esther in »Esther« von Bruno Apitz (DFF)
1964:
Jenny in »Jenny Marx« von Krista-Sigrid Lau (DFF)
1965:
Filumena in »Filumena Marturano« von Eduardo de Filippo · *Lady Torrance* in »Orpheus steigt herab« von Tennessee Williams (DFF)
1970:
Rosa Luxemburg in »Sprechen Sie zur Sache, Angeklagte« von Friedrich Karl Kaul und Walter Jupé (DFF)
1973:
Wassa in »Wassa Shelesnowa« von Maxim Gorki (DFF)
1975:
Jenny Treibel in »Frau Jenny Treibel« von Claus Hammel nach Theodor Fontane (DFF)
1977:
Adele in »Die Verführbaren« nach dem Roman »Ein ernstes Leben« von Heinrich Mann (DEFA/DFF)
1979:
Käte Lafontaine in »Fleur Lafontaine« nach dem Roman von Dinah Nelken (DFF)
1981:
»Der Mensch hat zwei Beine« (Kurt-Tucholsky-Programm, DFF)

1983:
»Zwei Ärztinnen« (DFF)
1984:
»Drei reizende Schwestern« (DFF)
1984–1989:
Moderation und Gastgeberin in der 25-teiligen Fernsehserie »Pfundgrube« (DFF)
1986:
»Nimm dich in acht vor blonden Frauen« (DFF)
1987:
»Meine Frau ist ein Star« (DFF)
1989:
»Die 13 Monate« (DFF)
1991:
Hauptrolle in der 13-teiligen Fernsehserie »Warten auf Gott«/ »Mit Lust und Krücke« (ARD)
1995–2002/3:
»Muddi« in »Adelheid und ihre Mörder« (ARD)

Ausgewählte Filmrollen

1959:
»Das Beil von Wandsbek« nach Heinrich Mann
1959:
Frieda Walkowiak in »Eine alte Liebe«
1985:
Mutter in »Nur ein Film« (MAFILM, Ungarn)
1987:
Clownsmutter in »Die Clowns« (HARLEKIJN-FILM, Holland)
1998:
»Die Hallo-Sisters«
(Produktion von Ottokar Runze und ZDF)

Chanson-Programme

»Aus vier Jahrzehnten« (Brecht-Abend)
»Denn wovon lebt der Mensch« (Brecht-Abend)
»Kurt Tucholsky hasst – liebt« (Tucholsky-Abend)
»Brecht-Kästner-Tucholsky«-Abend
»Neue Chansons und Lieder«
»Hoppla, wir leben« (Kabarett-Chansons aus drei Jahrzehnten)
»Im Ernst, wir meinen es heiter«
»Lieder sind ein Stück Leben«
»Die dreizehn Monate« und »Gegenwarts-Chansons«
»Denn wie man sich bettet« (Kurt-Weill-Abend)
»Ich bin so frei« – Kabarett von gestern bis heute
»Hanns-Eisler-Abend«
»Wenn die beste Freundin« (Kabarett-Chansons mit Helen Vita)
»Jacques-Brel-Abend«

Schallplattenverzeichnis

Songs, Chansons, Lieder

Gisela May singt Chansons
    AMIGA, Philips Ton GmbH
Gisela May singt Brecht-Weill
    ETERNA, Philips Ton GmbH
Gisela May singt Brecht-Eisler-Dessau, Serie »Unsere neue Musik«
    ETERNA, Schallplattenverlag WERGO
Gisela May singt Tucholsky
    AMIGA, Deutsche Grammophon-Gesellschaft;
    Kassette bei Musicando
Kurt Tucholsky. Lieder, Lyrik, Prosa, verschiedene Interpreten
    ELEKTROLA »Songbird«

»Die sieben Todsünden der Kleinbürger« (Bertolt Brecht/Kurt Weill)
   ETERNA, Deutsche Grammophon-Gesellschaft
Gisela May singt Erich Kästner
   AMIGA, Deutsche Grammophon-Gesellschaft
Brecht-Songs mit Gisela May
   ETERNA, Deutsche Grammophon-Gesellschaft
Gisela May – Die spezielle Note (Neue Chansons)
   AMIGA
»Hallo, Dolly« (Querschnitt durch das Musical von Jerry Herman und Michael Stewart)
   AMIGA
Hauspostille Brecht (verschiedene Interpreten)
   Deutsche Grammophon
Gisela May chante Brecht, Les disque Pierre Cardin, Gisela May chante Bertolt Brecht
   DGG (Frankreich)
Brecht-Songs – Gisela May
   Supraphon (Tschechische Republik)
Gisela May sunger Brecht
   Riks (Schweden)
»In dir gehen viele Schritte«
   NOVA
»Hoppla, wir leben« (Kabarettprogramm live aus der »Distel«, Berlin)
   AMIGA, Philips
Eisler, Lieder mit Gisela May
   NOVA
Die großen Erfolge von Gisela May
   AMIGA
Gisela May singt Brecht/Dessau
   NOVA
Gisela May live – Brecht, Weill, Eisler, Dessau (Mitschnitt im Pierre-Cardin-Centre, Paris)
   ELEKTROLA »Songbird«

Wagner-Régeny – Gisela May
   NOVA
»Der Große Gesang« (Pablo Neruda)
   AMIGA
Chansons bleiben Chansons (Jaques Brel)
   AMIGA, Philips
»Im Ernst, wir meinen es heiter«
   AMIGA
»Die dreizehn Monate« (Erich Kästner/Manfred Schmitz)
   ETERNA

Sprechplatten
(in der Serie LITERA)

»Plädoyer einer Frau«
»Rosa Luxemburgs Briefe aus dem Gefängnis«
»Der Bär« von Anton Tschechow (als Popowa)
»Maria Stuart« von Friedrich Schiller (als Elisabeth)
»Erich Weinert: den Gedanken Licht, den Herzen Feuer, den Fäusten Kraft« (verschiedene Interpreten)
»Irgendwer hat einmal gesagt. Anekdoten aus aller Welt« (Gisela May/Wolf Kaiser)

Hörbücher

»Marleni« von Thea Dorn
   Lido-Eichbornverlag 2002
Hans Christian Andersen, Märchen
   Verlag Michael Bøving, Kopenhagen 2001

CD-Verzeichnis

Brecht-Songs (Eisler/Dessau)
    Berlin Classics
»Die sieben Todsünden«(Brecht/Weill)
    Berlin Classics
Brecht-Weill-Songs
    Capriccio
Lieder von Jaques Brel
    BuschFunk
Mikis Theodorakis – Lieder (Gisela May/Thanassis Moraitis)
    AMIGA
»Heute zwischen gestern und morgen« Tucholsky-Chansons
    AMIGA

Auslandsgastspiele

Australien
    Adelaide, Gambier, Perth, Sydney
Belgien
    Antwerpen, Brügge, Brüssel, Gent, Turnhout
Bulgarien
    Sofia, Warna
Tschechische Republik
    Bratislava, Plzeň, Prag, Usti
Dänemark
    Aalborg, Aarhus, Kopenhagen, Odense
Finnland
    Haemeelinna, Helsinki, Joensuu, Lahti, Turku
Frankreich
    Aubervilliers, Bethune, Angers, St. Denis, Lille, Montpellier, Nanterre, Paris, Pontoise, Quillins, Strasbourg, Vitry

Griechenland
  Athen, Heraklion, Kalitea, Larissa, Nikea, Saloniki
Großbritanien
  Glasgow, London
Island
  Reykjavik
Italien
  L'Aquila, Bari, Bologna, Catania, Città di Castello, Empoli, Ferrara, Florenz, Genua, Mailand, Messina, Modena, Palermo, Ravenna, Reggio Emilia, Rom, Terni, Triest, Turin, Venedig
Jugoslawien
  Belgrad, Ljubljana, Zagreb
Kanada
  Toronto, Vancouver
Liechtenstein
  Schaan
Luxemburg
  Esch-sur-Alzette, Luxemburg
Niederlande
  Amsterdam, Den Haag, Groningen, Hilversum, Leiden, Rotterdam, Utrecht
Norwegen
  Bergen, Oslo, Skien
Österreich
  Dornbirn, Graz, Linz, Salzburg, Villach, Wien
Polen
  Krakau, Warschau
Portugal
  Baja, Evora, Lissabon, Torres Novas
Rumänien
  Bukarest

Schweden
> Boras, Gävle, Göteburg, Kalmar, Karlskrona, Karlstad, Landskrona, Linköpping, Lund, Malmö, Motala, Östersund, Södertelje, Stockholm, Umea, Upsala, Versteras

Schweiz
> Baden, Basel, Bern, Biel, Bremgarten, Effretikon, Genf, Luzern, Riehen, Schaffhausen, St. Gallen, Thun, Winterthur, Zug, Zürich

Russland
> St. Petersburg, Moskau

Ungarn
> Budapest

USA
> Boston, Buffalo, Chicago, Hanover, St. Louis, Los Angeles, New Orleans, New York, San Francisco, Syracus, Washington

Teilnahme an Festivals

Festival Théâtre des Nations, Paris
Festival d'Anjou, Angers
Wiener Festwochen
Salzburger Festspiele
Carinthischer Sommer, Villach
Steierischer Herbst, Graz
Biennale, Venedig
Maggio Musicale Fiorento, Florenz
Ruhrfestspiele
Industriefestspiele, Wetzlar
Bratislava Lyra
Bergen-Festival
Holland-Festival
Dubrovnik-Festival

Adelaide-Festival
Perth-Festival
Festival Demitria, Saloniki
Festival de Lille
Mayfest, Glasgow
Festival Internationale dell'Attore, Florenz

Lehrtätigkeit

Humboldt-Universität, Theaterwissenschaftliches Institut
    Berlin
Staatliche Schauspielschule
    Berlin
Hochschule für Musik »Hanns Eisler«
    Berlin
Musikhochschule »Franz Liszt«
    Weimar
Statens Scenskolan
    Stockholm
Akademie vor Kleinkunst
    Amsterdam
Institut National Supérieur des arts du spectacle et techniques de diffusion
    Brüssel
Teater Skuespillerskolen
    Helsinki
Nationaltheatret, Schauspielschule
    Oslo
Laboratorio Internationale dell'Attore
    Florenz
Institut für Neue Musik und Musikerziehung
    Darmstadt

Staatliche Hochschule für Musik und Darstellende Kunst
  Stuttgart
Theaterhochschule Schauspielkunst »Ernst Busch«
  Berlin
Sommerakademie
  Graz
Sommerakademie
  Neuburg a. d. Donau

Nationale und Internationale Auszeichnungen

Grand Prix du disque
  Paris
Schallplattenkritikerpreis
  Italien
Nationalpreis I. Klasse
  DDR
Filmband in Gold
  Deutschland
Kleinkunstpreis
  Deutschland
Premio Trieste Contemporanea
  Italien
Deutscher Schallplattenpreis
Verdienstorden des Landes Berlin

Ordentliches Mitglied der Akademie der Künste Berlin/Brandenburg

Quellenverzeichnis

S. 11 ff.
May, Ferdinand: Die guten und die bösen Dinge. Verlag Neues Leben, Berlin 1978.*

S. 24
Hoffmann, Volker: Der Dienstälteste von Plötzensee, Trafo-Verlag, Berlin 1998.

S. 134
Brecht, Bertolt: Werke. Große kommentierte Berliner und Frankfurter Ausgabe. Band 4, © Suhrkamp Verlag Frankfurt a. M. 1988.*

S. 268
Binder, Wolfgang: Gisela May – Schauspielerin und Diseuse im Gespräch mit Wolfgang Binder, Alpha-Forum, Kulturkanal des Bayrischen Fernsehens, 05.01.2001.

S. 277
Gaus, Günter: »Zur Person«. Günter Gaus im Gespräch mit Gisela May, ORB, 18.06.2001.

S. 304
Aus: »Schweyk im Zweiten Weltkrieg«. Zwölf Lieder aus der Bühnenmusik von Hanns Eisler, Text Bertolt Brecht. © Deutscher Verlag für Musik, Leipzig.*

Literaturverzeichnis

May, Gisela: »Mit meinen Augen«. Impressionen und Begegnungen, Berlin 1976.
Kranz, Dieter: Gisela May. Schauspielerin und Diseuse, Berlin 1988.

* Dieser Text wurde aus Gründen der Authentizität in der alten Rechtschreibung belassen.

Abbildungsnachweis

AKG: S. 49, 69;
Joris van Bennekom: S. 193, 208, 209, 255;
Karl-Heinz Böhle: S. 198;
Luigi Ciminachi: S. 94;
Jean-Pierre Lerois: S. 138;
dpa: S. 133;
FACE Fotografie: S. 293;
Baernd Fraatz: S. 278;
Christa Grams: S. 88;
hgm-press: S. 260, 262, 263 (2);
Tassilo Leher: S. 104;
privat: S. 10, 15, 18, 21, 23, 30, 44, 46, 57, 59, 66, 75, 214, 269, 290;
Günter Prust: S. 245;
Andreas Rahmer: S. 125, 131, 168, 179, 239;
Silke Reents: Umschlagbild
Willy Saeger: S. 109, 117;
Vera Tenschert: S. 85, 86, 87.